동양
철학
에세이

동양철학 에세이 2

삶의 지혜에서 혁명의 철학으로

초판 1쇄 펴낸날   2014년 5월 20일
초판 10쇄 펴낸날   2024년 10월 10일

지은이 김교빈   편집 이정신 이지원 김혜윤 홍주은
일러스트 이부록   디자인 김태호
펴낸이 이건복   마케팅 임세현
펴낸곳 도서출판 동녘   관리 서숙희 이주원

만든 사람들
편집 구형민 디자인 조하늘 고영선

인쇄·제본 영신사   라미네이팅 북웨어   종이 한서지업사

등록 제311-1980-01호 1980년 3월 25일
주소 (10881) 경기도 파주시 회동길 77-26
전화 영업 031-955-3000 편집 031-955-3005 팩스 031-955-3009
홈페이지 www.dongnyok.com 전자우편 editor@dongnyok.com
페이스북·인스타그램 @dongnyokpub

ISBN 978-89-7297-715-5 (04150)
     978-89-7297-713-1 (04150) (세트)

동양 철학 에세이 2

삶의 지혜에서
혁명의 철학으로

김교빈 지음
이부록 그림

동녘

책머리에

오늘 우리에게 중국은 무엇인가? 한류에 열광하는 나라, 동북 지방에 조선족이 많이 사는 나라, 대한민국 임시정부가 있던 나라, 개혁 개방을 통해 자본주의를 받아들인 사회주의 국가, 인구 15억이 넘는 엄청난 나라, 경제력과 군사력 모두 세계 상위권에 드는 나라, 남북이 참가하는 6자회담 구성원의 하나인 나라, 만리장성과 실크로드 같은 많은 문화유산을 지닌 나라…… 이 정도가 우리가 아는 중국이다. 하지만 우리가 아는 이런 모습은 중국의 겉모습에 불과하다.

사실 우리는 오랜 옛날부터 중국과 매우 긴밀한 관계를 맺어왔다. 자주 전쟁을 치르기도 했지만 특히 앞선 문물을 받아들이는 대표적인 통로였다. 신라 시대 의상대사와 원광법사, 고운 최치원은 당나라로 갔고, 고려 시대 대각국사 의천은 송나라로, 안향을 비롯한 유학자들은 원나라로 갔다. 조선에 이르면 직접 배우러 가지는 않았지만 전기에는 명나라, 후기에는 청나라를 통해 서양 문물까지 받아들였다. 이런 관계가 근대 이후 끊어지면서 앞선 문물을 배우는 대상은 미국과 유럽으로 바뀌었다. 그리고 오늘날은 중국 젊은이들이 선진 문물을 배우러 한국으로 유학 오는 역전의 모습을 보이고 있다.

하지만 내가 아는 중국은 상당히 무서운 나라다. 내가 중국을 처음 간 시기는 정식 수교를 맺기 전인 1989년이었다. 보름 동안 머물렀는데, 당시 중국은 우리나라 6~70년대 모습 같았다. 호텔에서 영어로 무엇을 시키면 가서는 다시 오지 않았다. 하지만 1995년 두 번째 방문했을 때는 영어로 무엇을 시키면 다른 것이라도 무엇인가를 가져왔으며 사회 전체가 역동적으로 바뀌고 있었다. 그리고 2005년 세 번째 방문 때에는 유창한 영어로 답하는 사람이 많았고, 도시는 한국의 큰 도시와 별반 다를 것이 없었다. 사실 이러한 변화는 대부분 경제적인 변화다. 그래서 어떤 사람들은 중국의 변화를 우스갯소리로 다음과 같이 말하기도 한다. 예전에는 'made in China'였는데 어느 새 'made by China'가 되더니 이제는 'made for China'가 되었단다. 다른 나라 일감을 받아서 중국의 값싼 노동력으로 만들더니 어느새 중국 자신들의 브랜드로 만들기 시작하고 이제는 온 세상이 중국을 위해 물건을 만들고 있다는 이야기다.

하지만 내가 주목하는 것은 그 밑에 깔려 있는 중국의 문화적 힘과 사상적 힘이다. 중국의 근대는 1840년 아편전쟁으로 시작된다. 그때부터 중국도 동양의 다른 나라들과 마찬가지로 서구 제국주의의 침탈에서 자유롭지 못했다. 하지만 그 과정에서 중국이 보인 모습은 우리가 귀감으로 삼기에 충분하다. 서구 문물이 중국을 압도하며 들어왔을 때 열린 지식인들의 대응은 5·4 신문화운동으로 나타났다. 이 운동은 전통과 현대, 중국과 서양의 만남에 대한 고민을 문화 문제를 통해 답을 얻으려 한 것이었다. 그 뒤 사회주의 국가를 건설하고 나서 중국적 사회주의가 위기에 몰렸다고 생각했을 때 일어난 사건이 문화대혁명이었다. 이 사건 또한 정치경제적 위기를 문화 문제로 돌린 것이었다. 그리고 1980년대에 들어와서는 개혁개방을 통해 자본주의 경제체제를 받아들인 뒤 중국 사회의 정체성이 흔들리기 시작했을 때 문화열 논쟁이 일어났다. '문화열'은 문화에 대한 붐(Boom)을 뜻한다. 5·4 신문화운동과 문화대혁명, 그리고 문화열 논쟁은 모두 같은 연장선 위에 있다. 중국이 어려움에 처할 때마다 동양과 서양, 과거와 현재, 즉 동서고금의 문화 문제에서 해법을 찾으려 한 것이다. 문화의 뿌리는 종교, 사상, 철학이다. 그런 점에서 이 책은 오늘날 중국의 힘을 이해하는 작은 디딤돌이 될 수 있을 것이다.

이 책은 1993년 처음 선을 보인《동양철학 에세이》1권의 후속 편이다.《동양철학 에세이》1권이 진시황이 통일을 이룰 때까지의 춘추전국시대 제자백가를 다루었다면, 이 책은 한나라의 통일 이데올로기를 만든 동중서부터 현대 사회주의 중국을 건설한 모택동까지의 사상을 다룬 것이다. 이 책이 나오기까지《동양철학 에세이》1권으로부터 무려 21년이 지났다. 일찍이 춘추전국 이후의 사상을 다루는 책을 쓰겠다는 생각을 했지만 아직 내 스스로 익지 못했으니 늦어진 것은 당연한 일이다. 그 사이 40대였던 필자도 어느덧 60대를 넘어섰다. 그래서 더 늦기 전에 여러모로 부족하지만 우선 엮어 세상에 내놓는다.

원고를 다 끝내고 서문을 쓸 때면 늘 비슷한 느낌이다. 한편으로는 시원하면서도 또 한편으로는 아쉽다. 짐을 내려놓은 까닭에 시원하지만 짐을 제대로 꾸리지 못한 채 내려놓은 것 같아 아쉽다.

오랜 기간 기다려준 동녘의 이건복 사장님과 편집부 식구들, 특히 이 책의 편집을 맡은 구형민 씨에게 미안한 마음과 고마운 마음을 전한다. 아울러 오래 전 일이지만 처음 《동양철학 에세이》 1권의 편집을 맡아서 많은 독자들의 과분한 사랑을 받을 수 있게 해준 한필훈, 김미영 두 분께 감사드린다.

2014년 4월
김교빈

차례

『제가 생각하건대 육예(六藝) 과목이나

공자 사상에 맞지 않는 것은

모두 없애버려서 함께 나아가지 못하도록 한다면

사악하고 치우친 주장들이 모두 사라질 것입니다.

그런 다음에야 기강이 하나로 통일되고

법률 제도가 분명해져서

백성들이 좋을 바를 알게 될 것입니다』

동중서

유가 독존 이천 년을 열다

법가에서 황로학으로, 그리고 다시 유가로

주나라가 동쪽으로 도읍을 옮기면서 시작된 550여 년에 걸친 춘추전국의 혼란은 진시황의 천하통일로 끝이 났다. 순자에 따르면 춘추 시기를 주름잡던 다섯 나라를 춘추오패라 불렀는데, 그들은 제나라 환공, 진(晉)나라 문공, 초나라 장왕, 오나라 합려, 월나라 구천이다. 하지만 전국시대로 넘어오면 진나라, 오나라, 월나라가 무너진 가운데, 제나라, 초나라에다 새롭게 떠오른 진(秦)과 연, 그리고 가운데 위치한 위, 한, 조 일곱 나라가 전국칠웅이라 불리며 힘을 겨뤘고, 마침내는 서쪽의 후진국이었던 진나라가 천하를 통일했다.

진시황(始皇帝, 기원전 259~기원전 210)은 조나라에 볼모로 잡혀 갔다가 큰 장사꾼 여불위의 도움으로 진나라에 돌아와 왕위에 오른 장양왕의 아들이다. 왕이 된 지 3년 만에 장양왕이 죽는 바람에 열세 살에 왕이 된 진시황은 어머니의 섭정을 거쳐 스물한 살 때부터 직접 정치를 맡으면서 법가를 바탕으로 부국강병의 길로 나아갔다. 그리고 5년 뒤 한나라를 시작으로 10년 사이에 여섯

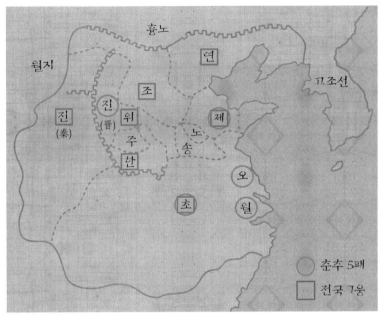

춘추전국시대의 중국 지도

나라를 모두 무너뜨림으로써 왕위에 오른 지 15년 만에 천하를 통일했다.

진시황이라는 호칭은 중국 고대 전설적 인물들인 삼황오제에서 '황'과 '제'를 따고 그 앞에 첫 번째라는 뜻의 '시' 자를 붙인 것이다. 중국 최초의 중앙집권적 통일 제국 진(Chin)에서 중국의 서양식 표기인 '차이나(China)'가 나온 것을 보면 진나라 통일이 갖는 역사적 의미를 알 수 있다. 오늘날 '중국 역사에 가장 큰 영향을 미친 인물'을 묻는 설문에는 언제나 진시황과 모택동이 1, 2위를 다툰다. 또한 마이클 하트가 펴낸 《세계사를 바꾼 사람들: 랭킹 100》에서도 진시황이 카이사르와 나폴레옹을 제치고 18번째를 차지했다.

진나라는 본래 문화 수준 낮은 변두리 국가였다. 하지만 진시황은 법가를 받아들이고 인재를 널리 모음으로써 강한 나라를 만들었다. 그리고 힘을 합쳐 진나라를 막아내려는 여섯 나라를 이간시키면서 한 번에 한 나라씩 무너뜨려갔다. 그 과정에서 여섯 나라를 묶어 진나라에 대항하려는 소진의 합종책과 여섯 나라와 각각 외교 동맹을 맺음으로써 여섯 나라가 뭉치지 못하게 하려는 장의의 연횡책이 다투었고, 결과는 연횡책의 승리였다. 서로 대립하는 세력들이 뭉쳤다 흩어졌다 하는 상황을 가리키는 '합종연횡'이라는 말은 여기에서 나왔다.

천하를 통일한 진시황은 주나라의 봉건제를 군현제로 바꾸었다. 봉건제는 천하를 황제의 친인척에게 나누어 맡겨 다스리게 하는 제도였고, 군현제는 황제가 자신이 임명한 관리들을 감독하면서 직접 다스리는 제도였다. 진시황은 중국 전체를 36개의 군과 그 각각을 다시 둘로 나눈 72개의 현으로 만들었다. 군수, 현감 또는 현령이라는 명칭은 모두 여기에서 왔다. 그리고 진시황은 만리장성을 쌓아 이민족의 침입에 대비했다. 춘추전국시대에도 장성을 쌓은 나라들이 있었지만 진시황은 임조에서 요동에 이르는 거대한 장성을 쌓았다. 만리장성은 그 뒤로도 여러 왕조가 계속 덧쌓아서 지금은 산해관부터 가욕관까지 이어져 있고, 1987년 유네스코 세계문화유산에 올랐다. 군현제와 만리장성은 진시황이 이룩한 정치 통일을 의미한다. 하지만 진시황은 정치 통일에 머물지 않았다. 경제적으로 자, 저울, 되 같은 도량형과 화폐를 통일했고, 책을 불태우고 선비를 묻어 죽인 분서갱유를 통해 사상 통일을 이루려 했다. 하지만 불로장생 약초를 얻어 영원히 살기를 꿈꾸었던 진시황도 기원전 210년 50세의 나이로 죽고 그 아들 호해가 왕위를 이었다. 그리고 4년도 안 되어 망했으니, 통일을 이룬 지 15년째 되던 해였다.

진나라의 멸망은 한고조 유방과 초패왕 항우의 싸움으로 이어졌고, 이들의 싸움을 놀이로 바꾼 것이 장기판이다. 한고조 유방은 시골 이장 출신이었지만 많은 인재를 얻음으로써 항우를 이기고 다시 통일 제국 한나라를 세울 수 있었다. 오늘날 중국 민족을 한족이라 부르는 까닭도 한나라에서 연유한다. 그런데 한나라는 세세한 것까지 법으로 만들었던 진나라의 통치 방식이 오히려 사회적 위기를 가져왔다는 반성에서 억지로 하지 말라는 도가의 무위 정치를 채택했다. 당시 도가는 유가가 요순을 내세우는 것에 맞서 중국 민족의 시조라고 일컬어지는 황제를 내세웠기 때문에 황제와 노자의 첫머리를 따서 황로사상이라고 불렸다. 한고조 유방이 혼란 수습의 첫 단계로 천하를 다스릴 세 가지 법만 발표한 것도 이러한 사상의 바탕에서 나왔다. '법삼장(法三章)'이라고 불린 세 가지 법은 살인한 사람은 죽이고, 도둑질한 사람과 남을 상하게 한 사람은 그 죄만큼 벌을 받는다는 것이다. 이것은 자유방임에 가까운 통치 방식이었고, 이러한 시대 상황을 반영한 책이 《여씨춘추》와 《회남자》다.

《사기》에 나오는 조참과 혜제의 일화가 이런 상황을 잘 보여 준다. 한고조 유방의 개국 공신 가운데 소하와 조참이 있었는데,

둘은 늘 공을 다투던 사이였다. 더구나 유방이 천하를 다스리면서부터 조참은 늘 소하의 그늘에 가려 있었다. 그런데 유방이 죽고 그 아들 혜제가 왕이 된 뒤로도 계속해서 재상을 맡고 있던 소하가 죽으면서 뜻밖에도 지방을 다스리던 자신의 숙적 조참을 재상으로 추천한 것이었다. 그런데 혜제가 새로 재상이 된 조참을 보니까 매일 하는 일 없이 술이나 마시고 빈둥거릴 뿐이었다. 참다못한 혜제가 조참의 아들을 통해 넌지시 불만을 드러냈지만 조참은 임금의 뜻을 전한 아들을 곤장으로 다스려 입을 막았다. 마침내 조참을 만난 자리에서 혜제가 분통을 터트리자 조참은 정색을 하고 혜제에게 물었다. "아버님이신 고조와 폐하는 누가 더 위대하신가요?", "내가 어찌 감히 나라를 세우신 아버님과 견주겠소" 그러자 조참이 다시 물었다. "그렇다면 재상 소하와 저는 누가 더 현명한가요?" 말이 끝나기가 무섭게 혜제가 의기양양한 표정으로 단호하게 말했다. "그대는 소하와 비슷하기는 하지만 소하에게 못 미치는 것 같소" 그 말을 들은 조참이 빙긋이 웃으며 답했다. "폐하의 말씀이 옳습니다. 그러니까 위대하신 고조가 나라를 세우시고 뛰어난 소하가 법령을 만든 것을 우리는 그저 지키기만 하면 될 뿐입니다. 더 이상 다른 것을 원하지 마십시오" 그 말을 들은 혜제가 무언가를 깨우친 표정으로 답했다. "옳은 말이구료. 그대는 계속 쉬도록 하오"

하지만 자유방임의 결과는 왕권의 약화와 귀족들의 엄청난 토지 소유로 나타났다. 그래서 진나라처럼 무차별적인 사상 통일은 아니더라도 통일 국가를 이끌 수 있는 힘 있는 이념 근거

　　　　　　　　　　　　동양철학 에세이 2

가 필요하게 되었다. 이를 위해 무제는 널리 많은 사람들에게 국가 다스리는 방법을 물었고, 여기에 유가사상을 토대로 한 통치 방법을 내놓은 사람이 바로 동중서(董仲舒, 기원전 176?~기원전 104?) 였다.

이천 년을 이어온 유가의 독존

《전한서》 중 〈동중서전〉에 따르면 동중서는 한무제가 어진 인재를 널리 구한다는 이야기를 듣고 〈현량대책〉을 올렸다. 이 글에서 동중서는 "대의명분을 가지고 천하를 통일하는 것이 세상의 영원한 법칙이며 옛날부터 지금까지 이어온 보편적 정의입니다. 그런데 요즘 사람들은 이상한 주장을 펼치고 있으며, 제자백가 또한 방법과 뜻하는 것이 모두 다릅니다. 그래서 통치자는 통일을 유지할 수가 없고, 백성들은 법과 제도가 자주 바뀌기 때문에 무엇을 지켜야 할지 알지 못합니다. 제가 생각하건대 육예(六藝) 과목이나 공자 사상에 맞지 않는 것은 모두 없애버려서 함께 나아가지 못하도록 한다면 사악하고 치우친 주장들이 모두 사라질 것입니다. 그런 다음에야 기강이 하나로 통일되고 법률 제도가 분명해져서 백성들이 좇을 바를 알게 될 것입니다"라고 했다.

무제가 동중서의 건의를 받아들여 유가를 높이고 다른 학문을 내쫓은 뒤부터 유가는 지배 세력의 지원 아래 정통 학문으로서의 권위를 얻었다. 특히 무제는 《시경》, 《서경》, 《역경》, 《예기》,

《춘추》 같은 유가 경전마다 전문가를 뽑아서 박사(博士) 칭호를 주었다. '오경박사'라고 부르는 이 제도는 삼국시대 우리나라에도 들어왔고, 오늘날 박사라는 호칭도 여기에서 왔다. 박사는 학교를 만들고 학생들을 모아서 자신이 전문적으로 알고 있는 유가 경전을 가르칠 수 있었다. 더구나 한나라는 동중서의 건의에 따라 유학 사상을 익힌 사람을 추천받아 관리로 임명했다. 이로부터 이천 년을 이어져 내려오는 유학과 정치의 연결 고리가 완성되었다.

동중서는 유가의 뿌리를 내린 큰 역할을 했음에도 언제 태어나고, 또 언제 죽었는지 분명하지 않을 정도로 삶에 대한 기록이 별로 없다. 몇 가지 단편적인 기록에 따르면 하북성 광천에서 태어나 장안에서 죽었고 일찍부터 《춘추공양전》을 익혀 경제 때 박사가 되었는데, 늘 장막을 치고 제자들을 가르쳤기 때문에 그의 얼굴을 모르는 제자들도 많았다고 한다. 그리고 3년 동안이나 집안 뜰에도 나가지 않았을 정도로 공부에 열중했고 모든 것이 예법에 맞아서 많은 선비들로부터 존경을 받았다. 하지만 한나라 지배 이념의 밑그림을 그린 공이 컸음에도 나중에는 자신의 학설 때문에 감옥에 갇히는 어려움을 겪었다. 그런 점에서 보면 동중서와 무제의 만남이 좋은 만남만은 아니었던 셈이다.

무제는 사실 우여곡절 끝에 임금이 된 인물이다. 그 이유는 경제 때 실권을 잡고 있던 태후가 부자 세습제를 형제 세습제로 바꾸려했기 때문이다. 하지만 경제는 장자 계승을 인정한 《춘추공양전》을 내세워 무제를 다음 임금에 오를 수 있게 했다. 《춘추》

는 공자가 주나라 221년간의 역사를 자신의 관점으로 새롭게 정리한 역사서로, 이 책에 대한 해설서로 유명한 것이 《좌전》, 《공양전》, 《곡량전》이다. 그래서 무제는 공양학에 대한 신뢰가 컸고, 공양학 또한 무제가 다스리던 50년 동안 근본 통치 이념이 될 수 있었다. 이것이 《춘추공양전》 박사였던 동중서의 《현량대책》이 받아들여질 수 있었던 배경이었고, 동중서는 그 공으로 강도 지역 재상에 임명될 수 있었다. 더구나 동중서는 《춘추번로》에서 인간과 자연이 하나이며 임금이 되는 일은 하늘이 인정한 것이라는 왕권신수설로 한나라와 무제의 통치를 합리화했다. 《춘추번로》는 동중서가 《춘추》에 기록된 천재지변만을 뽑아내 자신의 관점으로 정리한 책이다.

하지만 동중서의 벼슬길은 순탄치 않았다. 왜냐하면 《춘추번로》의 또 다른 부분에서는 임금이 잘못하면 하늘이 벌을 준다는 재이설을 주장해 무제의 분노를 샀기 때문이다. 하늘의 이름으로 임금의 절대 권력을 제한하려는 동중서의 생각이 왕권을 강화하려는 무제의 입맛에 맞을 리 없었다. 이 일로 생명이 위태로운 지경에 이르렀고 심지어 모함까지 당하자 병을 핑계로 관직에서 물러났다. 이처럼 동중서의 사상은 양날의 칼처럼 통치 계급을 지지하는 주장과 절대 권력을 견제하는 주장을 함께 담고 있다. 하지만 왕권 강화를 위한 왕권신수설이든 왕권 견제를 위한 재이설이든 그의 주장 모두는 인간과 자연이 하나라는 신념 위에 서 있었다.

인간과 자연은 어떤 관계일까

인간과 자연의 관계를 밝히는 작업은 인류가 제기한 중요한 철학적 주제 가운데 하나다. 논의는 크게 인간과 자연이 관계가 있다는 주장과 관계가 없다는 주장으로 갈리는데, 전자를 천인상관론이라 하고 후자를 천인무관론이라 한다. 그 논의의 중심축을 인간에 두는 경우가 대부분이지만 자연을 중심에 두는 경우 또한 적지 않았다. 그리고 이 같은 관점의 차이는 인간과 자연에 대한 설명뿐 아니라 사회를 설명하는 이론 체계도 다르게 만들었다.

인간과 자연의 관계를 따지는 본격적인 논의는 은나라와 주나라 무렵 만물을 주재하는 최고신을 생각하면서부터 시작됐다. 이 최고신을 은나라에서는 '제(帝)'라 불렀고 주나라에서는 '천(天)'이라고 불렀다. 은나라는 강력한 왕국이 만들어지기 전 단계인 부족 연합 국가로써 힘이 센, 은 부족이 다른 부족들을 다스리는 형태였다. 각각의 부족은 모두 자신들의 조상신을 모셨고, 그 가운데 은 부족의 조상신이 '제'였다. 그런데 은 부족은 단순히 자신들의 힘이 세서 다른 부족을 지배하는 것이 아니라 하늘에서도 자신들의 조상신인 '제'가 다른 부족의 조상신들을 다스리기 때문이라고 주장했다. 그래서 은나라는 자신들의 조상신인 '제'를 가장 높다는 뜻에서 '상제(上帝)'라 불렀고, 상제의 보호를 받는 은나라 임금은 '하제(下帝)'라고 불렀다. 옥황상제 같은 표현도 바로 여기에서 왔다.

하지만 은나라는 '제'가 은 부족만 아끼고 사랑한다고 여겼기 때문에, '제'에게만 잘 보이면 된다고 생각했다. 그래서 사람을 제물로 바치면서까지 '제'에 대한 제사를 열심히 지냈다. 그런데 서쪽에 있던 주 부족이 점점 강해지면서 은 부족을 압박하기 시작했다. 더구나 주 부족은 은 부족의 조상신인 '제'가 사실은 주 부족의 조상신인 '천'과 같은 것이며, '천'은 은 부족만 아끼는 것이 아니라 만물을 똑같이 사랑한다고 선전하면서 다른 부족들을 끌어들였다. 그래서 주나라가 은나라를 무너뜨려가던 초기에는 '천'과 '상제'를 결합시킨 '황천상제', '호천상제' 같은 용어가 자주 등장한다. 하지만 자신들의 지배가 확고해지면서 자연스럽게 '제'라는 표현이 떨어져나가고 '천'만 남게 된다.

　　아울러 주나라는 자신들의 혁명을 정당화하기 위해 천명사상을 내놓았다. 하늘 즉 '천'이 덕 있는 사람을 뽑아서 임금을 시키며, 이것을 천명이라고 한다. 그리고 그 사람이 덕이 있는지 없는지는 백성이 따르는지 안 따르는지를 보면 알 수 있는데, 처음에는 덕이 있어 임금이 되더라도 그 덕을 계속 유지하지 못한다면 '천'이 다시 덕 있는 다른 사람에게 임금이 되도록 명을 내린다고 했다. 이것을 가리켜 천명이 바뀌었다는 뜻에서 혁명이라고한다. 따라서 은나라 탕 임금이 하나라 걸왕을 몰아내고 임금이 된 것이나, 자신들이 은나라 주왕을 몰아내고 나라를 세운 것이 모두 천명을 다시 받은 혁명이라는 것이다. 이로부터 '민심이 천심'이라는 명제가 동양 최고의 정치 이념이 되었고, 정권의 도덕성을 바탕으로 민심이 따르는지 안 따르는지를 기준 삼아 혁명과 쿠데타를 구분하기 시작했다. 그 논리대로라면 주나라 임금도 덕을 잃으면 나라를 잃게 될 것이다. 그래서 주나라 초기 임금들은 자손들에게 남긴 글에서 덕 쌓을 것을 강조했다.

이 같은 생각은 사실 그 대상이 '제'든 '천'이든 하늘과 인간을 하나로 이해하면서, 하늘이 집권 세력에게 왕이 되도록 명령을 내렸다고 함으로써 현실의 정치 지배를 정당화하는 논리였다. 하지만 덕 있는 사람만이 천명을 받을 수 있고 덕을 잃으면 천명이 바뀐다고 함으로써, 천명을 유지하기 위해 덕 쌓는 일이 강조되어 하늘을 받드는 종교적 의미가 덕을 쌓는 인문적 의미로 바뀌었다. 공자가 《논어》, 〈술이〉 편에서 "하늘이 내게 덕을 주었다"고 하여 하늘을 자신의 도덕 근거로 삼은 것도 이러한 맥락에서 나왔다.

하지만 인간과 자연이 관련 있다는 논리만 있는 것은 아니었다. 비록 큰 흐름은 아니지만 춘추 시기 초기에도 자연과 인간을 나누어보는 생각이 나온다. 《좌전》에 따르면 송나라 양공 때 하늘에서 큰 운석이 떨어져서 사람들이 모두 놀랐고, 양공 또한 나라의 앞날이 어떻게 될 것인가를 걱정했다. 그러자 숙향은 운석이 떨어진 것은 음양의 변화에 따른 자연스러운 일로써 나라의 앞날과는 아무런 상관이 없고, 나라가 잘 될 것인지 못 될 것인지는 사람이 하기에 달렸을 뿐이라고 했다. 이러한 주장은 자연현상과 사람의 행위가 무관하다는 논리 위에 서 있으며, 자연의 질서와 인간의 질서가 각기 다른 법칙에 따라 움직이는 것이라고 본 데서 왔다. 이처럼 인간과 자연을 나누어보는 사고는 그 뒤 순자로 이어졌다. 순자는 기우제를 지내는 행위를 비판했다. 기우

동양철학 에세이 2

제를 지내는 인간의 행위와 비가 오고 안 오는 자연의 변화는 전혀 관계없는 것이라고 하면서, 그런 입장에서 인간이 자연을 극복하고 지배해야 한다고 보았다.

　이처럼 인간과 자연의 관계를 규정하던 두 흐름은 전국시대에 들어서면서 좀 더 체계 잡힌 이론으로 발전했다. 하나는 자연과 인간의 관계에 대한 긍정을 바탕으로 도덕적 관점에서 사회현실과 자연 변화를 연관 지어 설명하려 한 제학파이고, 다른 하나는 천인 관계에 대한 부정을 바탕으로 사회현상과 자연현상을 나누어보려 한 노학파이다. 전자는 제나라에 모인 학자 집단의 논리로써 맹자의 이론이 구심점이었고, 후자는 노나라 학자 집단의 논리로써 순자나 노자 장자의 이론이 구심점이었다. 그리고 이 두 가지 흐름은 한나라에서도 계속 이어졌다.

하늘과 사람은 하나다

한나라 초기에 맹자의 관점을 이어받아 하늘과 사람을 하나로 이해하면서 천인상관설, 또는 천인감응설을 주장한 사람이 바로 동중서였다. 맹자는 "마음을 다하면 본성을 알게 되고, 본성을 알면 하늘을 알게 된다"라고 하여 '천인상관설'의 기초를 만들었다. 그리고 하늘이 덕 있는 사람을 뽑아 왕으로 삼으며, 왕이 될 만한 덕을 지닌 사람인지 아닌지는 백성들이 그 사람을 따르는지 안 따르는지를 보면 알 수 있다는 천명사상을 발전시켜, 그 징험이 백성에게 나타나므로 백성이 정치의 근본이라고 하는 '민본사상' 을 확립했다.

　맹자는 자신의 주장이 옳다는 근거로 요임금이 순에게 왕위 를 물려주자 순이 요임금의 아들이 있는데 자신이 어떻게 왕을 할 수 있겠느냐고 도망갔지만 백성들이 순에게 몰려갔고, 순임금 도 우에게 왕위를 물려주자 우가 순임금의 아들이 있는데 자신 이 어떻게 임금을 하겠느냐고 도망갔는데 백성들이 우에게 몰려 갔으며, 우임금도 익직에게 왕위를 물려주었는데 익직이 우임금 의 아들이 있는데 자신이 어떻게 임금을 하겠느냐고 도망갔지만 백성들이 익직을 따라가지 않고 우임금의 아들에게 남았다는 사 실을 든다. 이 같은 맹자의 사상은 천명에 근거한 지배 합리화의 논리와 유가의 도덕 이상주의를 결합시킨 것이다. 동중서는 이런 맹자의 생각을 체계적이면서도 구체화된 내용으로 발전시켜나갔 다. 그래서 하늘과 사람이 서로 느끼고 반응한다는 '천인상감설' 을 바탕으로 왕의 권한은 하늘로부터 온 것이라는 '왕권신수설' 을 주장했다.

　이 같은 동중서 사상의 기초는 기에 대한 이해였다. 동중서 는 진나라 이전부터 자연을 설명하는 개념으로 자리 잡아온 기 이론을 받아들였고 특히 음양과 오행 개념을 가지고 만물의 변화 를 설명했다. 동중서는 인간과 자연이 모두 기로 이루어져 있고, 그 속에 음양과 오행이 다 들어 있다고 보았다. 그렇기 때문에 인 간과 자연은 기를 매개로 서로 감응할 수 있다는 것이다.

　사실 기, 음양, 오행은 발생 배경이 다른 개념들이다. 하지만 오랜 세월을 거치면서 절묘하게 만나 하나의 시스템이 되었고, 특히 동중서를 통해 그 결합이 완성되었다. 그 가운데 먼저 기 개념을 보자. 기는 고대인들이 구름이나 아지랑이가 피어오르는 것을 보고 대자연이 숨 쉰다고 생각한 데서 왔다. 기가 현대인에게는 낯선 개념이지만 100여 년 전만 해도 철학, 의학, 천문학, 지리학, 문학, 예술 등 모든 분야를 아우르는 개념이었고, 일상생활에서도 자연스럽게 쓰인 개념이었다. 사실 기는 서구적 세계관으로는 이해하기 어려운 개념이다. 그렇기 때문에 서양 사람들이 기를 '에너지(Energy)'로 번역하기도 했고, 오늘날 일부에서는 '포스(force)'라고 쓰기도 하지만 대부분은 중국어 발음 그대로 표기한 'chi'나 한국 또는 일본어 발음을 가져다 'ki'라고 쓴다. 그것은 서양에는 기를 대신할 용어가 없다는 의미이며 따라서 기는 동양만의 독특한 개념인 셈이다.

다음으로 음양을 보자. 음양은 본래 양지와 음지를 가리키는 말이었다. 하지만 이 단순한 대립 표현이 고도의 추상화 과정을 거치면서 만물의 변화를 설명하는 중요 개념으로 자리 잡았다. 그 과정에서 중요한 역할을 한 것이《주역》이다.《주역》본문에는 음양이라는 표현이 나오지 않지만 본문을 해석하는《역전》에서는 음양을 가지고 만물의 변화를 설명한다. 그만큼 음양 개념은 춘추전국시대에 이미 낮과 밤, 밝음과 어둠처럼 세상 모든 사물이 지닌 상대적인 두 측면을 추상화한 보편 개념이 되어 있었다. 사실 만물의 상대적인 두 측면은 대립만이 아니라 서로 보완하는 측면을 같이 지닌다. 숨쉬기를 보자. 우리는 숨을 들여 마심으로써 몸 안에 산소를 들여온다. 하지만 숨을 들여 마시기만 했다가는 숨을 내쉬기만 할 때나 마찬가지로 질식해서 죽는다. 한 번 들여 마시면 한 번 내쉬는 것, 이것이 바로 음양의 원리다. 들여 마시는 행위와 내쉬는 행위가 서로 상대적이지만, 들여 마시는 것은 내쉬기 위한 과정이고 내쉬는 것은 들여 마시기 위한 과정이라는 점에서 서로 상보적이기도 하다. 그렇기 때문에 음속에 양이 있고 양속에 음이 있다고 한다. 이처럼 음양에는 대립과 동시에 보완 개념이 같이 들어 있다. 모든 만물이 대립하면서 동시에 보완한다는 것은 음에서 양으로, 그리고 다시 양에서 음으로 끊임없이 변한다는 것을 의미한다. 낮과 밤, 해와 달, 슬픔과 기쁨의 교차 반복이 그러한 모습이며, 태극기의 가운데 둥근 원을 아래위로 나눈 물결 모양의 선 또한 음에서 양으로, 그리고 다시 양에서 음으로 끊임없이 이어지는 과정을 그린 것이다. 이 같은 변화를 역사에 적용해 잘 다스려진 사회와 혼란한 사회의 반복으로 이해한 것이 동양의 순환사관이다.

다음은 오행 개념을 보자. 오행 개념의 발생에 대해서는 여러 가지 주장이 있다. 그 첫째는 지구에서 잘 보이는 수성, 화성, 목성, 금성, 토성을 관측하는 과정에서 왔다는 주장이다. 고대 동양은 천문학이 매우 발달했다. 특히 별 관측은 농사가 풍년일지 흉년일지를 예측하기 위한 중요한 일이었고, 그 가운데서도 목성이 핵심이었다. 그래서 수백 년의 관측을 통해 목성의 위치와 풍흉을 연결시킨 주기표가 만들어지기도 했다. '오행'의 '행(行)'이나 '오행'의 다른 표현인 '오운'의 '운(運)'이 모두 움직임을 뜻하는 글자라는 점이 이런 주장에 힘을 실어준다. 또 다른 주장은 동, 서, 남, 북에 중앙을 더한 다섯 방위 개념에서 왔다고 한다. 이를 통해 고대인들이 방향 개념과 함께 그 방향의 기준인 주체 개념을 가졌음을 알 수 있다. 그 밖에 사람이 살아가는 데 매우 필요한 물, 불, 흙, 나무, 쇠붙이의 다섯 재료에서 왔다는 설이 있다. 본래 중요 소재였던 물, 불, 흙, 나무에다 춘추전국시대에 들어오면서 전쟁과 농경의 중요 도구로 떠오른 쇠가 합쳐져 나온 개념이라는 것이다.

그런데 이처럼 출발이 달랐던 기, 음양, 오행의 세 개념이 동중서에 이르러 하나로 합쳐진다. 동중서는 우주 만물이 모두 기로 이루어져 있고 그 구체적인 모습이 음양과 오행으로 나타난다고 보았다. 따라서 음양과 오행은 자연의 물질적 요소를 설명하는 개념인 동시에 인간의 도덕과 감정을 설명하는 개념이 되기도 했다. 그리고 동중서는 한 걸음 더 나아가 인간과 자연을 하나의 시스템으로 이해했다. 그래서 사람 머리가 둥근 것은 하늘이 둥글기 때문이고 발바닥이 평평한 것은 땅이 평평하기 때문이고, 사람 몸의 작은 골절 365개는 일 년의 날 수와 같고 큰 골절 열두 개는 열두 달의 수와 같으며, 몸 안에 오장이 있는 것은 오행의 수와 같고, 밖에 팔 다리 사지가 있는 것은 사계절 숫자와 같으며, 눈을 감았다 떴다 하는 것은 밤낮이 있는 것과 같다는 것이다. 뿐만 아니라 벼슬 제도에 왕이 3명의 재상을 거느리고, 3명의 재상들이 각기 3명의 귀족을 거느리고, 세 명의 귀족들이 각기 3명의 대부를 거느리고, 3명의 대부가 각기 3명의 선비를 거느리

	계절	방위	색	장	맛	기관	음	곡	오상	수
목(木)	봄	동	청	간	신맛	눈	각	보리	인(仁)	팔
화(火)	여름	남	적	심	쓴맛	혀	치	콩	례(禮)	칠
토(土)	늦여름	중앙	황	비	단맛	입	궁	기장	신(信)	오
금(金)	가을	서	백	폐	매운맛	코	상	참깨	의(義)	구
수(水)	겨울	북	흑	신	짠맛	귀	우	수수	지(智)	육

동중서의 천인상관론

는 것은 천·지·인 3재나 해와 달과 별의 세 가지, 또는 한 계절
이 3개월씩이고 한 달이 30일인 것과 같다고 보았다. 또한 벼슬
이 재상·귀족·대부·선비의 4등급인 것은 4계절과 같으며, 그들
을 모두 합쳐 12신하가 되는 것은 12달과 같다고 했다.

그리고 인간이 가진 감정과 도덕도 모두 하늘에 뿌리를 둔
것이라고 생각했다. 그래서 기뻐하고 성내고 슬퍼하고 즐거워하
는 감정을 따뜻한 봄, 서늘한 가을, 추운 겨울, 더운 여름에 대응
시켰으며, 자연법칙인 음양 두 갈래를 사람의 도덕적 행위와 비
도덕적 행위에 비겼다. 이처럼 동중서는 인간을 하늘의 축소판으
로 여겼고 궁극적으로는 인간과 하늘이 하나라는 관점으로 나아
갔다. 특히 동중서는 구체적으로 오행을 유가의 덕목, 계절, 방위,
맛, 감정, 곡식, 소리, 색깔 등에 배당함으로써 하늘과 인간이 관
련이 있다는 천인상관의 완벽한 틀을 제시하려 했다. 그 구체적
인 구성과 연결을 보면 위 도표와 같다.

이러한 생각은 온 세상을 통일된 이론으로 설명하려는 노력
이었고 그 중심에 오행이 있었다. 그리고 통일 이론은 곧 통일국

가 한나라의 지배 이념이 되었다. 한나라 때 《시경》, 《서경》, 《역경》, 《예기》, 《춘추》라는 오경 중심 학문이 펼쳐진 것도 바로 이러한 생각과 밀접한 관련이 있다. 하지만 도표에서 보이듯 세상 만물을 모두 오행에 배당하려는 생각은 억지로 짜 맞춘 모습이 될 수밖에 없었다. 맛, 감각기관, 소리, 곡식, 숫자 등이 모두 다섯으로 한정되면서 다양성을 잃었으며 심지어 중요한 자연 변화인 사계절을 억지로 다섯에 맞추기 위해 늦여름을 새로 만드는 무리를 범하기도 했다.

자연재해는 그릇된 정치에 대한 하늘의 경고다

하지만 이 같은 동중서 생각의 강점은 자연과 인간을 유기적으로 이해한 데 있다. 그리고 그 주안점은 전제군주 옹호가 아니라 인간의 정치 행위와 그에 대한 자연의 반응을 밝힘으로써 군주의 전제 권력을 견제하기 위한 것이었다. 이러한 생각을 잘 담은 책이 《춘추번로》다. 그는 이 책에서 공자가 쓴 《춘추》에 나타난 지진, 해일, 일식, 월식, 가뭄 같은 자연현상들을 당시 천자나 제후들의 정치 행위와 연관 지어 해석하고, 자연 재앙이나 이변이 모두 인간 행위에 대한 하늘의 응답이라는 관점에서 서술했다.

이러한 관점이 동중서만의 독창적인 것은 아니었다. 중국 고대의 천문 관측 기록에는 천자나 제후들의 정치 행위와 자연의 이변을 연관 지어 생각한 예들이 많이 남아 있다. 특히 일식과 월식, 혜성의 출현은 군주의 정치 행위에 대해 하늘이 좋거나 싫은 감정을 드러내는 것으로 이해했다. 그래서 자연 이변이 생길 것을 미리 알기 위해 엄청나게 많은 관측을 했고, 이변이 일어날 것이라고 예측되면 이변을 막기 위해 하늘에 제사를 지내기도 했다. 이 같은 동양 고대 천문 관측 자료들은 한쪽으로는 과학 발전을 살피는 소중한 자료이고, 다른 한편으로는 자연과 인간의 관계에 대한 이해를 살피는 자료가 된다. 조선시대에도 위와 같은 자연현상뿐 아니라 가뭄이나 우박, 서리 등이 철에 맞지 않게 왔을 때 임금이 흰 옷에 머리 풀고 하늘에 제를 지냈던 것이 모두 그러한 생각의 연장이었다.

《춘추번로》에 담긴 동중서의 생각은 과거의 역사적 교훈을 가지고 지금의 절대 권력을 견제하려는 것이었다. 한쪽으로는 지배자의 권력이 하늘로부터 온다고 하여 하늘의 절대성과 왕권의 절대성을 하나로 연결 지음으로써 왕권을 강화하는 논리가 되었지만, 다른 한쪽으로는 재이를 통해 정치의 잘잘못이 가려진다고 하여 절대 권력을 함부로 행사하지 못하게 함으로써 견제 역할을 했다. 구체적인 예로는 농번기에 백성을 동원하거나 만물이 자라는 봄이나 여름에 형을 집행하면 정치가 정당성을 잃고 백성들의 원망이 높아져서 자연 재해를 불러오게 된다고 경고했다. 이 같은 생각들은 비록 과학적 합리성은 부족하지만 백성을 위한 정치를 강력히 권고한 것이라 평가할 수 있다.

이러한 입장에서 동중서는 "백성을 굽히고 군주를 펴며, 군주를 굽히고 하늘을 펴는 것이 춘추의 큰 뜻"이라고 하면서도, 다시 "하늘이 백성을 내신 것은 왕을 위한 것이 아니지만, 하늘이 왕을 세운 것은 백성을 위한 것이다. 그러므로 왕의 덕이 풍족하여 백성을 안락하게 하면 하늘이 왕에게 지위와 권한을 주고, 악한 행동을 많이 하여 백성을 해치면 하늘이 그 지위와 권한을 빼앗는다"라고 했다. 즉, 백성이 군주에게 복종하고 군주가 하늘에 복종하는 것이 현실이지만, 백성이 군주를 위해 있는 것이 아니라 군주가 백성을 위해 있으며 군주의 백성에 대한 통치 결과에 대해 하늘이 상벌을 행한다고 함으로써, 덕을 내세워 군주의 통치를 견제한 것이다. 조선시대 유가 이념으로 통치를 하는 임금들이 늘 자신을 '과인'이라고 불렀던 것도 '과덕지인', 즉 '덕이 부족한 이 사람'이라는 말의 준말로써 스스로의 수양을 질책하는 유가 통치 철학의 전통에서 나왔다.

이처럼 동중서는 천인상관의 입장에서 기, 음양, 오행을 결합시켜 거대한 통일 이론을 제시함으로써 통일국가 한나라의 정치적 이념 기반을 만들었고, 이천 년을 이어갈 유교 독존의 장을 열었다.

천인상관론과 전통 의학

동중서의 천인상관론에는 정치적 의미만 있는 것이 아니었다. 인간과 자연을 하나로 이해함으로써 동양 사상의 특징인 유기체적 자연관의 전형을 보여주었고, 그런 점에서 전통 의학에 많은 영향을 주었다. 특히 전국시대부터 한나라에 걸쳐 만들어진 전통 의학 최고의 교과서인 《황제내경》은 만물을 천지자연의 산물로 보고, 자연계의 변화가 사람 몸과 사회에 직접적인 영향을 미친다고 생각했다. 그래서 자연계에서 일어나는 오행의 운동 변화가 인체의 오행 구조와 대응 관계에 있으며, 계절의 변화가 생리적 변화와 연결된다고 보았다. 그리고 땅에 열두 줄기의 큰 강물이 있듯이 사람 몸에도 열두 줄기의 기가 흐르는 경맥이 있다고 보고, 강의 변화를 이용하여 인체 경맥에 발생하는 병리 현상을 설명하기도 했다. 동중서의 천인 관계에 대한 이해가 거친 형태의 관념적 유추에서 온 것이라면 이 같은 《황제내경》의 견해는 풍부한 임상 경험을 바탕으로 한다.

《황제내경》의 성립은 현실적으로 당시 유행한 전염병과 밀접한 관련이 있다. 한나라는 후반기에 들어서면서 엄청난 전염병에 자주 시달렸다. 전염병들은 대부분 오늘날은 병 축에도 들지 않는 백일해나 홍역 같은 병이었지만, 새로운 질병에 대한 저항력이 없는 상황에서 그 영향력은 엄청나게 컸던 것으로 보인다. 심지어 제갈공명이 지략을 뽐낸 적벽대전에서 조조가 거느린 위나라 군대가 전염병으로 이미 궤멸 직전에 있었다는 주장도 있다. 더욱 놀라운 것은 이 시기 로마에도 비슷한 질병이 유행했다는 점이다. 고온다습한 인도에서 발생한 병원균이 실크로드를 통해 로마와 중국 양쪽에 같은 질병을 유행시킨 것으로 보인다. 이 같은 상황은 두 가지 큰 변화를 가져왔다. 하나는 종교의 성립이고 다른 하나는 의학의 발전이다. 종교의 변화를 보면 전염병으로 엄청나게 많은 사람들이 죽어가던 상황에서 로마에서는 가톨릭이, 그리고 중국에서는 불교와 도교가 자리 잡았다. 성경에 기록된 질병 치료 기적들과 불교에서 중시된 약병을 든 약사여래, 그리고 도교의 부적이 모두 질병 치료에 대한 당시의 열망을 보여준다. 그리고 의학 발전은 중국의 경우《황제내경》과《상한론》의 성립으로 나타났다.

특히《황제내경》에는 의학뿐 아니라 철학·기상학·천문·역법·지리·생물 같은 다양한 지식이 담겨 있으며, 사람 몸에 열두 줄기의 기가 흐르는 통로가 있고 그 속에 365개의 혈 자리가 있다는 매우 체계적인 경락 학설과 침 치료 이론이 들어 있다. 그리고 바로 이 체계적인 경락학설 밑에는 동중서의 사상처럼 기, 음양, 오행 개념을 수용한 천인상관의 유기체적 세계관이 깔려 있다. 그래서 사람은 천지자연의 기를 받아 태어났기 때문에 우주의 축소판이며, 자연계의 오행 운동과 인체의 오행 구조는 서로 대응한다고 보았다.

구체적으로는 중국에 열두 개의 큰 강이 있듯이 사람 몸에도 열두 개의 경락이 있고, 하늘에 해와 달이 있듯이 사람에게는 두 눈이 있고, 중국 땅이 아홉 지역이듯 사람에게는 아홉 개의 감각 기관이 있으며, 하늘에 바람과 비가 있듯이 사람에게는 기쁨과 분노가 있고, 하늘에 사계절이 있듯이 사람에게는 사지가 있고, 자연의 소리에 오음과 육률이 있듯이 사람에게는 오장육부가 있으며, 상순·중순·하순처럼 하늘에 10일이 있듯이 사람에게는 10개의 손가락이 있고, 한 해가 365일이듯이 사람에게는 365마디가 있다고 했다.

이러한 설명은 동중서의 주장과 거의 같다. 하지만《황제내경》은 과학에 근거한 의학서였다. 따라서 신비주의에 머물지 않고 사람 몸의 생리 병리적 구조와 아울러 자연계의 변화에 주목하면서 사람의 유형에 따른 치료로 나아갈 수 있었다. 그렇기 때문에 동중서의 사유 체계를 받아들였으면서도 실제적인 관찰과 풍부한 임상 경험을 통해 자연의 법칙을 치료에 이용하려 했다. 그런 점에서 한대 사상은 동중서의 세상 모든 것을 음양오행으로 설명하려는 대일통 이론을 통해 음양과 오행과 기 사상이 하나의 체계 속에 포괄되면서 정교한 이론 체계를 이루었고, 여기에 영향을 받은《황제내경》의 성과를 통해 과학적 기반으로 넓혀져 갔다.

요소론이 아닌
상생 상극의 관계론으로

음양론과 오행론은 본래 요소론이었다. 음양은 세계를 두 가지 요소로 설명하는 이론이고 오행론은 다섯 가지로 설명하는 이론이다. 그런 점에서는 물, 불 , 흙, 공기 같은 것으로 세계를 설명하려 했던 그리스 고대철학과 같다. 하지만 인류의 지혜가 발달하면서 서양의 요소론들이 모두 폐기된 것과 달리 동양의 음양오

행론은 근대까지 이어졌다. 그렇게 될 수 있었던 까닭은 요소론이 아닌 관계론으로 나아갔기 때문이며, 그 경우 관계론의 배후에는 음양과 오행을 하나로 연결 지을 수 있는 기 개념이 있었다.

음양의 관계론은 앞에서 본 것처럼 대립과 동시에 서로 보완하는 개념이었던 점에 잘 나타나 있다. 특히 관계론은 오행에서 잘 드러난다. 오행의 관계론은 상생상극론이라고 하며, 그 출발은 두 나라 사이의 전쟁에서 한쪽은 불, 다른 한쪽은 쇠로 규정하거나, 한쪽은 물, 다른 한쪽은 불로 규정한 다음, 불이 쇠붙이를 녹이는 이치나 물이 불을 이기는 자연의 이치를 끌어다 전쟁의 승패를 예측한 것이었다. 하지만 이 같은 관계는 고정불변이 아니라 상대에 따라 서로 물고 물리는 관계로 나타날 수도 있으며 그런 관계론이 특히 의학 이론을 통해 강화되어갔다. 다음 그림은 상생과 상극 관계를 잘 보여준다.

다음 그림에서 오행을 연결하는 별 모양은 상극 관계이며, 밖으로 둘러친 선은 상생 관계다. 먼저 상극 관계를 보자. 불을 끄는 것은 물이며, 물을 막는 것은 흙이다. 흙이 무너져 내리면 나무로 벽을 쌓아 막고, 나무는 도끼로 잘라 버릴 수 있으며, 쇠붙이는 불로 녹일 수 있다. 바로 이것이 상극 관계이다. 그렇다면 상생 관계는 어떠한가? 물을 먹고 나무가 자라고, 나무에서 불을 피워낸다. 불이 다 타면 재가 되어 흙으로 돌아가고, 흙 속에서 쇳덩이를 캐내며, 쇠붙이의 날카로운 끝에 이슬방울이 생긴다. 이것이 상생의 원리이다.

이 같은 상생상극론을 의학에서는 사람의 장기인 간, 심, 비,

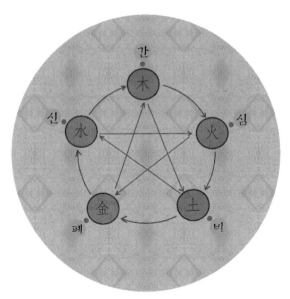

오행의 상생상극도

폐, 신과 연결시켰다. 본래 전통의학은 병원균에 대한 개념이 없으며, 병의 원인은 음양·오행의 균형이 깨져서 그런 것이라고 설명한다. 따라서 병의 치료법도 깨진 균형을 다시 맞춰주는 데서 찾는다. 하지만 균형을 맞춰주는 방법이 여러 가지다. 예를 들어 간에 문제가 생긴 경우를 보자. 위의 그림에 따르면 간은 나무에 해당한다. 따라서 첫째 방법은 나무, 즉 간의 기능을 강화시키는 것이다. 하지만 상극론의 관점에서 보면 또 다른 두 가지 처방이 가능하다. 하나는 위의 그림에서 보듯이 흙이 무너져 내리면 나무로 방책을 만들어 막는 것인데 흙의 위세가 너무 강해서 나무 방책이 제 역할을 못하는 것이라고 본다면, 흙에 해당하는 비의 기능을 약화시켜도 둘 사이의 세력 균형이 이루어진다. 다른 하나는 쇠붙이가 나무를 이기는 것인데 쇠붙이에 해당하는 폐 기능이 너무 약해서 나무의 기운을 조절하지 못한 것이 병의 원인이라고 본다면 쇠에 해당하는 폐 기능을 보강해도 된다. 관점을 달리해서 상생론적 입장을 취하면 또 다른 치료 방법이 나온다. 하나는 물을 먹고 나무가 자라는 것인데 물이 적어서 나무가 자라지 못하는 것으로 본다면 물에 해당하는 신을 강화시켜도 된다. 이런 입장에서 보면 간, 심, 비, 폐, 신, 즉 목, 화, 토, 금, 수가 모두 서로 연관되어 있으므로, 간에 문제가 있을 때 간을 치료해도 되고 신을 치료해도 되고, 폐를 치료해도 되며, 비를 치료해도 된다.

이처럼 전통 의학은 각각의 장기를 떼어놓고 생각하는 것이 아니라 서로 관계 지워진 한 덩어리로 본다. 이것이 바로 유기체적 관점 또는 관계론적 관점이며 구체적으로는 상생과 상극의 관계로 나타난다. 이 같은 관점을 잘 드러내는 또 다른 치료법은 침이다. 침 치료법은 땅 위에 물이 흐르듯 우리 몸 안에 기가 흐르는 경락이 있다고 보고, 그 핵심 위치인 혈 자리에 침을 놓는다. 그런데 몸 전체를 한 덩어리로 보는 입장에 서면 혈 자리 또한 나누어진 것이 아니라 경락이라는 줄로 연결된 것이며 경락 또한 분리된 구조가 아니다. 따라서 궁극적으로는 어떤 자리에 놓더라도 치료의 효과를 얻는다는 생각을 할 수도 있다.

더구나 오행의 관계론은 앞의 표에서 보았듯이 맛이나 감각 기관, 감정 등과도 연결되어 있다. 따라서 간에 문제가 생긴 경우를 맛으로 설명한다면 신맛을 지나치게 좋아한 것이 원인이고,

감각기관으로는 그 결과 눈의 기능이 떨어지며, 감정과 연결 지으면 성을 잘 내는 사람이 된다. 그리고 그런 병의 발생 시기를 계절과 연결 짓기도 한다.

오행에 따른 상생상극론이 현실 설명으로 쓰인 중요한 계기는 앞에서 보았듯이 상극, 또는 상생론으로 전쟁의 승패를 가늠하는 일이었다. 이것은 전국시대의 사상가 추연(鄒衍)이 왕조 교체를 정당화했던 논리로 이어졌다. 그는 중국 고대국가들을 오행에 적용시켜 하나라는 나무였고, 나무를 이긴 은나라는 쇠였으며, 쇠를 이긴 주나라는 불이었고, 불을 이기는 것은 물이라고 했다. 여기에서 그 물을 잠깐이나마 통일을 이룬 진나라로 볼 것인가, 아니면 한나라로 볼 것인가도 논쟁거리였다. 이처럼 추연은 상극론을 현실의 가장 큰 변화인 왕조 교체의 설명 틀로 썼다. 그리고 서한에 이르면 유향과 유흠 부자가 이번에는 왕조 교체를 상생설로 설명하려고 했다.

하지만 상생론이든 상극론이든 모두 순환론이다. 사실 고대인들은 낮과 밤이 번갈아 바뀌는 것, 해와 달과 별이 일정한 궤적을 그리는 것, 동식물이 태어나서 자라고 소멸해가는 과정, 봄 여름 가을 겨울의 변화를 모두 순환으로 파악했다. 그렇다면 그러한 순환 속에서 여전히 유지되어야 할 것은 무엇일까? 그것은 바로 평형이다. 평형이 깨지면 모든 순환의 질서가 무너진다. 예를 들어 오행 가운데 어느 한 요소가 무너지면 나머지 네 요소가 영향을 받는다. 목이 무너지면 화에 영향을 줄 수도 있고, 수에 영향을 줄 수 있으며, 또 토나 금에 영향을 줄 수도 있다. 그렇기 때문에 오행에서의 '행'은 정지된 개념이 아니라 역동성을 담은 개념이다. 끊임없이 움직이면서 평형을 유지하는 것이다. 이 같은 상생상극의 역동성이 관계론의 핵심이었고 그 밑에는 자연과 인간을 하나로 이어주는 기 개념이 깔려 있었다.

천인상관론과 무관론의 대립
—목적론과 기계론의 대립

동중서의 천인상관론의 큰 전제는 하늘과 도는 변하지 않으며 언제나 옳다는 것이었다. 그리고 이를 바탕으로 봉건적인 도덕 윤리와 정치 질서를 합리화하는 논리를 펼쳤다. 물론 유가 도덕론을 내세워 백성들에 대한 군주의 관심을 일깨웠고, 임금들로 하여금 자연현상을 통해 하늘의 뜻을 살피게 함으로써 권력을 무제한적으로 사용하지 못하도록 견제한 역할이 있다. 하지만 다른 한편으로는 예의 도덕을 강조함으로써 높은 것과 낮은 것, 존귀한 것과 낮고 천한 것을 분명하게 구분했고, 이를 통해 사회 전체에 수직 윤리를 확립했다. 그 결과는 지배 집단의 통치력 강화로 나타났다.

이러한 모습은 특히 음양론의 사회적 적용에서 잘 알 수 있다. 본래 음양론은 음지와 양지처럼 자연의 두 측면을 설명하는 개념이었을 뿐, 좋은 것과 나쁜 것, 귀한 것과 천한 것 같은 가치론적 구분이 없는 개념이었다. 하지만 음양 두 가지 요소만으로 세계 모든 것을 설명하려는 순간, 도덕 가치와 만났고 상대적인 것들의 다름을 차이로 바꾸어놓는 개념이 되었다. 이것이 바로 '양존음비론'이다. '양존음비'란 양은 높고 음은 낮다는 뜻으로 양에 해당하는 하늘, 남자, 임금, 아버지, 형, 남편, 아들 등과 음에 해당하는 땅, 여자, 신하, 어머니, 동생, 부인, 딸 등의 관계를 위계질서로 고정시키고 합리화하는 개념이었다. 근대 이전의 양반과 상민의 구분과 그에 따른 특권 의식, 남자와 큰 아들 중심의 종법제도와 가부장권 등이 모두 여기에서 나와 오랜 질곡으로 작용했다.

하지만 한나라 말에 이러한 동중서의 철학을 정면으로 반대하고 나선 사람이 왕충(王充, 30?~100?)이다. 왕충은 실증적, 과학적 사고를 바탕으로 천인상관설에 담긴 종교적 관념성과 신비주의를 비판했다. 왕충의 사상은 그가 지은 《논형》에 잘 나타나 있다. 《논형》의 '형(衡)'은 저울추라는 뜻으로써, 제목처럼 균형을 잡기 위해 치우친 논리를 비판하는 책이었다. 이러한 생각은 《논형》에 실려 있는 여러 편의 글 제목에도 잘 나타난다. 공자의 말과 행동에 나타난 모순을 조목조목 따진 〈문공(問孔)〉 편은 '공자에게 따진다'는 뜻이었고, 맹자의 논리를 빌려 맹자를 비판한 〈자맹(刺孟)〉 편은 '맹자를 찌른다'는 뜻이다. 또한 한비자 주장의 논리에 나타난 문제점을 비판한 〈비한(非韓)〉 편은 한비자의 이름을 뒤집은 제목으로 '한비자를 비난한다'는 뜻이었으며, 그 밖의 여러 편에서 귀신을 비롯하여 검증되지 않은 일체의 권위를 부정했다.

이 책에 담긴 왕충의 생각은 매우 논리적이고 객관적이며 과학적이었다. 하지만 그의 생각이 더욱 잘 드러난 것은 동중서의 천인감응론에 대한 비판이었다. 왕충의 관점은 사회현상과 자연현상을 별개 영역으로 보았던 노학파의 관점을 이은 것이었고, 기본적으로 순자의 사상과 많은 관련을 지닌다. 일찍이 순자는 하늘을 도덕의 근원으로 보지 않았고, 다만 기계적 법칙에 따라 운행되는 자연현상으로 이해했다. 그렇기 때문에 순자는 그 이전까지 이해하기 힘든 자연현상이 나타나면 하늘의 의지가 드러난 것이라고 생각했던 미신적 사고에서 벗어날 수 있었다. 순자는 별이 떨어지거나 나무가 소리 내어 우는 기이한 현상들을 모두 천지자연의 자연스러운 변화라고 이해했다. 그리고 정치사회적 현상에 대한 이해에서도 자연법칙과 인간의 도덕법칙을 구분하여 이해했고, 인간 사회의 안정과 혼란, 개인의 행복과 불행은 모두 인간 자신의 의지에 달려 있다고 생각했다. 그리고 오히려 그같은 인간의 역할을 적극적으로 긍정하는 입장에서 인간을 하늘에 종속된 존재가 아니라 자연과 맞설 수 있는 대등한 존재로 파악함으로써 인간을, 하늘을 포함한 만물을 통제하고 다스리는 존재로 부각했다.

왕충은 이 같은 순자의 관점을 계승했다. 왕충도 동중서와 마찬가지로 천지만물이 기로 이루어져 있다고 보았다. 하지만 동중서가 하늘이 만물을 낳는다고 보았던 것과 달리 만물은 음과 양 두 기가 어울려 생겨나는 것일 뿐이라고 보았다. 그리고 동중서가 하늘이 할아버지이고 사람은 손자이며 하늘이 큰 우주이고 인간은 작은 우주이며, 하늘과 사람이 서로 감응한다고 보았던 것과 달리, 하늘은 맑은 기가 모이고 땅은 탁한 기가 모여서 서로 다른 덩어리를 이루기 때문에 하늘과 땅, 자연과 인간이 기를 주고받는다는 것은 불가능하다고 보았다. 그래서 동중서가 하늘이 만물을 주재하는 도덕적 존재로써 인간 사회 모든 일을 평가하고 감시한다고 생각했던 것과 달리, 하늘은 도덕과 무관한 자연일 뿐이며 하늘과 인간 사회는 전혀 다른 원칙에 따라 움직인다고 보았다.

이 같은 생각은 왕충이 《논형》, 〈물세〉 편에서 "하늘이 어떤 목적을 가지고 사람을 만들어내는 것이 아니며, 만물 또한 어떤 까닭이 있어서 그렇게 생겨나는 것이 아니다. 하늘과 땅이 기운을 합하면 만물은 우연적으로 생겨난다"고 한 말에 잘 나타나 있다. 따라서 하늘을 인격을 지닌 존재처럼 보았던 동중서를 부정했고, 하늘이 도덕 실현의 목적의식을 가지고 인간 세상과 감응한다는 생각 또한 부정했다. 그리고 오히려 왕충은 하늘과 무관하게 독립적으로 존재하는 인간의 실천과 욕망을 긍정했다.

이 같은 동중서와 왕충의 차이는 목적론적 세계관과 기계론적 세계관의 차이다. 오늘날 대표적인 목적론에 해당하는 것은 기독교다. 기독교가 하나님의 섭리를 이야기한다면 동중서는 하늘의 섭리를 이야기했던 것이며 그 핵심은 왕의 권력이 하늘로부터 온다는 왕권신수설과 하늘이 왕권을 견제한다는 재이설이었다. 하지만 왕충은 이와 달리 자연 변화는 인간 사회의 질서나 인간 자신과는 아무런 상관도 없이 스스로의 법칙에 의해 자발적으로 움직이는 객관세계일 뿐이었다. 그렇기 때문에 왕충은《논형》의 여러 부분에서 자연의 이변을 정치적인 행위와 연결 지은 동중서의 재이설을 비판했다.

왕충은 〈자연〉 편에서 "옛날에는 재이란 것도 없었고 설령 재이가 있다 해도 하늘이 주는 벌이라고 부르지 않았다. 왜 그랬을까? 당시 사람들이 순박해서 서로의 잘못을 비난할 줄 몰랐기 때문이다. 그런데 세상이 점점 어지러워져서 위아래가 서로 비난하고 재이가 때맞춰 생기자 이를 하늘이 내리는 벌이라고 부르게 되었다. 하지만 오늘의 하늘이 바로 옛날 하늘이니, 옛날 하늘은 더 너그럽고 오늘 하늘은 야박한 것이 아니다. 오늘날 하늘이 주는 벌이라는 말이 생기게 된 것은 사람들이 주관적인 마음을 가지고 미루어 생각해서 만든 것이다"라고 했다. 왕충의 관점에서 본다면 자연과 인간이 완전히 다른 존재인데도 하늘이 인간에게 벌을 준다고 하는 것은 주관적인 생각이 만든 이데올로기에 불과했다. 이처럼 자연과 인간의 관계를 서로 다른 입장에서 이해한 왕충과 동중서의 사상은 한나라 이후에도 큰 흐름으로 이어져 현대까지 이른다.

사실 동중서에서 시작된 유가의 독존 현상은 얼마 안 가 비이성적인 모습으로까지 나아갔다. 기원전 1세기 무렵 나타난 공자 신격화 작업이 바로 그것이다. 사람들은 유가가 중시되는 상황에서 공자가 비록 임금이 되지는 못했지만 덕으로 따진다면 임금 못지않다는 뜻에서 벼슬 없는 임금이라는 의미로 '소왕'이라고 불렀다. 또한 공자의 명망을 빌린 가짜 책들이 나타나기도 했다. 사람들은 유가의 경전이 성인 공자의 말씀을 담았기 때문에 모든 것의 기준이 되는 날줄에 해당한다면 이 책들은 유가 경전을 보완하는 씨줄에 해당한다고 보았다. 하지만 당시 유행하던 이런 책들은 모두 가짜였다. 그 뒤 공자의 신격화는 사마천이 《사기》를 기록하면서 다시 인간으로 끌어내릴 때까지 계속되었다. 이런 모습이 바로 동중서가 경고했던 재이가 예언으로 바뀐 것이었다. 그 결과로 동중서의 재이설은 주역의 신비성과 결합하여 술수로 타락하고 군주에 대한 하늘의 사명 또한 그 존재 의미를 잃고 말았다.

『군주가 일어서면 해악이 일어나고
대신이 자리하면 도적이 발생한다.
군주가 앉아서는 예법을 만들어 백성을 속박한다.
짐짓 깨끗한 듯 꾸미면서 탐욕스러운 본성을 만족시키고,
속은 험악하면서도 겉으로는 사랑을 말한다.
유가의 예법이란 실제로는 천하를 해치고 어지럽히며
죽음으로 몰고 가는 술책이다』

죽림칠현

세상을 등진 영원한 자유인들

대나무 숲에 숨은 일곱 명사들

중국의 심장인 황하의 중간쯤에 하남성이 있다. 선사시대부터 황하는 늘 역사의 중심이었다. 때문에 그 유역에 위치한 하남성 또한 중국 문화의 발상지 가운데 하나였고, 그 속에는 정주, 개봉, 낙양 같은 중요한 도시들이 자리 잡고 있다. 하남성은 번성했던 문화만큼 역사적 인물도 많이 배출했다. 춘추전국시대의 사상가 노자는 가공인물이라는 설이 지배적이지만 녹읍 출신이라는 설도 있으며, 법가 사상가 상앙은 신향 출신이다. 또 지진계를 발명한 동한의 과학자 장형은 남양에서 태어났고, 중국 의학 고전《상한론》을 지은 장중경은 진평에서 태어났다. 당나라 시인 두보는 공의 출신이고, 당송팔대가로 잘 알려진 문학가이자 사상가인 한유는 맹주 출신이다. 그 밖에 인도를 다녀와《대당서역기》를 지었던 승려 현장과 남송을 지켜낸 장군 악비도 하남이 배출한 인물이다.

그리고 하남을 알린 또 다른 인물들이 바로 죽림칠현(竹林七賢)이다. 예로부터 하남성을 가로지르는 황하 북쪽 지역을 하내

(河內)라고 불렀다. 죽림칠현은 바로 그 하내 지방 대나무 숲에 모인 완적(阮籍, 210~263)·혜강(嵇康, 223~262)·산도(山濤, 205~283)·향수(向秀, 227?~272)·유영(劉伶, 221?~300)·왕융(王戎, 234~305)·완함(阮咸, ?~?)을 가리킨다.

왜 하필이면 대나무 숲이었을까? 죽림칠현들이 대나무를 좋아한 것은 대나무가 때 묻지 않은 선비의 상징이기 때문이다. 동양에서는 오래 전부터 군자의 절개와 겸허한 자세, 높고 우아한 기품을 대나무로 비유해왔다. 혜강의 집 주변에는 늘 대나무가 많았다고 하며, 동진의 서예가 왕휘지(王徽之)는 여행 도중 여관에 머물게 되면 직접 대나무를 심어놓고는 "하루라도 대나무가 없으면 안 된다"고 했을 정도다. 물론 동양에서 군자에 비유한 것은 대나무만이 아니었다. 대나무에 매화, 난초, 국화를 더해 사군자라고 불렀다. 사군자는 네 가지 식물의 장점을 덕망과 학문을 지닌 사람의 인품에 비유했다. 그 경우 매화는 이른 봄추위를 무릅쓰고 제일 먼저 꽃을 피우는 특징을 높이 샀고, 난초는 깊은 산중에 피면서도 은은한 향기를 멀리까지 퍼뜨리는 특징에 주목한 것이며, 국화는 늦은 가을 서리를 이겨내고 꽃을 피우는 점이 인정을 받았다. 그래서 사군자는 선비들의 시나 그림 소재로 많이 나타난다. 그 가운데서도 덕 있는 사람의 비유로 경전에 제일 먼저 나타난 것이 대나무였고, 그림의 소재로 제일 먼저 쓰인 것도 대나무였다. 대나무는 《시경》, 〈위풍(衛風)〉 편에 주나라 무왕의 높은 덕과 학문을 칭송하는 비유로 처음 나타난다.

대나무를 군자에 비유하는 덕목은 여러 가지다. 아무리 모진

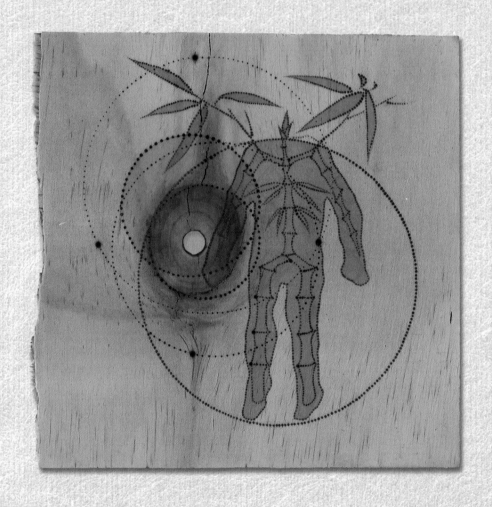

바람이 불어도 꺾이지 않는 고고한 자태를 지녔고, 뿌리는 굳고 줄기는 곧으며 마디는 굳건한 것이 군자의 절개를 닮았으며, 대나무 속이 텅 빈 것은 겸손하고 욕심 없는 군자의 마음과 같다고 보았다. 더구나 유연함과 우아함을 동시에 지닌 줄기의 모습이나 날카로운 칼끝 같은 잎의 모습은 선비들의 필수 도구인 붓으로 그려내기에 맞춤한 소재였다. 그래서 매화, 소나무와 더불어 날이 추워져도 변치 않는 세 가지라는 뜻의 '세한삼우(歲寒三友)'라는 이름으로 많이 그려졌고, 오래된 고목이나 기암괴석과 어우러져 그림의 소재가 되기도 했다.

이처럼 선비의 모습을 가장 잘 보여주는 것이 대나무였기에 일곱 사람은 늘 세상을 등지다시피 하고 대나무 숲에 둘러 앉아 내키는 대로 술을 마시면서 고담준론을 나누었고, 세상은 이들을 '명사(名士)'라고 불렀다. '명사'가 지금은 '세상에 널리 알려진 사람'이나 '이름 난 선비'라는 뜻으로 쓰이지만 본래는 위진 시대에 나타난 죽림칠현 같은 특수한 인물들을 가리키는 단어였다.

명사들은 무엇보다도 이야기를 나누는 분위기부터 달랐다. 그들은 대부분 고라니의 꼬리털로 만든 털이개를 손에 들었다. 이 털이개는 불진(拂塵)이라 불리는데, 본래 먼지를 떨거나 날벌레를 쫓는 데 쓰이기도 하지만 이들에게는 세속의 먼지를 떨어낸다는 의미와 함께 고고한 자태를 돋보이게 하는 도구였다. 이 같은 자태로부터 뒷날 아름다움이 무엇이며 어떤 자태가 품위 있는 모습인지를 따지는 기준이 나왔고, 불진 또한 불교에서 승려가 수행할 때 마음의 티끌이나 번뇌를 떨어버리는 상징적인 도구로 쓰이게 된다.

그리고 명사들이 주고받는 이야기는 속세의 때 묻은 이야기여서는 안 되며 오직 맑고 깨끗한 이야기여야만 했다. 그들이 나누는 맑고 깨끗한 이야기는 청담(清談)이라 불렸고, 청담은 명예나 이익과는 거리가 멀었다. 그렇다면 청담의 구체적인 주제는 무엇이었을까? 사람들은 그들이 주고받은 청담의 주제를 현학(玄學)이라 불렀다. 현학의 '현'자는 검다는 뜻이다. 깊은 물이 한없이 검게 보이는 것처럼 현학은 깨닫기 어려울 정도로 깊이가 있는 학문을 의미한다. 특히 현학의 대상은 《노자》, 《장자》, 《주역》이었으며, 사람들은 이 세 권의 책을 삼현(三玄)이라고 불렀다.

명사들은 청담을 나누는 데에도 일정한 방식이 있었다. 그들은 학구적인 자세나 심각한 모습으로 토론하는 것을 싫어했다. 그들은 한 사람의 말을 듣고 그 말에 다시 자기 생각을 덧붙이면서 마음을 주고받았고 마침내는 마음의 평화를 얻었다. 그러기 위해 그들이 이야기를 나누는 방식은 말을 많이 하기보다는 몇 마디 말로 멋들어지게 핵심을 찌르는 '완곡한 풍자'였다. 물론 그들에게도 당연히 현실 사회에 대한 불만이 있었을 것이다. 하지만 핏대를 세우고 흥분해서 이야기를 주고받는 것이 아니라 느긋하고 편안한 마음으로 얼굴에 웃음을 띤 채 유머와 재치를 섞어서 이야기를 나누는 것이 그들만의 대화법이었다.

명사들이 가장 참을 수 없는 것은 맛깔스럽지 못한 이야기나 밉살스러운 얼굴 모습이었다. 예를 들어 완적은 유교의 예의범절에 얽매인 지식인을 극단적으로 증오해서 친구들에게는 청안(靑眼)으로 대하고 세속인들에게는 백안(白眼)으로 대했다고 한다. 청안은 푸른 눈이라기보다는 기쁜 마음으로 상대방을 대하는 마음이 드러난 눈초리를 뜻하고, 백안은 눈의 흰자위를 드러냄으로써 기분이 나쁘다거나 상대방이 싫다는 생각을 담은 눈초리를 말한다. 《진서》, 〈완적전〉에 따르면 어느 날 혜강의 형 혜시가 완적을 찾아왔다. 혜강과 완적은 죽림칠현 가운데서도 매우 절친한 친구였지만 완적은 친구의 형인 혜시조차도 흰 눈으로 대했고, 혜시는 몹시 불쾌해하며 돌아갔다. 그 이야기를 들은 혜강이 완적이 좋아하는 술과 거문고를 들고 찾아가자 이번에는 기뻐하면서 청안으로 대했다는 것이다. 여기에서 나온 말이 남을 깔보거나 무시한다는 뜻의 '백안시'이다.

이처럼 죽림칠현은 명예니 이해관계니 하는 세상일을 떠나 유유자적하면서 좋은 벗들과 어울려 청담을 나눈 자유인들이었다. 그들은 이야기의 내용만이 아니라 이야기를 나누는 방식과 자세까지도 오직 아름다움이라는 기준을 가지고 판단했고, 자신들의 기준에 맞을 때 비로소 명사로 인정해주었다. 그래서 당시는 명사가 사람을 재는 최고의 가치 기준이었고, 명사로 인정받을만한 사람이라야 참다운 귀족으로 대접받거나 귀족과 왕래하고 혼인할 수 있는 대상이 될 수 있었다. 하지만 죽림칠현, 명사, 그리고 현학 같은 풍조는 모두 시대가 만든 것이었다. 그렇다면 어떤 시대가 이런 사상과 인물들을 만든 것일까?

《삼국지》의 탄생과 위진남북조의 혼란

중국의 4대 기서 가운데 하나인 《삼국지》의 본래 이름은 《삼국지연의》이다. 이 책은 한나라 말에 일어난 황건의 난을 토벌하기 위해 의병으로 참가 했던 현덕, 관우, 장비가 의형제를 맺는 것에서 이야기가 시작된다. 한고조 유방이 세운 한나라는 기원전 202년부터 기원후 220년까지 422년 동안 이어졌다. 하지만 한나라가 안정을 누린 기간은 사실 그리 길지 않았다. 특히 기원후 8년에는 왕망이 한나라를 무너뜨리고 새로운 나라 신(新)을 세우기도 했다. 하지만 왕망의 개혁 정책이 실패로 돌아가자 각지에서 반란이 일어났고, 한나라 황실의 후예인 유수가 신을 무너뜨리고 다시 한나라를 건립했다. 유수를 가리켜 후한의 광무제라고 부르며 왕망 이전의 한나라를 전한이라 하고 이후의 한나라를 후한이라 한다.

　후한 말 농민반란이 꼬리를 물고 일어나는 과정에서 한나라의 몰락을 가져온 결정적인 계기가 된 것이 황건의 난이었다. 황건의 난은 태평도라는 종교 집단을 만든 장각이 동생들과 함께 일으킨 봉기였고, '황건'이란 명칭은 그 무리들이 이제 푸른 하늘은 죽었고 새롭게 누런 하늘이 온다고 하면서 머리에 누런 수건을 둘렀기 때문에 붙여진 것이다. 장각은 황제와 노자를 높이는 황로사상에 여러 가지 민간사상을 결합시켜 태평도를 만들었다. 그는 당시 전염병이 유행하던 상황에서 신 앞에 자신의 죄를 뉘우치고 부적 태운 물을 먹게 하는 치료법을 통해 사람들을 끌어들였다. 그리고 봉기한 뒤에는 자신들이 점령한 지역마다 나그네들이 무료로 숙식할 수 있도록 여관을 지었고, 장군과 병졸이 같은 식탁에서 식사를 하는 평등한 모습을 보이기도 했다. 황건은 장각이 병이 들어 죽은 뒤 세력이 약해지긴 했지만 거의 20년 이상을 끌어간 농민 봉기였고, 사천 지방에서 장릉이 창시한 오두미교와 함께 위진남북조 시대를 거치면서 도교로 발전했다.

이 황건의 난을 진압하는 과정에서 새롭게 떠오른 인물이 조조와 유비였다. 그들은 통치 계급의 무능과 부패로 극심한 혼란에 빠진 한나라 대신 위나라와 촉나라를 세웠고, 손권이 일으킨 오나라와 더불어《삼국지》의 배경이 된 시대를 열었다. 위나라는 조조가 닦은 토대 위에 셋째 아들 조비가 220년에 한나라를 무너뜨리고 세운 나라이다. 그러자 이듬해 유비가 촉나라를 세웠고, 다시 한 해 뒤에 손권이 오나라를 세웠다. 세 나라는 40여 년 동안 서로를 견제하며 지냈지만 마침내 253년에 위나라가 촉나라를 무너뜨리면서 세력 균형이 깨진다. 하지만 265년에 위나라의 신하했던 사마씨 집안이 위나라를 무너뜨리고 새롭게 진나라를 세웠고, 280년에 진나라가 오나라를 무너뜨리면서 새로운 통일을 이루었다.

하지만 진나라의 통일도 316년에 황제가 북방 이민족의 포로가 되면서 끝이 났고, 황실의 다른 친족이 남쪽으로 내려가 317년 남경에 다시 진나라를 세워 419년까지 나라를 유지했다. 그래서 북에 있던 진은 서진이라 부르고 남쪽의 새로운 진나라는 동진이라고 부른다. 위진 시기는 조조의 아들 조비가 위나라를 세운 220년부터 서진이 망할 때까지 약 100년간을 가리킨다.

그 이후로도 중국은 엄청난 혼란의 연속이었다. 남쪽에서는 동진이 망한 뒤 송 - 제 - 양 - 진 네 나라가 그 뒤를 이었다. 하지만 589년에 수나라가 다시 중국을 통일할 때까지 송나라 60년, 제나라 23년, 양나라 45년, 진나라 32년의 혼란이 계속되었다. 이러한 혼란은 이민족이 지배한 북쪽도 마찬가지였다. 일찍이 조조는 세 나라가 힘을 겨루는 상황에서 군사력을 강화하기 위해 북방의 이민족들을 끌어들였다. 하지만 중국 민족이 혼란에 빠지자 그렇게 들어와 있던 흉노, 저, 강, 갈, 선비, 다섯 이민족이 서로 싸우면서 16나라를 세웠다가 무너지는 엄청난 혼란이 계속되었다. 304년부터 439년까지 이어진 이 시기를 '5호 16국 시대'라고 부른다. 이 혼란은 439년 북위의 태무제에 의해 끝이 나지만 534년 북위는 다시 동위와 서위로 갈렸고, 동위는 북제에게 서위는 북주에게 멸망당했다. 동위, 서위, 북제, 북주는 각각 나라의 역사가 20여 년 정도였고, 북주가 북제를 멸망시킨 뒤 양견이 북주를 무너뜨리고 수나라를 세웠다. 수나라가 다시 통일할 때까지 북쪽의 이민족 왕조와 남쪽의 중국인 왕조가 서로 대립하던 270여 년 동안을 남북조 시기라고 부른다.

큰 틀에서 본다면 위진남북조 시기 370년간은 혼란의 연속이며 한나라 말기의 혼란까지 친다면 400년 이상의 대 혼란기였던 셈이다. 정치의 혼란은 당연히 현실을 지탱하는 이데올로기의 혼란을 가져오는 법이다. 한나라 말기부터 일기 시작한 혼란은 오경을 중심으로 통일국가 한나라의 이데올로기로 기능했던 유교가 힘을 잃었음을 의미한다. 그리고 그 대신 자리 잡은 것이 위진 시기의 현학이다. 오늘날도 극단적인 정치사회의 혼란이 그 반대 자리에 극단적인 정치 혐오나 무관심을 불러오는 것처럼, 이러한 사회적 환경이 세상을 등진 죽림칠현이나 세상과 거리를 둔 현학(玄學)을 만든 것이다.

경학에서 현학으로

경학 중심의 유가 사상 대신 새로운 사상으로 자리 잡은 현학이란 명칭은 당시 논의의 중심이었던 《노자》, 《장자》, 《주역》을 삼현(三玄)이라고 불렀던 데서 왔다. 현(玄)은 《노자》 첫째 장에서 우주 만물의 근원인 도(道)를 설명한 표현이다. 《노자》에서는 '현묘'하다거나 '그윽하고 또 그윽하다'는 말로 도를 표현했다.

현학은 삼현 가운데 두 가지가 도가 계열의 책인 데서 드러나듯이 한나라 초기에 유행했던 노장사상과 황로사상을 기초로 유학을 융합하려 했던 사조였고, 따라서 '신도가'라고도 불렀다. 현학 사상가들은 한대에 융성했던 복잡하고 자질구레한 경학에서 벗어나되 현실 질서 유지 기능으로써의 유가사상을 버릴 수는 없었기에 자연과 명교(名敎)의 조화를 꿈꾸었다. 자연은 도가 사상이 추구하던 것이고, 명교는 유가사상이 추구하던 명분에 대한 가르침이었다. 아울러 명교는 정치제도와 윤리도덕 같은 봉건문화 전체를 포괄하는 개념이었고, 자연은 자연과 인간을 포괄하는 최고의 법칙, 즉 도였다.

현학이 처음 나타난 것은 위나라 정시 시대(240~249)이며 대표적인 학자는 하안과 왕필이었다. 그래서 이들의 사상적 관점을 정시지음(正始之音)이라고 부른다. 하안은 본래 동한의 대장군 하진의 손자로서 아버지가 일찍 죽은 뒤 어머니가 조조의 부인이 됨에 따라 조조의 양자가 된 인물이다. 그는 어려서부터 재주가 뛰어났고 특히 《주역》과 《노자》에 능통했다고 한다. 하지만 《논어》에 대한 저술도 있다.

또한 왕필은 10여 세 때부터 《노자》를 좋아했는데, 24세의 젊은 나이에 죽었음에도 그가 쓴 《노자주》는 역대 《노자》 주석서 가운데 가장 뛰어난 주석으로 알려져 있다. 그리고 《주역》과 《논어》에 대한 저술도 남겼는데, 특히 《주역주》에 나타난 《주역》에 대한 윤리론적 이해는 송나라 때 정이천의 《역전》으로 이어지는 가교였다고 평가받는다. 특히 왕필의 저작들은 위진 시대 현학의 이론적 기초가 되었다.

이처럼 두 사람 모두 사상의 중심축이 도가인 점은 분명하다. 하지만 유가의 경전인 《주역》과 《논어》에 대한 저술을 남긴 것처럼 자연을 내세우면서도 유교의 명교를 함께 아우르려는 모습을 보인다. 왕필은 노자가 공자만 못하다고 하여 명교를 높인 것처럼 보이기도 했고, 그 반대로 하안은 도가 자연에 합치되고 명교는 자연에 근본을 둔다고 함으로써 자연을 더 높였지만, 두 사람 모두 근본적으로는 유가와 도가가 본래 하나이며 명교와 자연은 통일될 수 있다고 보았다. 그 뒤 두 사람을 이어 명교와 자연을 논리적으로 통일시킨 인물은 서진 시기의 곽상이다. 이처럼 현학가들의 논의는 명교와 자연의 구별에 집중되었고, 형이상학적 담론으로 나아갔으며, 구체적으로는 '있음(유, 有)'과 '없음(무, 無)'에 대한 이해로 이어졌다. 그 과정에서 현학은 현실 세계의 구체적인 문제보다는 형이상학적인 논변이 중심이 됨으로써 공허한 사변 철학으로 넘어갔다. 그리고 인간의 현실 세계를 초월한 '없음'을 강조함으로써 세속적인 윤리 실천보다는 개인의 정신적 자유를 추구하는 경향이 강하게 나타났다.

그 결과 하안과 왕필은 '없음'을 근본으로 하고 '있음'을 말단으로 하는 우주론을 내놓았다. 두 사람 모두 '없음'을 만물의 존재 근거라고 했기 때문에 '무(無)'를 귀하게 여겼다는 점에서 귀무파(貴無派)라고도 불렸다. 그들은 '없음'이 모든 존재의 근거라고 보고, 아무런 형상도 질량도 없는 '없음'으로부터 모든 존재가 나온다고 했다. 그래서 '있음'과 '없음'을 근본과 말단, 본체와 현상으로 이해했다. 그렇기 때문에 만물은 모두 '없음'에서 나와서 다시 '없음'으로 돌아가며, 따라서 만물이 '없음'에서 하나가 될 수 있다고 했다.

왕필과 하한에 버금가는 또 한 명의 위진 현학가는 앞서 말한 곽상이었다. 곽상은 왕필이 노자 해석가의 대표인 것처럼 그가 지은 《장자주》는 역대 《장자》 주석서 중 가장 뛰어난 것으로 평가된다. 곽상은 하안과 왕필이 '무'를 중시했던 것과는 완전히 반대의 입장에 서 있다. 그는 '있음'이 '없음'에서 나오는 것이 아니라고 보았다. 곽상은 노자와 장자가 여러 차례 '없음'을 말한 까닭은 사물을 만들어내는 근원의 사물이 없어도 각각의 사물이 저절로 만들어진다는 사실을 밝힌 것일 뿐이라고 보았다. 즉 노자와 장자가 말한 '없음'은 사물을 만드는 근거로써의 다른 사물은 '있을 필요가 없다'는 뜻의 '없음'이라는 것이다. 이것은 왕필뿐 아니라 노자와 장자가 말한 무에 대한 관념을 크게 바꾼 것이었다. 그런 입장에서 곽상은 사물의 생성이 도에 근거하는 일마저도 필요 없다고 생각했다.

결론적으로 곽상은 모든 사물이 스스로 발생해서 독자적으로 변해간다고 보았다. 그러니까 모든 '있음' 즉 각각의 구체적인 사물은 독립적으로 존재할 뿐 결코 '없음'을 근거로 보듯이 다른 조건에 의지하지 않는다는 것이다. 이 같은 독자적인 발생 변화 현상을 곽상은 스스로 발생하여 독자적으로 변화한다는 '자생독화(自生獨化)'라는 말로 표현했다. '자생독화'란 원인이나 조건은 물론이고 어떤 일정한 법칙도 없이 홀연히 생겨나서 독자적으로 변화하는 것을 의미한다. 그러니까 모든 자연의 변화를 하늘이나 신처럼 자연 밖에 있는 어떤 궁극 존재의 조화라고 보는 것을 반대한 것이다. 이 세상에 궁극 원인으로써의 신은 존재하지 않으며, 모든 사물은 독립적이면서 스스로 자기 원인으로 존재하는 것이고, 사물들이 서로 어떠한 관계도 맺지 않을 뿐더러 또 서로를 배척하지도 않는다고 한다. 그러므로 사물은 절대적으로 독립되어 있으면서도 세계 전체로 보면 아무리 하찮아보이는 것도 결코 없어서는 안 될 존재가 된다.

이처럼 만물은 각기 자기 원인으로 존재할 뿐 다른 사물을 자신의 존재 근거나 조건으로 삼지 않는다. 따라서 존재의 근거는 오직 '자신의 본성(自性)'일 뿐이다. 따라서 곽상은 모든 사물이 각기 자신의 본성을 지니고, 나아가 자신의 본성에 스스로 만족한다고 보았다. 이러한 생각을 바탕으로 곽상은 《장자》를 통하여 여러 가지 현실적인 얽매임 속에 있는 개체가 각각의 위치에 안주하여 자득(自得)하는 것임을 말하고자 했다. 모든 사물은 그 사물이 귀하든 천하든, 중요한 것이든 하찮은 것이든, 여자든 남자든, 주인이든 하인이든 상관없이 오직 자신의 본성에 따를 뿐 다른 사물로부터 제약을 받는 것이 아니라는 것이다. 그렇기 때문에 자기 자신에 만족하면서 소요자재(逍遙自在)할 수 있다. 그런 점에서 곽상이 말하는 소요는 장자나 완적, 혜강의 생각과 다르다. 장자나 완적, 혜강이 말한 소요는 속세를 벗어나 마음이 사물 밖에서 노니는 정신적인 자유를 의미했다. 하지만 곽상이 말하는 소요는 현실 속에서 자신의 본성과 분수에 만족하는 것이다. 그러니까 대붕은 대붕대로, 참새는 참새대로, 임금은 임금대로 백성은 백성대로 각자의 지위나 역할이 다르지만 저마다 자신의 본성에 만족한다면 사물 간에 크고 작음, 높고 낮음, 아름다움과 추함의 구별은 존재하지도 않는다는 것이다.

이 같은 곽상의 생각은 세계를 배후에서 조종하는 조물주 개념을 끊어버림으로써 현실의 존재 의미를 높였고 또한 모든 사물의 관계를 배제하여 최선의 평등 개념을 끌어냈다. 하지만 반대로 사물 간의 관계를 부정했기 때문에 사물을 고립시킴으로써 현실성과 추상성을 상실한 존재로 만들어버렸다.

명교를 넘어 자연으로

같은 위진 현학 사상가들이지만 하안, 왕필, 곽상보다 훨씬 극단적인 입장에 서 있는 사람들이 죽림칠현이었다. 위진 시기는 한나라와 유교로 상징되는 기존 질서가 무너지면서 그 밑에 눌려 있던 인간의 자유와 개성이 상대적으로 되살아나던 시대였다. 그리고 그러한 힘은 노장사상으로부터 왔다. 그 결과 많은 문인들은 노장사상의 자유로운 정신세계를 따라서 유교의 예의 도덕에서 벗어나 술과 시와 음악과 자연에 묻혀 아무런 구속 없이 자유롭게 사는 것을 이상적인 삶으로 생각했다. 오늘날 우리가 물 흐르는 계곡 언저리 나무 밑에 앉아 윗옷을 풀어헤친 채 배를 쑥 내밀고 술병을 든 동자상이나 그림을 보고 도가사상을 떠올리는 까닭은 위진 시기 죽림칠현들의 삶과 관련이 있으며, 그 중심에 완적과 혜강이 있다.

완적과 혜강이 활동한 시대는 위나라 정시 이후 사마씨 집단이 정권을 장악하고 난 뒤였다. 사마씨 집단은 조조의 신하로 제갈공명과 맞섰던 사마의와 그 후손들이다. 사마씨 집단과 위나라를 따르는 신하들 사이에 여러 차례 격렬한 싸움이 있었지만 이 싸움은 마침내 위나라 임금이 왕위를 사마의의 손자인 사마염에게 넘겨줌으로써 사마씨 집단의 승리로 끝이 났다. 그 과정에서 완적과 혜강은 위나라 편에 서서 사마씨 집단이 유가의 명교를 허울로 내세워 정권을 빼앗으려는 데 반대했던 사람들이다. 그리고 그들의 사상 또한 그러한 시대 상황과 자신들의 삶의 궤

　　　　　　　　　　　　　　　　　　　　　동양철학 에세이 2

적을 담았다.

완적은 유가의 대의명분과 예의도덕을 천시했고, 《노자》와《장자》를 좋아했다. 그는 위나라의 정치 싸움을 보면서 싸움에 끼어들기보다는 술 마시는 것으로 일상을 삼았다. 그러면서도 "군주가 일어서면 해악이 일어나고 대신이 자리하면 도적이 발생한다. 군주가 앉아서는 예법을 만들어 백성을 속박한다. 짐짓 깨끗한 듯 꾸미면서 탐욕스러운 본성을 만족시키고, 속은 험악하면서도 겉으로는 사랑을 말한다. 유가의 예법이란 실제로는 천하를 해치고 어지럽히며 죽음으로 몰고 가는 술책이다"라고 했다. 이는 특히 사마씨 집단이 유교를 내걸고 제 욕심을 채우는 상황을 비판한 것이다.

혜강 또한 재주가 뛰어나고 글을 잘 지었으며《노자》와《장자》를 좋아했다. 성격이 강직하고 주관이 뚜렷해서 악의 편에 서지 않았고, 유가의 예의도덕을 경멸하면서 유가에서 성인으로 떠받드는 탕 임금과 무왕을 비난했을 뿐 아니라 주공과 공자조차도 낮추어보았다. 이 같은 생각의 밑바닥에는 유가의 예교를 내세워 권력을 차지하려는 사마씨 집단에 대한 비판이 담겨 있었다. 하지만 바로 그런 점 때문에 유가 경전을 비난했다는 죄명으로 39세의 젊은 나이에 처형되었다.

죽림칠현 대부분이 그랬던 것처럼 완적과 혜강도 제도권과 거리가 있는 재야 학자였다. 혜강은 '명교를 넘어서서 자연에 맡기자'라고 함으로써 명교를 넘어선 자연을 주장했다. 물론 혜강도 큰 틀에서는 명교와 자연의 조화를 꾀하는 입장이었고 명교를 완전히 버리자는 것은 아니었다. 하지만 "육경(六經)은 잡초이며, 인의는 썩은 두부이다"라고 함으로써 사람의 마음을 속박하고 몸을 짓누르는 유가 예법의 허위의식을 폭로했다. 물론 그들 또한 지주 계층의 신분으로서 봉건사회 전체나 유가 사상에 기반을 둔 사회제도 전체를 부정한 것은 아니었다. 그들은 진실하고 소박한 예의의 세계로 돌아가자는 것이었다. 그런 입장에서 도가의 자연에 대한 관점에 순응하려는 삶의 방식을 받아들임으로써 명교를 넘어서서 자연을 따르자고 한 것이었다.

혜강의 사유 중에서 주목할 것은 장자의 기일원론(氣一元論)을 받아들여서, 원기론을 바탕으로 양생설(養生說)을 주장하고 신선의 존재를 인정한 점이다. 혜강은 인간의 본성은 안락함을 좋아하고 어려운 것을 싫어하며, 편안한 것을 좋아하고 힘든 것을 싫어하는 것이라고 한다. 그런 입장에 서면 배움을 통해 성인이 되려 했던 공자가 배움을 좋아한다고 한 말은 인간의 본성에 어긋나는 것이 된다. 혜강에 따르면 유가의 인의는 참을 기르는 주요 방법이 아니고 예의와 염치는 자연에서 나온 것이 아니다. 그렇다면 우리에게 가장 중요한 것은 무엇인가? 그것은 바로 양생이라는 것이다. 혜강은 양생의 요체에 대해 '본성을 잘 닦아서 정신을 보존하고, 마음을 편안하게 하여 몸을 온전하게 하는 것'이라고 했다. 이것은 일종의 정신과 육체의 합일인 셈이다.

혜강은 신선의 존재를 인정한다. 신선이란 양생을 통해 도달한 최고 경지다. 하지만 혜강은 배움이나 수련 같은 인위적인 노력으로 신선이 될 수 있다고 보지 않았다. 혜강은 신선이란 특별한 기운을 타고난 사람이 그러한 특별한 기의 바탕 위에서 수련을 쌓음으로써 도달할 수 있는 존재라고 보았다. 이런 주장은 유가에서 성인은 타고난 사람이라고 했던 것과 관련이 있다. 뒷날 혜강의 양생론을 토대로 신선에 대한 생각을 좀 더 발전시킨 것이 갈홍의 《포박자》다.

특히 혜강과 완적은 하안과 왕필이 노자학에 치중했던 것과 달리 《장자》도 중요하게 생각했다. 혜강은 "노자와 장주는 나의 스승이다"라고 말했고, 완적은 《달장론(達莊論)》을 지어 장자학을 퍼뜨렸다. 그들은 장자의 절대자유 사상을 받아들여 세속 밖에서 노닐며 바깥 사물에 이끌리지 않는 정신적인 자유를 얻고자 했다. 이 같은 생각은 곽상의 장자 연구에 많은 영향을 주었다.

죽림칠현의 삶은
무엇을 위한 것이었을까?

죽림칠현들은 무엇에도 얽매임 없이 자유롭게 말하고 자유롭게 행동하며 살고자 했다. 그러나 죽림칠현이 모두 노장사상을 좋아했지만 같은 수준의 사상을 지닌 것은 아니었으며 자유롭게 살고자 했어도 살아간 방식 또한 같은 모습은 아니었다. 혜강, 완적, 유영, 완함, 산도, 왕융, 향수는 죽림칠현이라는 집단의 이름으로 더 유명했지만 그들 개별의 삶은 어떤 모습이었고 무엇을 위한 삶이었을까?

먼저 혜강을 보자. 혜강은 산도보다 거의 스무 살이나 어렸지만 완적과 더불어 죽림칠현의 리더였으며, 7척 8촌의 훤칠한 키에 수려한 용모를 지닌 선비였다. 어떤 사람이 혜강의 아들 혜소를 보고 "의젓하고 늠름한 것이 마치 닭의 무리 속에 있는 한 마리 학 같다"고 했다. 여기에서 나온 표현이 '군계일학'이다. 그러자 그 말을 들은 왕융이 "혜소의 아버지 혜강은 더 뛰어났는데, 당신은 그를 본 적이 없으니 그렇게 말하는 것"이라고 했다니 혜강의 용모가 어떠했는지 짐작할 수 있다. 그리고 산도는 "외로운 소나무가 홀로 우뚝 서 있는 것처럼 장엄했고, 취했을 때는 푸른 옥산이 무너지는 것 같았다"고 평하기도 했다.

혜강은 위나라의 기초를 닦은 조조의 증손녀와 결혼한 까닭에 위나라 조정으로부터 중산대부라는 벼슬을 받았다. 하지만 정치에 관여하지 않고 초야에서 쇠를 두들기는 대장간을 운영하면서 가난하게 살았다. 혜강이 살던 때는 위나라 왕실은 약해지고 무신 사마소가 전권을 장악하여 마침내 위나라에서 진나라로 넘어가는 정치적 과도기였다. 위나라 왕실의 인척인데다 사회적 명망이 높았던 혜강은 죽림에 묻혀 지냈음에도 사마소에게는 엄청난 경계 대상이었다.

한번은 혜강이 쇠를 두들길 때 사마소에게 빌붙은 종회라는 세도가가 잘 차려 입고 여러 사람을 거느린 채 혜강과 교분을 트고 싶어서 찾아온 일이 있었다. 하지만 혜강이 알은체도 하지 않으니 종회가 머쓱하여 돌아가려고 했다. 그런 종회를 보고 혜강이 물었다. "무엇을 듣고 왔다가 무엇을 보고 가는가" 그러자 종회는 "들을 걸 듣고 왔다가 볼 걸 보고 간다"고 답했다. 그 뒤부터 종회는 혜강의 적이 되었다.

또 죽림칠현 가운데 한 명이었던 산도가 사마소 밑에 가서 벼슬을 하기 시작했다. 그러면서 혜강을 인사권을 갖는 이부랑에 추천했지만 혜강은 벼슬을 사양하고 산도에게 절교하는 편지를 보냈다. 그리고 얼마 안 가 혜강의 친구였던 여안이 불효 죄로 누명을 쓰게 되자 이를 변호하면서 누명을 씌운 여안의 형인 여손을 비난했는데, 이 일로 당시 권력층인 사마소 일당에게 숙청의 빌미를 제공하게 되었다. 하지만 더 큰 이유는 유교에 대해 비판적이었기 때문이다. 혜강의 유교 비판은 입으로는 유교의 명분을 말하면서 이를 자신들의 권력 장악 도구로만 활용하는 사마씨 일당에 대한 비판이었다. 더구나 혜강은 무력 혁명을 했던 탕 임금과 무왕, 섭정을 했던 주공, 임금 자리를 어진 사람에게 물려주는 것을 높이 평가한 공자까지 비판함으로써 실제 황제 자리를 넘겨받으려 하던 사마씨 일당의 눈엣가시가 되었다. 결국 혜강은 반란 사건에 동조했다는 누명을 쓰고 사형에 처해졌다. 하지만 태학생들이 앞장서서 그를 죽이지 말고 태학의 선생으로 모셔야 한다고 상소문을 올렸다고 하니 그의 영향력이 얼마나 대단했는지 미루어 짐작할 수 있다.

그는 처형에 앞서 거문고를 달라하여 광릉산(廣陵散)을 연주했다고 한다. 광릉산의 원래 이름은 '섭정이 한왕을 찌르다(聶政刺韓王)'로, 전국시대 칼을 만들기로 한 날짜를 지키지 못해 처벌된 아버지의 복수를 위해 거문고 연주를 배워 한나라 임금을 죽이고 자신도 자결한 협객 섭정의 비장한 이야기가 담긴 곡이다.

　다음은 완적을 보자. 완적은 혜강보다 열세 살 위였지만 가장 잘 어울리는 친구로서 죽림칠현의 핵심 인물이었다. 아버지 완우는 조조 주변의 뛰어난 문인들인 건안칠자 가운데 한 사람이었는데, 완적이 세 살 때 아버지가 죽는 바람에 가난한 집안에서 자랐다. 하지만 어려서부터 재주가 뛰어나고 책 읽기를 좋아했고, 성격이 호탕하여 무엇에든 얽매이지 않고 자유로웠다. 술을 좋아하고 휘파람을 잘 불었으며 거문고를 잘 탔다.

　벼슬은 보병교위(步兵校尉)를 지냈으므로 '완보병'이라고도 불렸고, 위나라 말기 정치적 혼란 속에서 술과 기이한 행동으로 자신을 위장하고 살았다. 늘 술을 마실 때면 '가슴에 불덩어리가 있어서 술을 부어야 한다'고 했고, 또 술에 취해 길 뚫린 대로 정처 없이 가다가 길이 막힌 데 이르러 통곡하며 되돌아왔다고 한다. 이런 일화에서 그가 당시 세태를 보며 얼마나 억눌린 감정으로 살았으며 마음속 고통과 분노가 얼마나 격렬했는지를 잘 알 수 있다.

　완적의 몇 가지 일화를 보면, 위나라 권력을 모두 장악한 사마소가 완적의 딸을 며느리로 맞고 싶어 했다. 하지만 눈치를 챈 완적은 두 달 동안 사마소를 만날 때 마다 술에 크게 취한 상태로 있었다. 차마 술 취한 사람에게 혼담 얘기를 꺼낼 수 없어 속을 태우던 사마소가 마침내 포기하고 말았다. 그 사마소의 아들이 뒷날 위나라 황제로부터 왕위를 물려받은 진무제이다. 술은 완적에게 가장 훌륭한 보호막이었다.

완적이 어머니 상을 당했을 때이다. 거상 기간에는 술과 고기를 먹지 않는 것이 예법이었지만 완적은 사마소가 마련한 잔치 자리에서 고기와 술을 실컷 먹어댔다. 사마소의 부하 한 명이 사마소에게 완적을 비난하며 나라 밖으로 쫓아내서 풍속을 바로잡아야 한다고 하자 사마소는 완적의 모습이 수척하지 않느냐고 하면서 병이 들어 있을 때 술과 고기를 먹는 것은 상례에 어긋나는 일이 아니라고 완적을 감쌌다. 당시 사마소는 유교의 충효와 명분을 가져다 자신의 정권 유지 도구로 쓰고 있었다. 완적의 행위는 이 같은 사마씨 정권의 모순을 비웃은 것이었다. 권력과 가까워질 수 있는 계기도 스스로 마다한 완적의 삶이 얼마나 분노로 가득 차 있었는지를 짐작할 수 있다.

다음은 유영을 보자. 그는 위나라 말에 건위장군을 지냈는데, 진나라 초기 진무제의 물음에 노장사상을 중심으로 한 건의문을 올렸다가 쓸모없는 안이라고 파직 당했다. 아마도 사마씨 정권에 대한 불만을 그렇게 드러낸 것으로 보인다. 그는 늘 술에 취해 살았고 우주가 좁다고 여기면서 마음먹은 대로 거침없이 살았다. 술을 찬미하는 〈주덕송(酒德頌)〉을 지은 것으로 유명하다.

그의 일화를 보면 사슴이 끄는 작은 수레에 앉아 술을 마셔댔고, 그 뒤를 늘 하인이 괭이를 메고 따르게 했다. 그 까닭은 언제 어디서든 술을 마시다가 죽으면 바로 땅에 묻을 수 있게 하기 위한 것이었다. 그는 또 술만 먹으면 옷을 모두 벗는 버릇이 있었다. 사람들이 그런 추태를 나무라면, 유영은 "하늘과 땅이 내 집이고 방이 내 속옷인데 당신은 어째서 내 속옷 안에 들어와 있는

가?"하고 되물었다고 한다. 어느 날은 너무 술을 마셔서 몸을 해치니 술을 끊어야 한다고 하소연하는 부인에게 스스로 술을 끊을 수 없으니 하늘에 기도하고 맹세할 수 있도록 술과 고기를 준비해 달라고 한 뒤 그 술을 먹고 다시 대취했다고 한다. 이 같은 유영의 행동은 세속을 벗어나고자 하는 절규였으며 그 가장 쉬운 방법이 술이었다.

다음은 향수를 보자. 향수는 완적, 혜강과 매우 가까웠고, 처음으로《장자》주석서를 낼 정도로 노장사상에 대한 깊이가 있었으며《주역》에도 밝았다. 그는 혜강이 살아 있을 때에는 함께 어울려 죽림 속에서 자유분방하고 유유자적한 생활을 보냈지만, 혜강이 죽은 뒤로는 사마씨 정권에서 황문시랑(黃門侍郎)과 산기상시(散騎常侍) 같은 높은 벼슬을 하면서 세속적인 삶을 살았다. 자유분방한 삶과 세속적인 삶 사이에 갈등이 컸으리라 짐작되지만 그만큼 혜강의 죽음은 충격이었던 것으로 보인다.

다음은 산도를 보자. 산도는 죽림칠현 가운데에서 가장 나이가 많았던 사람이며, 사마씨 정권에서 가장 먼저 본격적으로 벼슬을 한 사람이기도 했다. 그런 점에서 보면 세속과 거리를 두었던 죽림칠현 가운데에서 가장 먼저 세속으로 돌아온 사람으로 비난을 받기도 했다. 더구나 산도는 사마씨 일족과 인척관계를 맺기까지 했고, 사마소가 황제를 시해하고 조씨 일족을 연금시켰을 때 그 감독 책임을 맡기도 했으며, 사마씨가 진나라를 세운 뒤로도 높은 관직을 맡아서 부귀영화를 누리다가 세상을 떠났다. 혜강을 사마씨에게 추천했다가 혜강으로부터 절교 편지를 받은 것은 유명한 이야기이지만, 혜강이 죽음에 이르러 산도에게 자신의 자식들을 부탁한 일은 아이러니다.

다음은 완함을 보자. 완함은 완적의 조카로서 비파와 비슷한 악기에 완함이라는 이름이 붙을 정도로 악기를 다루는 데 능했다. 산기상시(散騎常侍) 벼슬에 있을 때 순욱이 새로 종의 음률을 정했는데, 사람들이 잘 만들었다고 칭송했지만, 완함은 문제가 있다고 비판했다. 그래서 순욱이 앙심을 품고 벼슬을 낮추었는데, 나중에 완함이 옳았다는 것이 증명되어 그 뛰어난 음감에 탄복하여 복직시켰다고 할 정도로 음악에 재질이 많았다.

완함은 숙부인 완적을 포함하여 자신의 일족들과 어울려 술을 마시는 경우가 많았는데 그들이 한 자리에 모여 술을 마실 때면 보통 잔에 술을 따라 마시는 것이 아니라 큰 동이에 술을 담아놓고 둘러앉아 큰 술잔으로 퍼마셨다. 때로는 돼지 떼가 마시러 오면 돼지들과 같이 마셨다고 한다. 이러한 기행은 다른 사물과 하나 되는 자연스러움을 보여준 일화이다.

마지막으로 왕융을 보자. 왕융은 죽림칠현 가운데 나이가 제일 어린 인물인데 어릴 때부터 신동으로 이름이 나서 완적, 조예 등에게도 인정받을 정도였다. 일찍이 사마씨 정권에서 벼슬을 하면서 구차하게 아첨하여 총애를 얻었고 진나라 때 높은 벼슬을 두루 거쳤다. 성품이 탐욕스럽고 인색하며, 명예와 이익을 좋아해서 땅이 많음에도 재물 모으기를 멈추지 않고 직접 셈판을 들고 밤낮으로 계산하면서 늘 부족한 듯 행동했다고 한다. 심지어 집에 훌륭한 오얏나무가 있었는데, 다른 사람이 가꿀까봐 늘 씨

앗에 구멍을 내어 팔았다. 이 때문에 세상 사람들에게 비난을 받았고, 완적이 "속물"이라고 했을 정도로 죽림칠현 가운데 가장 세속적인 삶을 살았다.

엄혹한 세월 속에 피어난 중국 미학

위진남북조 시대는 철학적으로는 노장사상에 바탕을 둔 현학이 탄생한 시기다. 그리고 다시 현학의 바탕 위에서 예술의 자각이 열림으로써 중국 미학의 기본 틀이 만들어진 시기이기도 하다. 동양에서는 사물을 바라볼 때 사물을 가지고 덕을 비유하는 '비덕설'의 오랜 전통이 있었다. 비덕설은 도덕을 중시하는 유가의 시각이었고, 예술 면에서 보면 사물의 어떤 속성이 인간의 어떤 덕성과 비슷한지를 따져 그 사물을 예술의 소재로 삼아서 연관 관계를 비유하는 표현법으로 나타났다. 이러한 표현법은 사물에 대한 느낌으로부터 인간의 도덕규범에 담긴 인격의 아름다움을 드러내는 것이었다. 공자가 《논어》에서 "그림 그리는 일은 흰 바탕이 있은 뒤의 일이다"라거나, "날이 추워진 후에야 비로소 소나무와 잣나무의 잎이 다른 나무보다 늦게 시드는 것을 안다"고 한 것들이 대표적인 예다.

하지만 위진 시기에 오면 내적인 인격의 아름다움을 중심으로 사람을 파악하기보다는 겉으로 드러난 의젓한 모습, 사람에게서 풍기는 풍류와 운치 등에 중점을 둔 인물 평가가 유행하기 시작한다. 예를 들어 유의경은《세설신어》에서 혜강에 대해 "키가 7척 8촌이고, 풍모와 자태가 매우 독특하고 빼어났다. 그를 본 사람들은 탄복하여 '후리후리하고 멋진 데다 시원스럽고 맑은 기운이 빼어났다'고 했다"라고 적었다. 이러한 평가는 노장사상에 대한 이해가 깊었던 혜강의 내적인 측면을 밖으로 드러난 아름다운 풍채와 연계하여 이해하는 것이다.

위진 시기의 미학은 이 같은 인물 평가에서 시작하여 시, 산문, 글씨, 그림, 원예 등으로 넓혀져 갔다. 그 가운데 가장 중요한 것은 중국 미학의 대표 명제인 왕필의 '득의망상(得意忘象)'이다. 득의망상은 '뜻을 얻으면 그 뜻을 전하기 위한 도구였던 상은 잊어버린다'는 뜻이다. 본래 현학의 중요한 토론거리 가운데 하나는 말(言)과 뜻(意)에 대한 것이었다. 이 논의는 언어가 내 밖에 있는 사물과 그 사물에 대한 내 생각을 실제와 같이 반영할 수 있는지 없는지를 따지는 문제였다. 결론은 언어가 뜻을 다 표현할 수 있다는 것과 다 표현할 수 없다는 것으로 갈렸다. 다 표현할 수 있다는 입장에 선 자는 구양건이었고, 반대편에 선 자는 왕필이었다. 사실 왕필은 언어가 뜻을 다 표현할 수 없다는 것이 아니라 뜻을 제대로 아는 일은 그 뜻을 전달한 언어를 넘어서는 일이라는 입장이었다.

이 같은 생각은《장자》에서 온 것이었다. 장자는 〈외물(外物)〉편에서 "뜻을 얻으면 말은 잊어라(得意忘言)"라고 했다. 왕필은 장자의 이런 생각을 "상을 얻으면 말을 잊어라(得象忘言)"와 "뜻을 얻으면 상을 잊어라(得意忘象)"로 발전시켜 갔다. 말은 뜻을 전달하기 위한 도구이고 상은 뜻을 담은 이미지다. 말을 통해서 이미지를 보여주며 그 이미지를 통해 뜻을 전하는 것이다. 따라서 이미지가 제대로 전해졌으면 그 도구인 말은 더는 필요가 없게 된다. 그리고 더 나아가 이미지는 뜻을 전하기 위한 것이기 때문에 뜻이 전해지면 그 뜻을 담은 이미지는 더는 필요가 없다. 《장자》에서는 그 비유로 '물고기를 잡고나면 물고기 잡는 데 쓴 통발은 잊어버리는 법이고, 토끼를 잡고나면 토끼 잡는 데 쓴 올가미는 잊어버리는 법'이라고 했다.

왕필은 또 다른 저술인 《주역약례》, 〈명상〉 편에서 "이미지란 뜻을 나타내며 말이란 이미지를 나타낸다. 뜻을 다하는 데 이미지만한 것이 없고 이미지를 다하는 데 언어만한 것이 없다"고 했다. 그런 점에서 이미지는 생각을 표현하기 위한 도구이며 언어는 이미지를 나타내기 위한 도구다. 왕필은 이처럼 언어 – 이미지 – 의미의 3단계 구도로 놓고, 언어가 남아 있다면 이미지를 얻은 것이 아니고, 이미지가 남아 있다면 뜻을 얻은 것이 아니라고 보았다. 사실 언어와 이미지는 모두 인식의 도구일 뿐 인식의 목적이 아니다. 따라서 왕필은 인식 대상과 인식 도구를 나누고 인식 대상을 얻기 위해서는 인식 도구를 잊어버리는 것이 필요조건이라고 생각했다. 이러한 왕필의 이론은 후대 예술에 엄청난 영향을 주었다. 그래서 시와 노래는 시어와 노래 말 밖에서 뜻을 구하고, 음악이 악기의 울림이나 줄의 떨림 밖에서 소리를 구하며, 그림이 화폭에 그려진 형상 밖에서 의미를 찾아야 한다고 한 것은 모두 왕필의 영향이다.

왕필의 이론이 예술 전반에 관한 이론이었다면 혜강은 음악 이론으로 '성무애락론(聲無哀樂論)'을 내놓았다. '성무애악론'은 음악의 가장 중요한 도구인 소리가 슬픔이나 즐거움 같은 감정과 아무런 상관이 없다는 뜻으로, 음악을 음악 자체로 이해하자는 주장이었다. 본래 중국에서는 전통적으로 음악은 사람의 감정과 밀접한 관련이 있기 때문에 음악을 통한 교화가 가능하다고 보았다. 이 같은 생각은 공자가 《논어》에서 '시 삼백 편을 한마디로 말하면 생각에 사특함이 없다'고 한 데 잘 드러나 있으며, 특히 음악에 대한 것은 《예기》, 〈악기〉 편에 잘 나타나 있다.

하지만 혜강은 음악 자체의 아름다움을 보자는 것이다. 혜강은 사람이 소리에 자신의 감정을 싣는 것은 불가능하다고 생각했다. 이 문제는 담고자 하는 내 생각과 감정 즉 주관과, 내가 표현하고자 하는 대상 즉 객관의 문제다. 그 경우 주관이 객관을 정확하게 반영할 수 없다는 것이 혜강의 생각이다. 사실 사물의 명칭이나 그 사물을 설명하는 개념, 사물에 대한 표현 등은 모두 주관이 만든 산물이다. 하지만 그러한 명칭이나 개념들이 사물을 정확하게 반영하는 것은 아니다. 소리의 경우도 마찬가지다. 소리를 통해 무엇인가를 표현하고자 할 때 그 소리를 들으면서 어떤 사람은 즐거움을 느끼고 어떤 사람은 슬픔을 느낀다. 심지어 우는 소리라 해서 모두 슬픈 것은 아니며 노랫소리라 해서 모두 즐거운 것도 아니다. 그래서 혜강은 "마음과 소리는 분명 두 가지다"라고 했다. 혜강의 '성무애락론'은 바로 주관적 감수성에서 벗어나 음악 자체는 희로애락의 정을 가지고 있지 않다는 점을 말한 것이다.

그리고 고개지는 처음으로 산수화에 대한 이론을 내놓았다. 전신사조(傳神寫照)는 '사람 내면의 정신을 그림으로 그려 비춘다'는 뜻이고, 이형사신(以形寫神)은 '구체적인 모양을 통해 작가의 내면 정신을 그려낸다'는 뜻이며, 이형미도(以形媚道)는 '구체적인 형상을 통해 도를 아름답게 꾸민다'는 뜻이다. 고개지는 처음으로 내면의 정신이 그 정신을 담은 밖의 형체보다 중요하다는 생각을 잘 드러낸 사람이다. 그는 인물화를 그리는 것이 제일 어려운 까닭은 사람에게는 내면의 정신세계인 '신(神)'이 있기 때문이며, 사람의 '신'은 눈동자에 있다고 함으로써 대상의 형체를 그리는 것보다 형체의 내면에 담긴 정신을 그려내는 것이 더 중요하다고 했다.

또한 사혁은 붓을 움직이는 가장 중요한 원칙으로 기운생동(氣韻生動)을 말했다. 기운생동은 내면에 있는 정신의 기가 살아 움직여 나오는 것으로, 정신을 그려내는 최고의 경지를 설명한 것이다. 처음에는 표현하고자 하는 대상 속에 있는 기를 의미했지만 뒤로 오면서 창작자 내면의 기를 의미하는 것으로도 넓혀졌다. 그 밖에 이 무렵 활동한 뛰어난 인물들로는 《화산수서(畵山水序)》를 지은 종병, 난정에 모인 친구들의 흥을 풀어낸 《난정서(蘭亭序)》를 지은 왕희지, 〈귀거래사(歸去來辭)〉로 유명한 도연명이 있다.

이처럼 위진 시기는 노장철학에 바탕을 둔 미학 사상이 틀을 다진 시기였다. 위진 현학 사상가들은 도덕관념을 가지고 자연을 바라보는 것이 아니라 자연 자체가 가진 모습을 객관적으로 담아내려 했으며, 이를 아름다움이라는 기준으로 설명하려 했다.

사실 이 시기는 지식인들에게 엄청난 고난의 시기였다. 조조의 아들 조비가 위나라를 세운 220년부터 진나라가 만들어진 265년까지 45년 동안 다섯 명의 황제가 바뀐 매우 혼란한 시대였고, 그 절반도 안 되는 249년 무렵 이미 사마의를 영수로 하는 사마씨 집단이 실권을 장악하면서 조씨 세력을 밀어낸 상황이었다. 그 뒤 사마씨 집단은 정권을 확고히 다지기 위해서 명망가들을 자기편으로 끌어들이는 한편, 반대파에게는 피비린내 나는 숙청을 단행한다. 이 같은 권력 투쟁 속에 던져진 지식인들은 엄혹한 선택을 해야만 했다. 이름뿐인 황제를 따를 것인가 아니면 권력을 쥔 사마씨 집단에 머리를 숙일 것인가. 이 상황에서 지식인이 선택할 수 있었던 제3의 길은 자연과 예술이었다. 그래서 죽림에 묻혀 지내며 예술을 통해 내면의 불안감과 응어리를 풀어낼 수 있었다. 따라서 시대는 고통스럽고 추악했지만 자신의 개성을 최대한 살리는 삶과 예술이 가능했다.

흥에 대한 왕자유의 고사는 이러한 당시 지식인들의 삶에 대한 태도와 예술에 대한 느낌을 잘 보여준다. 왕희지의 아들 왕자유가 산음에 사는데 어느 날 밤 큰 눈이 내렸다. 잠에서 깬 왕자유는 방문을 열고 술잔에 술을 따르게 했다. 사방이 눈으로 환했다. 일어나 이리저리 방황하며 시를 읊다가 문득 친구 대안도가 생각났다. 왕자유는 즉시 작은 배를 타고 밤을 꼬박 새워 친구 집에 도착했다. 그러나 그는 대안도의 집 문 앞에 이르자 들어

가지도 않은 채 되돌아서 버렸다. 어떤 이가 그 까닭을 묻자 그는 이렇게 대답했다. "흥에 겨워 갔다가 흥이 다해 돌아온 것이니, 반드시 대안도를 만날 일이 있겠는가?" 그들에게는 흥을 도덕으로 포장할 필요도 없었고, 더더욱 이해타산으로 따질 일도 없었다. 다만 개인의 자유에 입각한 흥으로 풀어낼 뿐이었다.

한나라 말부터 시작된 오랜 혼란 속에서 양심적인 지식인들은 어떻게 사는 것이 옳은지를 고민했다. 그리고 많은 지식인들이 죽림과 술이라는 보호막 속에서 청담을 통해 속에 맺힌 응어리를 풀어내고자 했다. 심지어는 술이 취해 옷을 벗어던지고 개집에 들어가 개처럼 짖는 사람, 남의 집 담을 넘어가 술을 훔쳐먹는 사람처럼 미친 짓 같은 광기로 살아가는 사람들도 있었다. 하지만 마침내 그들이 찾은 또 하나의 출구는 예술이었다. 추악한 사회와 미를 추구하는 예술의 양립은 그런 점에서 아이러니일 것이다.

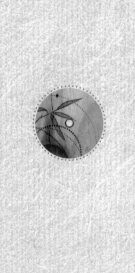

마침 깃발이 바람이 불자 펄럭이기 시작했다.

그것을 본 한 승려가 말했다.

「바람이 불어서 깃발이 펄럭이네」

그러자 다른 승려가 말했다.

「아닐세, 바람이 눈에 보이는 것이 아니지 않는가?

저것은 깃발이 스스로 펄럭이는 것이라네」

서로의 주장을 굽히지 않는 모습을 지켜본 혜능이 말했다.

「바람이 깃발을 흔드는 것도 아니고,

깃발 제 스스로 펄럭이는 것도 아닐세.

오직 그대들의 마음이 깃발을 흔드는 것일세」

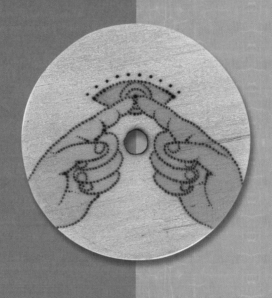

혜

능

깃발을 흔드는 것은 네 마음이다

깃발을 흔드는 것은 네 마음이다

당나라 고종 때 일이다. 스승의 분부대로 사냥꾼들 사이에 섞여 15년을 숨어 지내던 혜능(慧能, 638~713)이 어느 날 광주 법성사로 부처님 말씀에 대한 강의를 들으러 갔다. 남해 지방의 이름난 선승 인종대사가 그 절에 주지로 있으면서 《열반경》을 강의한다는 소문을 들었던 것이다. 강의가 시작되어 좌중이 조용히 인종대사의 말씀을 귀 기울여 듣고 있었다. 그런데 마침 그 절 당간지주에 달린 깃발이 바람이 불자 펄럭이기 시작했다. 그 모습을 본 승려 한 명이 말했다. "바람이 불어서 깃발이 펄럭이네" 그러자 다른 승려가 그 말을 받아서 말했다. "아닐세. 바람이 눈에 보이는 것이 아니지 않는가? 저것은 깃발이 스스로 펄럭이는 것이라네" 두 사람은 서로의 주장을 굽히지 않았고 곁에서 듣던 다른 사람들이 가세하면서 '바람이 깃발을 흔드는 것이다', '아니다 깃발 제 스스로 펄럭이는 것이다'를 두고 소란이 벌어졌다. 한참 동안 그 모습을 지켜보던 혜능이 답답하다는 듯이 앞으로 나섰다. "바람이 깃발을 흔드는 것도 아니고, 깃발 제 스스로 펄럭이는 것도 아니며,

오직 그대들의 마음이 깃발을 흔드는 것일세" 그 말을 들은 사람들이 모두 놀라 한순간 조용해졌다.

이 이야기를 '풍번문답'이라고 부른다. '풍번문답'은 '바람과 깃발 문답'이란 뜻이다. 이 유명한 일화는 육조대사 혜능의 설법을 기록한 책들 가운데 가장 오래된 돈황본《육조단경》에는 나오지 않지만 돈황에서 나온 또 다른 책《역대법보기》와 돈황본 이후에 나온 모든《육조단경》에 나오는 이야기이다. 그만큼 혜능의 대표적인 선문답인 셈이며, 바로 이 문답을 통해 혜능이 중국 선종의 대표로 우뚝 서게 되었다.

일찍이 5조 홍인대사의 동산법문 법통이 남쪽으로 왔다는 이야기를 전해들은 적이 있던 인종대사가 그들의 대화를 듣고 있다가 혜능의 말을 듣고는 놀라서 물었다. "그대는 어디에서 진리를 얻었는가?" 혜능이 미소를 지으며 답했다. "동산에서 진리를 얻었습니다" 그러자 인종대사는 진리를 전해 받은 징표로 의발을 보여 달라고 했다. 의발은 옷과 밥그릇을 뜻하는 말로, 선종에서 스승이 자신의 후계자임을 인정하는 제자에게 전하는 징표였다. 무소유를 지향하는 불교에서 줄 수 있는 유일한 것이 자신이 입던 옷 한 벌과 밥그릇이었던 것이다. 혜능이 의발을 보여주자 인종대사가 공손하게 다시 물었다. "홍인대사께서 전하신 진리가 무엇입니까" 혜능은《열반경》을 인용하면서 불교의 진리는 이것과 저것을 구분하지 않는 것임을 설명했다. 혜능의 설명을 다 듣고 난 인종대사는 혜능에게 합장을 하면서 "내《열반경》해설이 깨진 기왓장이라면 당신의 설명은 순금입니다" 하며 극찬했다.

비록 스승 홍인대사로부터 후계자로 인정받았지만 사실 이때까지 혜능은 아직 정식 승려가 되지 못한 사람이었다. 인종대사는 혜능의 머리를 깎아주고 정식 승려가 되게 한 다음 오히려 그의 제자가 되기를 청했다. 그때 혜능의 나이 서른아홉이었다. 조금 전까지 한쪽은 덕이 높은 스님이고 다른 한쪽은 아직 승려도 되지 못한 사이였지만 한순간에 스승과 제자가 뒤바뀌는 광경이었다. 인종은 자신의 제자들과 함께 스스로 혜능의 제자가 되어 그 문하에 들었고, 한동안 법성사에 머물면서 가르침을 주던 혜능은 다시 자신이 머물던 조계 마을 보림사로 돌아갔다. 혜능이 돌아가는 날 인종대사는 승려와 일반인들 3000명을 이끌고 배웅했다고 하며, 수백 명이나 되는 사람들이 혜능을 따라 보림사로 갔다. 그리고 보림사에서의 가르침이 동아시아에서 으뜸가는 선종의 가르침이 되었고 오늘날 한국 최대 종단인 조계종의 뿌리가 되었다.

본래 아무 것도 없는데
먼지가 어디에서 일어나는가

육조대사 혜능은 성은 노 씨이며 문화적으로 뒤떨어진 탓에 오랑캐 땅이라고 불리던 남해 신주에서 태어났다. 아버지는 본래 관리였으나 신주로 좌천된 뒤 혜능이 세 살 때 세상을 떠났다. 어렸을 때부터 집안이 어려웠던 혜능은 공부는커녕 나뭇짐을 해다 판

돈으로 어머니를 모시고 겨우 먹고 살 정도였다.

혜능이 스물두 살이 되던 해 어떤 집에 나뭇짐을 지고 갔다가 집안 어딘가에서 맑은 목소리로 경을 읽는 소리를 들었다. "머무름 없는 곳을 좇아 그 마음을 내어라"라는 구절을 듣는 순간 갑자기 마음이 맑아지면서 무언가 깨달음이 오는 듯한 느낌이 들었다. 자신도 모르게 소리가 나는 곳을 따라간 혜능이 만난 사람은《금강경》을 읽고 있었다.

혜능은 그 사람에게 가르침을 청했지만 그 사람은 기주 황매현 빙무산에 머무는 5조 홍인대사를 만나라고 권했다. 혜능은 그 길로 짐을 벗어던지고 어머니께 하직을 고한 뒤 홍인대사를 찾아 나섰다. 홍인대사는 부처가 되기 위해 찾아왔다는 혜능의 말을 듣고 시험 삼아 물었다. "그대는 남방 오랑캐 땅 사람이어서 불성이 없거늘 어떻게 부처가 되려고 하는가?" 그러자 혜능이 답했다. "사람에게는 남북의 차이가 있겠지만, 불성에 어찌 남북이 있겠습니까?" 혜능의 답변을 들은 홍인대사는 속으로 매우 놀랐다. 하지만 전혀 놀란 기색을 보이지 않은 채 방자하다고 야단을 친 다음 아래채에 머물면서 방아를 찧고 장작 쪼개는 허드렛일을 하게 했다.

혜능이 산에 들어온 지 8개월 뒤 홍인대사는 제자들을 모아놓고 누구든 게송을 지으면 그 가운데서 가장 깨달음이 깊은 사람을 골라 법통을 물려주겠다고 했다. 게송이란 깨달음을 시로 표현하는 것을 말한다. 그러자 모든 사람이 홍인대사의 수제자로 인정하는 신수가 먼저 시를 써서 벽에 붙여놓았다.

몸은 깨달음의 나무요
마음은 맑은 거울 받침대일세
때때로 부지런히 털고 닦아서
먼지와 티끌이 끼지 못하게 하세

신수가 게송을 지었다는 이야기를 듣는 순간 아무도 더는 게송을 지어 붙일 생각을 하지 못했다. 물론 아래채에서 허드렛일을 하던 혜능도 신수의 시를 전해 들었다. 그러고는 신수가 깨닫기는 했지만 아직 부족하다고 생각했다. 그러나 혜능은 글을 읽지도 쓰지도 못하는 사람이었다. 그래서 한 동자승의 도움을 받아 자신의 게송을 신수의 글이 붙어 있는 반대편에 붙여놓았다.

깨달음은 본래 나무가 아니며
맑은 거울 또한 받침이 없다네
본래 아무 것도 없는 것인데
어디에서 티끌과 먼지가 인다고 하는가

혜능의 게송은 진리가 구체적인 무엇으로 규정할 수 있는 것이 아니며 마음 또한 고정된 실체가 아니라는 불교의 진리를 제대로 드러낸 것이었다. 그런 점에서 신수도 어느 정도의 깨달음을 얻었지만 제대로 깨우친 것은 혜능이었다. 사실 이 두 사람의 시는 깨달음의 정도만이 아니라 깨달음을 얻기 위한 수양 방법에서 전혀 입장을 달리한다. 신수는 때때로 털어내고 닦아내는 '점수'를, 혜능은 한꺼번에 깨닫는 '돈오'를 말했다. '점수'는 점진적으로 닦아가는 것이고, '돈오'는 문득 깨닫는 것이다.

두 사람의 게송을 살펴 본 홍인대사는 혜능과 신수를 한 사람씩 방에 들어오게 했다. 그러고는 방 가운데 부처님을 모셔 앉히는 연화대를 꺼내놓고 이것이 무엇인지를 물었다. 연화대는 연꽃으로 장식한 불상 받침대다. 연화대를 본 순간 신수는 벌떡 일어나 절을 했고, 혜능은 발로 걷어찼다. 신수가 부처님을 모셔놓는 자리이므로 신성한 것이라고 보았다면, 혜능은 진리가 내 마음에 있는 것이므로 연화대조차도 얽매여서는 안 되는 상징일 뿐이라고 생각했다. 자타가 공인하는 수제자 신수와 글자도 모르는 혜능을 진리를 논하는 맞상대로 대한 홍인대사의 풍모 또한 대단한 것이었다.

두 사람을 모두 돌려보낸 홍인대사는 아래채에서 방아를 찧던 혜능을 찾아가 아무 말 없이 지팡이로 절구통을 세 번 두드리고 돌아섰다. 말 없는 행동이었지만 '늦은 밤 삼경에 나 좀 보세' 하는 뜻을 전한 것이었다. 스승의 의도를 알아차린 혜능이 한밤중에 홍인대사를 찾아가보니 홍인대사는 법통의 상징인 달마대사로부터 전해온 옷 한 벌과 밥그릇을 놓고 기다리고 있었다. 그러고는 사람들이 해치려고 할 테니 이것을 가지고 달아나 숨어 살라고 하면서 그날 밤으로 혜능을 양자강을 건너는 나루터까지 데리고 갔다. 이로부터 도망자 아닌 도망자로서의 혜능의 고난이 시작됐다.

그렇게 혜능이 떠난 며칠 뒤 빙무산에서는 난리가 났다. 신수와 그를 따르는 제자들이 며칠 째 설법을 안 하는 홍인대사가 이상해서 확인하니 이미 의발이 없어진 것이다. 당연히 신수가 법통을 이을 것이라고 생각했던 많은 사람들은 혜능에게 의발을 전한 스승을 이해할 수가 없었다. 더구나 그들의 눈에 비친 혜능은 글자 하나 모르는 오랑캐 땅에서 온 야만인이었고, 절에 온 지 1년도 채 안 된 갓 스물을 넘어선 애송이였다. 그래서 많은 사람들이 혜능을 잡으러 몰려갔다. 그중 가장 먼저 혜명 스님이 강서성과 광동성의 경계인 대유령 고개에서 혜능을 따라잡았다. 다급해진 혜능은 의발을 돌 위에 놓고 물러섰다. 다가온 혜명 스님이 의발을 집었지만 바위에서 떨어지지 않았다. 그러자 혜능이 물었다. '네 마음에서 나를 미워하는 그 마음을 빼버린다면 네 마음의 본모습은 무엇인가?' 그 말을 듣는 순간 혜명은 머릿속이 밝아오면서 혜능이 의발을 받을만한 사람임을 깨달았다. 그러고는 혜능을 향해 합장한 다음 그대로 돌아섰다. 하지만 그 뒤로도 여러 차례 신수를 따르는 제자들이 혜능을 잡으러 쫓아왔다. 그래서 혜능은 물려받은 의발을 가지고 나무꾼들 틈에 섞여 15년을 숨어 살았다.

그러던 혜능이 다시 세상으로 나온 것은 앞에서 본 '바람과 깃발 문답'을 통해서였다. 문답 이후 법성사 주지였던 인종대사와 그 제자들을 모두 문하에 받아들여 가르치던 혜능이 다시 조계 마을 보림사로 돌아온 것은 그의 나이 40세 때였다. 그리고 76세로 열반에 들 때까지 36년 동안 가르침을 펼쳤다. 혜능이 조

동양철학 에세이 2

계로 돌아오고 얼마 지나지 않아 소주자사 위거가 혜능에게 설법을 청했다. 대범사에서 벌어진 설법에는 무려 만 명이 넘는 인파가 가르침을 듣기 위해 몰려왔다.

혜능은 그 자리에서 자신이 출가하게 된 계기가 무엇이며 어떤 깨달음의 과정을 거쳤는지를 설명했다. 자신의 성장 과정부터 스승 홍인대사에게 법을 전해받기까지의 극적인 인생 역정을 소개한 것이다. 그러고는 이어서 진리란 무엇이며 깨닫기 위해서는 어떻게 해야 할 것인가를 말했다. 뒷날 제자 법해 스님이 이 설법 내용에다 혜능의 어록과 문답을 덧붙여 《육조단경》을 펴냈다. 《육조단경》은 혜능의 사상적 자서전인 동시에 중국 선종의 새로운 출발이었다.

《육조단경》은 《법보단경》이라고도 불린다. '경'은 옷감을 짤 때 세로로 놓는 줄로써 날줄에 해당한다. 가로 줄, 즉 씨줄이 베틀의 북이 오가는 거리에만 해당한다면 날줄은 짜던 옷감을 끊어 내지 않는 한 처음부터 끝까지 이어지는 줄이다. 그런 점에서 모든 것을 꿰뚫는 진리를 뜻하기도 했다. 그렇기 때문에 성인의 말씀을 기록한 책에는 '경'이란 이름이 붙는다. 성경, 불경, 사서삼경, 경전이 모두 그런 의미이다. 그런데 불교에서 부처님의 말씀이 아니면서도 《육조단경》이라고 이름 붙인 것은 파격이다. 그만큼 혜능의 사상사적 위치를 높여본 것이다. 사실 《육조단경》은 그 형식에서 본다면 고승의 어록인 셈이다. 하지만 '경'으로 높인 것은 혜능의 깨달음이 붓다의 깨달음과 같음을 의미하며 혜능의 설법과 부처의 말씀이 조금의 차이도 없다는 뜻이다.

《육조단경》에서는 배움이 전혀 없더라도 진리를 깨달을 수 있고, 깨우치는 순간 모든 지혜가 완성된다는 새로운 길을 제시했다. 대부분의 종교는 성인의 말씀에 따른 교리를 익혀서 깨달음에 이른다고 말한다. 그런데 그러한 지식과 상관없이 일자무식이어도 깨달음을 얻을 수 있다는 주장은 정말 일반인들에게는 놀라움이었을 것이다. 그렇기 때문에 이 책은 선종의 이상을 보여준 최고의 경전으로 높여졌으며, 부처님 말씀이 아닌데도 유일하게 '경'이란 이름이 붙을 수 있었다. 물론 그런 경지가 아무에게나 오는 것은 아니다. 한순간의 깨달음을 얻기 위해서는 자신의 내면에서 엄청난 고뇌와 갈등을 넘어서는 의지와 노력이 필요하다. 하지만 정말 보잘것없어 보이는 사람도 자신의 일상적인 현실 삶 속에서 부처처럼 해탈에 이를 수 있음을 혜능이 몸으로 보여준 것이다.

713년 8월 3일. 혜능이 제자들을 모아놓고 이제 떠나겠노라고 말했다. 제자들이 다 우는데 어린 제자 신회만이 울지 않았다. 그러자 혜능이 말했다. "어린 신회도 안 우는데 너희는 왜 우느냐? 너희는 내가 가는 자리가 어딘지 모르기 때문에 우는 것이다" 그리고는 의발을 전하는 대신 자신이 죽고 나서 40년이 지난 뒤 종지를 세우는 사람이 후계임을 밝혔다. 이어서 혜능은 말했다. "나는 이제 석가여래의 본성을 완전히 깨쳤다. 여래가 이제 내 몸 안에 있으니 나는 여래와 같으며 여래가 곧 나의 본모습이다. 내가 이제 게송을 두 편 지을 테니 달마대사의 게송을 어떻게 잇는지 보아라. 너희가 이 게송을 따라 수행한다면 반드시 성불

동양철학 에세이 2

할 것이다." 그가 지은 게송은 다음과 같다.

마음 밭에 사악한 꽃이 피고
다섯 잎이 뿌리를 좇아 따르는 구나
모두 미혹된 업을 일삼아서
업의 바람이 몰아치는 것을 보는도다

마음 밭에 바른 꽃이 피고
다섯 잎이 뿌리를 좇아 따르는 구나
모두 반야의 지혜를 닦아서
부처의 깨달음이 오는 것을 맞는도다

이 게송에서 다섯 잎은 1조 달마부터 5조 홍인까지를 가리킨다. 혜능은 두 게송을 통해 똑같은 마음 밭에서 피어난 사악한 법과 바른 법의 차이가 업보에 휘말리느냐 깨달음을 얻느냐로 갈라짐을 보인다. 사악한 법이 신수의 북종선이라면 바른 법은 자신의 남종선을 의미한다.

혜능이 열반에 드는 순간 산이 무너지고 땅이 흔들렸으며, 해와 달이 빛을 잃고 바람과 구름이 제 모습을 잃었고, 나무들이 하얗게 변했다고 한다. 그리고 이상한 향내가 며칠 동안 진동했다고 하며, 조계산에서 흘러내리는 시냇물이 그치고 샘과 연못이 말라붙는 현상이 3일 동안 이어졌다고 한다.

달을 보라니까
달을 가리키는 손가락만 보는구나

어느 날 한 비구니가 찾아와 혜능에게 물었다. "그대는 글을 모른다면서 어찌 진리를 안단 말이오?" 그러자 혜능이 답했다. "진리는 하늘에 떠 있는 달과 같지만 문자는 달을 가리키는 손가락일 뿐이라오. 달을 봐야 한다면 손가락을 볼 필요는 없지요."

선종에서는 이런 가르침을 '불립문자(不立文字)'라고 한다. '불립문자'란 달을 가리키는 손가락에 불과한 문자에 얽매이지 말라는 뜻이다. 그래서 선종은 교종과 달리 부처님의 말씀을 모아 놓은 경전을 중요하게 여기지 않는다. 깨달음이 달이고 경전은 깨달음에 이르는 길을 보여주는 것이니 달을 가리키는 손가락에 불과한 것인데도, '자, 달을 보라'고 손가락으로 달을 가리키니까 멍청한 것들이 달은 보지 않고 손가락만 본다는 것이 선종의 생각이다. 그렇기 때문에 선종에서는 교종처럼 깨달음을 얻기 위한 도구에 지나지 않는 경전에 얽매이면 깨달음을 얻기 어렵다고 생각한다. 그래서 선승들은 글을 남기지 않는 것이 불문율이었고, 대중들을 대상으로 설법이나 제자들과의 문답을 기록한 어록들이 일부 남아 있을 뿐이다. 특히 한순간에 깨우침을 주고받는 선문답이 중요하게 여겨졌고, 선문답을 통해 스승과 제자 사이에서 마음에서 마음으로 주고받는 가르침을 법통의 계승이라고 생각했다.

하지만 선종의 출발도 석가모니 부처였다. 석가모니가 어느 날 제자들을 모아놓고 말씀을 하시는데 하늘에서 꽃비가 내렸다. 석가모니가 그중에서 연꽃 한 송이를 들어보이며 빙그레 웃으시자 다른 제자들은 스승의 모습을 보며 의아하게 생각했지만 가섭 존자만이 따라서 빙그레 웃었다. 이것이 선종의 시작이었다. 연꽃 한 송이를 들어보이면서 빙그레 웃은 것이 가르침이었고 가섭이 따라서 빙그레 웃은 것은 바로 그 가르침을 받아들인 것이다. 가섭은 아난과 더불어 석가모니의 10대 제자 가운데서도 으뜸으로 꼽히는 사람이다. 그래서 석가모니가 입적한 뒤에는 많은 사람들이 가섭을 높이고 따를 정도였다. 바로 그 가섭이 지은 미소 사건을 가리켜 사람들은 '염화시중의 미소' 또는 '이심전심의 미소'라고 한다. 석가모니와 가섭, 두 사람 사이에는 보여줌과 깨달음만 존재할 뿐 말도 글자도 없었다.

석가모니가 가섭을 특별하게 대했다는 일화는 여러 가지가 전한다. 그 하나는 석가모니가 자신의 자리를 나누어준 이야기이다. 석가모니가 다자탑 아래에서 제자들에게 설법 하실 때 누더기를 걸친 가섭이 뒤늦게 참석했다. 그런데 설법을 듣던 다른 사람들이 가섭에게 자리를 양보하지 않자 석가모니가 당신이 앉아 있던 자리의 절반을 나누어주면서 곁에 앉혔다는 것이다. 또 다른 일화는 열반한 뒤 발을 보여준 이야기이다. 석가모니가 열반에 들자 제자들은 석가모니의 시신을 헝겊으로 꼭꼭 싸맨 뒤 관에 모시고 여러 겹의 곽을 둘러서 다비식 준비를 다 마쳤다. 그런데 열반한 뒤 7일 만에 도착한 가섭이 관 주위를 세 바퀴 돌면서 세 번 절하자 놀랍게도 부처님이 관 밖으로 두 발을 내어보였다는 것이다. 선종에서는 이 두 가지 일화에 '염화시중의 미소'를 덧붙여 세 가지 사건 모두가 부처님이 가섭에게 마음을 전한 것이라고 한다.

마하가섭에서 시작된 이 깨달음이 제자에서 또 그 제자로 이어 오다가 28번째인 달마대사에 이르러 중국에 전해지면서 달마가 중국 선종의 1조가 되었다. 달마는 산스크리트어 '다르마'의 음을 빌려온 것으로 진리라는 뜻이다. 달마는 남인도 향지국 임금의 셋째 아들로 태어나 승려가 된 뒤 승려들이 모여 있는 절이나 위대한 승려의 설법이 아니라 좌선을 강조한 사람이었다. 일설에는 그가 남북조 시기이던 520년 무렵 인도에서 갈대를 타고 바다를 건너왔으며 죽어서는 한쪽 신발만 가지고 인도로 돌아갔다고 한다.

선종은 중국에 들어온 다음 중국 특유의 초월적 사유 체계인 노장사상과 만나면서 엄청나게 빠른 속도로 자리 잡았다. 달마는 먼저 숭산 소림사에 이르러 9년 동안 벽만 바라보고 앉아 참선을 했고 그 선법을 혜가에게 전하여 2조로 삼았다. 혜가는 본래 30세 때 향산사에서 머리를 깎고 보정 스님을 스승으로 삼았으며, 당시의 법명은 신광이었다. 그는 용모가 뛰어난 데다 학식과 덕망이 높아서 북조의 위나라 임금을 보좌하는 국사 자리에까지 올랐다. 하지만 깨달음을 얻지 못한 부족함이 늘 그를 힘들게 했다.

그러던 어느 날 참선에 들었다가 깨달음을 얻기 위해 남쪽으로 가라는 소리를 들었고 엄동설한을 무릅쓰고 소림사로 가서 달마대사를 만났다. 하지만 달마는 냉랭했다. 신광이 밤새 눈을 맞으며 동굴 안에서 참선 중인 달마를 기다렸지만 아침이 되어도 차갑기는 마찬가지였다. 신광은 마침내 달마에게 왼팔을 잘라 바침으로써 자신의 심지가 굳음을 보인 뒤에야 비로소 혜가라는 법명을 새로 받고 제자가 될 수 있었다. 하지만 여전히 깨달음의 길은 멀기만 했다. 그러던 어느 날 혜가는 달마를 뵙고 자신의 마음이 편치 못함을 고백했다. 그러자 달마가 혜가에게 말했다. "편치 않다는 네 마음을 가져오너라. 그러면 내가 너의 마음을 편안케 하마" 혜가가 답했다. "아무리 찾아봐도 불안한 제 마음이 어디에 있는지 찾을 수가 없습니다" 그러자 달마가 말했다. "내가 너의 마음을 이미 편안케 해주었느니라" 그 말을 듣는 순간 혜가의 머릿속이 한꺼번에 맑아졌다. 그리고 달마는 자신을 죽이기 위해 거짓 제자가 된 사람이 주는 독약을 알면서도 받아 마시고 임종하면서 혜가가 자신의 핵심을 이어받았다는 평가와 함께 의발을 물려주었다.

2조 혜가는 술을 마시기도 했고, 고기를 사기도 했다. 때로는 미친 사람처럼 행동하면서 시장 거리에서 설법을 하기도 하고 머슴살이도 했다. 그런 혜가가 법을 전한 사람은 승찬이었다. 마흔이 넘어 혜가의 제자로 들어온 3조 승찬은 대중들이 지켜보는 가운데 나무 밑에서 합장한 자세로 꼿꼿하게 서서 입적한 것으로 유명하다.

4조 도신이 승찬을 찾아와 제자가 된 것은 14세 때였다. 어린 사미승은 대선사 승찬에게 해탈하는 법을 가르쳐 달라고 했다. 그러자 승찬이 물었다. "해탈이라니? 누가 너를 묶어놓았단 말이냐?" 도신이 답했다. "아무도 저를 묶어 두지는 않았습니다" 승찬이 다시 말했다. "그렇다면 무엇으로부터 해탈한다는 것이냐? 해탈할 게 있어야 해탈을 하지" 이런 선문답으로 제자가 된 도신에게 법통을 전한 승찬은 자유롭게 포교하며 돌아다니다가 72세의 나이로 앉아서 입적했다.

승찬도 5조 홍인을 어린 아이일 때 만났다. 조그만 아이들이 노는 것을 눈여겨보던 승찬이 유달리 눈에 뜨인 아이에게 성이 무엇인지를 묻자 그 아이는 부처님의 '불' 씨가 자신의 성이라고 답했다. 놀란 승찬이 진짜 성이 무엇인지를 묻자 이번에는 빌공(空)자 공 씨가 성이라고 답했다. 그래서 아이를 데리고 부모를 찾아가 그들의 승낙을 받은 다음 제자로 삼았다. 달마 – 혜가 – 승찬 – 도신 – 홍인, 그리고 다시 혜능으로 이어진 법통은 달마가 꽃과 그 아래 있는 다섯 잎사귀 뒤에 열매가 생긴다고 했던 예언이 이루어진 순간이었다. 바로 그 열매가 혜능이었다.

네가 곧 부처니라

중국에 처음 전해진 불교는 교종이었다. 교종은 한나라 때인 67년에 들어온 것으로 기록되어 있지만 아마도 기록보다는 더 일찍 들어왔을 것으로 보인다. 하지만 밖에서 들어온 것은 모두 오랑캐라고 얕잡아보는 중국 전통 때문에 거의 발전하지 못했다. 그

동양철학 에세이 2

러다가 한나라 말기부터 위진남북조 시기로 이어진 혼란 속에서 오랑캐에게 중국의 북쪽을 빼앗긴 중국인들의 자존심이 바닥에 떨어지자 비로소 지식인들이 불교에 눈을 돌리기 시작했다. 뿐만 아니라 한나라 말기 중국을 휩쓴 전염병들로 사람들이 무수히 죽어나가자 일반 민중들은 도교와 함께 불교를 믿기 시작했다. 당시 가장 인기 있는 부처가 질병 치유의 상징인 약사여래였다는 사실이 이런 상황을 잘 보여준다.

이 같은 분위기 속에서 위진 시기부터 불교의 여러 경전들이 번역되고 연구되었지만, 논리가 정밀해지고 연구가 깊어질수록 일반 대중은 불교를 이해하기 더욱 어려워져 갔다. 특히 수나라와 당나라 이후 왕실이 불교를 적극 지원하면서 큰 절을 짓고 탑도 많이 만들었지만 불교가 현실에 안주하면서 실천성을 잃어버린 탓에 대중들은 점점 더 불교를 외면하기 시작했다. 이러한 상황에 대한 자기반성이 바로 선종을 발전시키는 토대가 되었다. 그런 점에서 선종이 인도에서 시작하여 중국으로 들어왔지만 교종에 대한 종교개혁 과정을 거치면서 중국화함으로써 또 다른 종교가 된 것이다.

선종은 교종과 달리 복잡한 한문을 배워서 경전을 다 이해한다 해도 깨달음이 얻어지는 것은 아니라는 입장이다. 한문을 모르면 경전을 읽을 수 없기 때문에 불교가 문자를 아는 승려들과 지식인 계층에 머물면서 대중들에게 전달하기 어려웠던 상황에서, 선종은 문자를 몰라도 누구나 쉽게 깨달음을 얻을 수 있다는 주장을 내어놓았다. 교종이 부처님의 가르침을 모아놓은 경전에 의지하는 것과 달리 선종은 부처님의 가르침이란 대중에 대한 걱정에서 하신 것일 뿐 진짜 가르침은 문자에 의지함 없이 전해진다고 보았다. 그러므로 교종이 부처님의 말씀을 전하는 것이라면 선종은 부처님의 마음을 전하는 것이라고 한다. 그리고 부처를 무한한 능력을 지닌 의지의 대상으로 보고 믿고 따르기보다는 자신 안에서 부처를 보라고 했다.

이 같은 생각을 잘 보여주는 것이 가르침 밖에 전해지는 것이 있다는 '불립문자 교외별전(不立文字 敎外別傳)'이고, 사람들의 마음을 곧바로 가리켜서 스스로 자신의 본모습을 볼 수 있다면 누구나 부처가 될 수 있다는 '직지인심 견성성불(直指人心 見性成佛)'이다. 이런 가르침과 관련된 선종의 일화는 매우 많다. 불교 신자라면 누구나 신성하다고 여기는 나무로 깎아 만든 부처님을 끌어내려 한겨울 도끼로 패서 방을 덥히는 땔감으로 쓴 뒤, 그 사실을 알고서 야단법석을 떠는 스님들을 향해 '나무 부처님을 태워서 사리나 얻어볼까 했다'는 단하 스님의 행동은 내 안의 부처는 모른 채 밖에 있는 상징으로써의 부처에만 매달리는 대중을 깨우치기 위한 것이었다.

이처럼 선종에서 생각하는 깨달음은 밖에서 오는 것이 아니라 내 안에서 얻는 것이었고, 이 같은 가르침을 잘 보여준 선종의 종파가 임제종과 덕산종이다. 임제종에서는 사람들이 진리가 어디 있느냐 거나 진리를 어떻게 구하느냐고 물으면 질문한 사람에게 느닷없이 욕을 해댔고, 덕산종에서는 몽둥이로 두들겨 팼다. 하지만 그 욕설과 몽둥이질이 곧 가르침이었다. 내가 그런 질문을 했다가 욕을 먹거나 매를 맞았다고 해보자. 욕을 먹거나 매를 맞는 순간 가장 먼저 드는 생각은 '왜 욕을 하는 거야. 내가 뭐 잘 못했나?', 아니면 '아이고 아파라. 내가 뭘 잘못을 했다고 때리는 거야?' 일 것이다. 진리가 무엇인지 또는 진리를 어떻게 깨달을 지를 찾는 것이 아니라 아프든 기분이 나쁘든 '내가 뭘'하는 생각 을 하면서 나로 돌아오게 하는 것이 가르침의 열쇠다. 그래서 진 리가 어디 있는지를 밖에서 찾는 것이 아니라 내 안에서 찾게 한 것이다.

다음과 같은 일화도 있다. 스승과 제자가 함께 길을 가다가 하늘을 나는 기러기를 보았다. 스승이 기러기를 가리키며 물었 다. '저게 뭐냐?' 제자가 '기러기가 날아가는데요'라고 대답하는 순간 스승이 달려들어 제자의 코를 잡아 비틀며 다시 물었다. '무 엇이 날아간다고?' 스승에게 코가 비틀려서 아픔을 느끼는 그 순 간이 곧 기러기를 향했던 제자의 마음이 자신에게로 되돌아오는 순간이었다. '마음이 기러기에 가 있으니까 기러기가 날아가는 것이지 마음이 가 있지 않으면 기러기는 없다'는 것이 그 일화의 가르침이다. 이런 가르침은 앞에서 보았던 유명한 '바람과 깃발 문답'처럼 '모든 것은 마음이 만들어 내는 것'이며, 미혹도 깨달음 도 모두 이 마음에서 온다는 것을 보여준다. 불교에서는 모든 사 람의 마음속에 불성이 들어있다고 한다. 그래서 사람들의 마음속 에 있는 본모습을 곧장 지적하여 깨달음을 얻도록 하려는 것이 선종의 가르침이다. 그리고 구체적인 방법으로는 대화를 통해 순 간의 깨달음을 얻게 하는 '선문답'과 삶에 대한 끊임없는 문제의식으로써의 '공안', 즉 '화두'를 사용했다. 특히 화두는 수행의 목적과 내가 살고 있는 지금 현실의 삶이 나뉘지 않도록 긴장을 유지하는 방법이었다.

그렇다면 혜능의 사상은 어떠한가? 홍인대사 이후 선종은 상당 기간 동안 신수를 중심으로 한 북종과 혜능이 중심이 된 남종으로 갈렸다. 신수는 끊임없이 닦아가는 '점수'를 강조했고 혜능은 내가 부처임을 문득 깨닫는 '돈오'를 강조했다. 신수의 북종은 계율에 따라 착한 일만 해나가면서 마음을 맑게 가라앉히는 것이었고, 이런 가르침으로 상당한 위세를 얻으면서 당시 최고 실력자였던 측천무후의 많은 지지를 받았다.

하지만 《육조단경》에 나타난 혜능의 가장 기본적인 가르침은 "네가 곧 부처니라"였다. 《육조단경》은 본래 어떤 경전에 대한 해설이 아니라 혜능 자신이 깨달음에 이른 삶의 역정을 대중강연 형식으로 풀어놓은 책이다. 그는 변방 오랑캐 땅에서 자란 일자무식꾼이었다. 하지만 그 자신의 삶 자체가 일정한 교육도 받은 적이 없고 경전에 대해서도 잘 알지 못하면서 깨달음을 얻은 본보기였다. 따라서 혜능은 《육조단경》을 통해 교육을 받았느냐 그렇지 못하냐와 상관없이 깨달음을 얻을 수 있고, 문자를 통하지 않고서도 해탈에 이를 수 있다는 가능성을 보여주었다. 이처럼 혜능은 마음 하나만으로 모든 이치를 얻을 수 있다는 선종의 기본 정신을 확고하게 세웠으며, 아울러 부처님으로부터 전해온 선사들의 법통을 강조하는 학풍을 만들었다.

이러한 가르침은 그 이전까지 내 밖에 계신 부처를 따르고

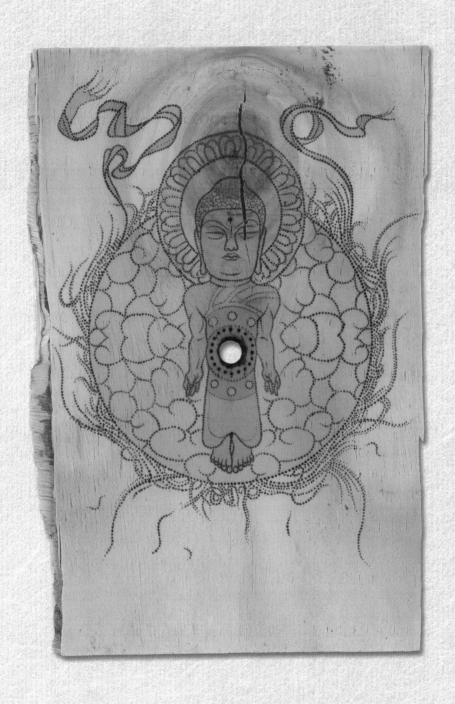

그분이 남기신 말씀대로 실천하는 교종의 수행법을 뒤집는 혁명이었다. 불교에서 말하는 본성은 부처에게만 있는 것이 아니라 사람이면 누구나 갖추고 있다. 다만 우리가 일상의 삶 속에 묻혀서 자신의 본래 모습을 보지 못하기 때문에 깨달음을 얻지 못한다. 그러므로 번뇌도 내 안에 있고 해탈의 길도 내 안에 있으니, 번뇌하는 나를 떠난 해탈은 없다. 그래서 혜능은 내 안에 있는 부처를 보라고 한 것이다. 내 안의 부처를 보는 순간 더 이상의 경전은 의미가 없다. 이런 생각은 일생 동안 《법화경》을 읽어왔다는 어느 스님에게 "근본 뜻을 깨닫지 못하면 내가 《법화경》을 쓰는 것이 아니라 《법화경》으로부터 쓰임을 당하게 된다"고 한 말에 잘 나타나 있다. 그런 관점에서 혜능은 가장 낮은 단계는 문자의 숲에서 헤매는 사람이고, 두 번째는 문자의 뜻을 대충 알아차린 사람이며 세 번째는 대충 알아차린 깨달음을 실천하며 사는 사람이고, 마지막 단계는 그런 노력조차 필요 없는 사람이라고 했다. 혜능이 볼 때 자신이 곧 부처임을 깨달은 사람이 최상의 단계에 이른 사람이었다.

혜능은 최상의 단계에 이르면 '정(定)'과 '혜(慧)'가 하나가 된다고 했다. '정'은 수행을 통해 도달한 삼매의 경지이며 '혜'는 거기에서 생기는 무분별의 지혜를 뜻한다. '삼매'는 독서삼매경이라는 단어처럼 하나에 몰입하여 아무런 막힘이 없듯이 마음을 한곳으로 모은 선의 상태이다. 그런데 혜능은 바로 이 수행으로써의 '정'과 깨달음으로써의 '혜'가 나누어질 수 있는 것이 아니므로 '정'과 '혜'는 선후가 없다고 했다. 그러므로 혜능에게는 수행을 통해 깨달음으로 간다든가 깨달음을 통해 수행으로 간다고 하는 것은 모두 '정'과 '혜'를 선후로 나눈 잘못된 생각이었던 것이다.

그렇다면 수행과 깨달음이 하나가 될 수 있는 방법은 무엇일까? 즉 수행과 깨달음이 하나로 만나는 순간은 무엇일까? 그것이 바로 '돈오(頓悟)'였고, 돈오가 선종의 핵심이 된 것은 《육조단경》에 의해서였다. '돈오'는 칠흑 같은 밤이 지나 해가 솟으면서 만물이 한꺼번에 환해지는 것처럼 갑자기 이루어지는 깨달음이다. 이 순간은 오랜 수행이나 연구가 쌓여서 터지는 단계가 아니며, 신분이 귀하거나 지위가 높다고 해서 이루어지는 것도 아니다.

불교에서는 이런 깨달음의 경지를 열반적정(涅槃寂靜)이라고 한다. 열반이란 산스크리트어로는 니르바나로써 본래 뜻은 '불어서 끈다'는 의미다. 무엇을 불어서 끈다는 것일까? 집착의 불꽃, 번뇌의 불꽃을 불어서 끄는 것이다. 불빛이 환한 방에서는 이것과 저것이 다르다는 것을 알 수 있고 그렇기 때문에 이것은 좋고 저것은 싫다는 집착이 생긴다. 하지만 캄캄한 어둠 속에서는 아무 것도 구분되지 않으며 그에 따라 좋고 싫음도 없다. 바로 그 열반의 상태를 불교는 '적'과 '정'으로 표현했다. '적'은 소리가 없다는 뜻이고, '정'은 움직임이 없다는 뜻이다. 이런 표현은 사실 마음의 본모습에 대한 설명이며 번뇌의 불꽃, 집착의 불꽃을 훅 불어 끔으로써 마음이 조금치라도 바깥 사물에 끌리지 않기 때문에 아무런 흔들림이 없음을 뜻한 것이다. 부처님이 이른 경지가 이런 상태였으며, 돈오는 우리 마음의 참모습이 곧 열반에 든 부처임을 깨닫는 것이다.

혜능은 이런 깨달음의 방법으로 돈오를 제시하면서 마음은 그 상태 그대로 완전하기 때문에 손댈 데도 없고, 손을 대려고 해서도 안 된다고 했다. 마음에 손을 대지 말라는 말은 주어진 계율을 지키거나 특정한 명상에 빠지거나 경전을 통한 불교식 지혜를 강조하는 것이 모두 잘못된 길임을 지적한 것이다. 그래서 혜능은 생각을 없애고, 일정한 틀을 없애고, 어떤 것에든 마음을 머물게 하지 말라고 했다.

혜능은 또한 좌선이라는 전통적 수행법도 앉아서 호흡을 고르고, 명상에 빠져드는 정해진 방식이 있는 것이 아니라 마음이 바깥 사물의 유혹에 이끌리지 않도록 깨어 있는 상태를 유지하는 일이라고 해석했다. 그래서 극락정토도 그런 방법을 통해 도달한 마음속 깨달음이 주는 편안함이라고 보았다. 이 같은 생각은 대중에게 설법을 하면서 "서방 정토는 없다. 그것은 지금 여기, 당신들의 마음 안에 있다. 어디, 한번 보여주랴?"라고 한 말 속에 잘 드러나 있다.

동아시아 불교의 뿌리가 되다

혜능이 법성사에서 정식으로 계를 받고 인종대사와 그를 따르는 사람들을 제자로 받아들인 뒤 그대로 법성사에 머물며 설법을 하던 어느 날, 열세 살 먹은 신회가 찾아와 예를 갖추고 무릎을 꿇었다. 혜능이 물었다. "오느라고 고생 했구나. 근본을 가지고 왔느냐? 근본이 있다면 주인을 알아야 할 것이로다" 그러자 신회가 답했다. "머무름이 없음을 근본을 삼고 있으니, 보는 것이 곧 주인입니다" 뜻하지 않은 말을 들은 혜능은 그 오만함을 고친다는 생각에서 지팡이로 신회를 세 차례 때리며 꾸짖었다. 그러자 신회가 울면서 "엄청난 세월을 지내도 크나큰 선지식을 만나기 어려운 법인데 이제 만나 뵈었으니 어찌 열심히 모시지 않겠습니까?" 하며 제자로 받아들여주기를 청했다. 북종에 맞서서 남종을 확립한 신회는 그렇게 해서 혜능의 제자가 되었다.

또 다른 제자 회양은 깨달음을 얻기 위해 이곳저곳을 찾아 다니다가 마침내 혜능에게로 왔다. 첫 만남에서 혜능이 회양에게 물었다. "어디에서 왔느냐?" 회양이 숭산에서 왔다고 하자 혜능이 다시 물었다. "어떤 물건이 이렇게 왔는고?" 답변이 막힌 회양은 물러나와 8년의 수련을 하고 나서 다시 혜능을 찾아뵙고는 8년 전 질문에 대한 답변을 했다. "어떤 물건이라고 해도 맞지 않습니다" 그러자 혜능이 다시 물었다. "닦으면 닦이는 것인가?" 회양이 답했다. "닦는 일이 없을 수는 없지만 더럽힐 수는 없습니다" 혜능은 회양에게 "더럽힐 수 없는 이것이야말로 부처님들이 걱정하신 것이다. 너도 그렇고 나도 그렇지"라고 말하고 제자로 받아들였다. 회양은 혜능을 7년 동안 모시고난 뒤 남악으로 가서 교화에 힘썼다.

남악 회양의 마음을 얻은 제자가 마조도일이다. 두 사람의 만남은 이러하다. 하루는 회양이 좌선을 하고 있는 마조를 보고 물었다. "무엇을 얻기 위해 그토록 열심히 좌선을 하시는가?" 마조가 답했다. "부처가 되고자 합니다" 그 말을 들은 회양이 벽돌 하나를 가져와서는 마조가 보는 데서 바위 위에 놓고 갈기 시작했다. 그러자 이상하게 여긴 마조가 물었다. "무엇을 하시려고 벽돌을 가시는지요?" 회양이 답했다. "거울을 만들려고 그런다네" 마조가 어이없다는 표정으로 말했다. "벽돌을 갈아서 어떻게 거울을 만들 수 있습니까? 안 될 말입니다" 그러자 회양이 쏘아 붙였다. "그렇다면 좌선을 한다고 해서 부처가 되는가?" 마조가 놀란 마음으로 물었다. "그러면 어찌해야 하는지요?" 회양이 다시 물었다. "마차가 가지 않으면 바퀴를 때려야 하겠는가 아니면 소를 때려야 하겠는가?" 마조가 답이 없자 회양이 다시 말했다. "너는 좌선을 하려고 하는가 아니면 앉은뱅이 부처가 되려 하는가? 머무름도 없는 법에 대해 얻겠다든가 버리겠다든가 하는 생각을 하지 마라. 네가 앉은뱅이 부처가 된다면 그것은 부처를 죽이는 일이고, 앉아 있는 일에만 집착한다면 그 이치를 꿰뚫지 못할 것이다"

마조는 마 씨 성을 가진 조사라는 뜻으로 혜능 이후 유일하게 조사라고 불린 인물이며 특히 선 수행을 선방에서 홀로 정신을 집중하여 내면으로 파고들어가는 것이 아니라 일상생활 속으로 끌어들인 사람이었다. 그래서 달마가 중국에 선종을 전하고, 혜능이 그 중심을 세웠다면, 마조는 그 선 수행을 일상생활 속으로 끌어들여 많은 사람을 깨우친 지도자였다.

이처럼 달마에서 시작한 중국 선종은 혜능에서 꽃이 핀 뒤 북종이 저절로 쇠퇴하면서 돈오를 강조하는 남종선으로 통일되

동양철학 에세이 2

었고, 신회와 회양을 거쳐 마조도일로 이어지면서 덕산, 임제 같은 선승이 나와서 큰 물결을 이루었다. 혜능이 일으킨 돈오의 선수행은 모든 권위와 규율을 넘어 새로운 창조를 끌어냈다. 그리고 그 흐름이 주체를 강조하는 특징과 나무하고 밥 짓고 빨래하는 일상의 삶을 긍정하는 쪽으로 나아갔다.

하지만 극단적인 권위 부정과 자아의 긍정은 전통이 지닌 가치를 무너뜨렸고, 마침내 우상 파괴를 넘어서서 점점 더 파격과 기이한 행동을 중요하게 생각하는 방향으로 나아갔다. 하지만 그것이 바로 선종의 창조력과 생명력을 죽이는 행동이었다. 경전과 전통을 무시한 채 깨달음에 대한 자기 확신에만 의지한 수행은 일반인들이 다가가기에는 너무 먼 길인 동시에 위험한 길이었다. 더구나 스승과 제자 사이에 마음을 주고받은 징표로써의 선문답이 유행하면서 깨달음을 위한 도구가 아니라 말장난으로까지 떨어졌다.

하지만 그렇다고 해서 혜능에서 열매를 맺은 선종의 가치가 무너진 것은 아니다. 형식을 부수고 정신을 계승한 선종은 일상적인 삶을 살아가는 내가 하찮은 존재가 아니라 한없이 귀한 존재임을 일깨웠다. 특히 혜능의 선법은 임제종의 간화선으로 이어지면서 동아시아의 핵심 불교가 되었다.

주돈이는 학습을 통해 성인의 경지에 오를 수 있으며

그 방법은 욕심을 버리고 고요함을 지키는 것이고,

이렇게 해서 「더없이 밝고 두루 통하며 공평무사하고 넓디넓은」

마음가짐을 지니게 되면 성인이 될 수 있다고 했다.

주돈이는 이처럼 유교 전통의 천인합일 사상의

실현 방법을 구체적으로 언급함으로써

뒷날 성리학 공부론의 모델을 제시했다.

북송오자

성리학을 일궈낸 북송의 철인들

혼란 속에 피어난 사대부의 철학

현대 한국사회에 가장 큰 영향을 미친 전통 철학은 무엇일까? 그 것은 조선의 이데올로기였던 성리학이다. 조선 사회에서 유학은 곧 성리학이었으며 이것이 공자, 맹자 철학의 진수였다. 그렇다 면 유학을 굳이 성리학이라고 부르는 이유는 무엇일까? 그것은 또 다른 표현으로 신유학(Neo‑Confucianism)이라고 부르는 것처 럼 유학을 새로운 사유 구조로 재창조해낸 것이기 때문이다. 사 실 성리학이라는 이름 대신 더 많이 쓰인 것은 주자학이었다. 그 것은 주희가 성리학을 완성한 인물이기 때문이다. 하지만 주희 에 앞서 성리학의 토대를 다진 사상가들이 있다. 그들은 주돈이 (1017~1073, 염계濂溪), 소옹(1011~1077, 강절康節), 장재(1020~1078, 횡거 橫渠), 정호(1032~1085, 명도明道), 정이(1033~1107, 이천伊川)이다. 북송 시대를 살아간 이 다섯 사람을 가리켜 '북송오자(北宋五子)'라고 하며, 이들이 없었다면 성리학의 출현은 불가능했을 것이다.

그렇다면 이들의 사상이 나오게 된 배경은 무엇일까? 먼저 정치경제적 배경을 살펴보자. 첫째는 당나라의 전철을 밟지 않기 위해 송나라가 택했던 문치주의였다. 어느 나라 역사나 마찬 가지이지만 중국 역사 또한 혼란과 안정의 반복이었다. 수나라가 400년 가까운 위진남북조 시기의 혼란을 끝냈지만 오래가지 못했고, 그 뒤를 당나라가 이어받으면서 중국 사회는 한동안 안정을 누렸다. 하지만 618년 건국한 당나라는 755년 안녹산의 난이 일어나면서 다시 혼란에 빠지기 시작한다. 당나라는 건국 초기부터 각 지역에 병마절도사를 두고 이들에게 행정권과 군대 지휘권을 주어 다스리게 했다. 그런데 후기로 가면서 절도사들의 힘이 강해진 대신 왕권이 약해지기 시작했다. 안녹산도 돌궐에서 귀화한 절도사였고, 황소의 난으로 시작된 말기의 혼란 또한 절도사들의 발호로 이어졌다. 현종이 며느리였던 양귀비를 부인으로 맞아들여 끔찍이 사랑했음에도 안녹산의 압력에 못 이겨 죽일 수밖에 없는 상황이 바로 그러한 예다.

이 같은 혼란은 907년 당나라가 멸망하고 960년 송나라가 설 때까지 오대십국이라는 상황으로 이어졌다. 오대십국 시기는 불과 53년 동안 다섯 왕조가 바뀌면서 13명의 황제가 잠깐씩 왕좌를 차지하는 극심한 혼란기였다. 그리고 이러한 혼란을 끝낸 것이 송나라였다. 그런 점에서 송나라의 건국이 얼마나 불안한 상태에서 이루어졌는지를 잘 알 수 있다. 하지만 당나라 말기부터 송나라 건국까지 계속된 이 같은 혼란은 오히려 역설적으로 기존의 정치·경제·사회체제를 완전히 붕괴시키고 새로운 시대를 맞게 하는 동력이 되었다. 그래서 이 시기가 중국 전통사회를 전기와 후기로 나누는 중요한 분기점이 된다.

송나라는 당나라가 혼란해진 원인이 국방 중심의 정책과 황실이 군사력을 독점하지 못하고 신하들에게 나누어준 데 있다고 생각했다. 그래서 왕권을 강화하기 위해 무신보다 문신을 높이는 적극적인 문교 진흥책과 함께 당나라 말의 혼란 과정에서 유명무실해진 과거제도를 정비해 적극적인 시행에 나섰다. 특히 과거제도는 황제 중심의 권력 구성에 중요한 역할을 했다. 물론 통일 국가의 방대한 관료 조직을 효과적으로 운용하기 위해서도 관료 등용의 합리적 방법이 필요했겠지만, 송나라 초기 황제들은 과거제도가 지방의 여러 세력들을 관료로 끌어들여 황제 직속에 둠으로써 중앙집권을 강화하는 효과적인 수단이라고 보았다. 그들은 먼저 과거 합격자를 대폭 늘리는 한편 엄격한 시험 규칙을 만들고, 여기에 최종 시험을 황제 앞에서 치르는 전시 제도를 확립했다. 이 제도의 도입은 황제가 인재 등용의 최종적인 결정권을 갖는다는 상징적 의미를 지니는 것이었다.

아울러 북송 초기 황제들은 유교·불교·도교가 모두 통치에 도움이 된다고 보고 똑같이 높였다. 이러한 상황은 당나라 말기와 오대십국 시기 몇 차례의 탄압으로 침체 위기에 있던 불교와 도교에 힘을 실어주면서 다시 전성기를 맞는 듯 했다. 하지만 불교와 도교가 다시금 번성하는 이러한 상황은 새롭게 정비된 과거제도를 통해 새로운 세력으로 등장한 유교적 교양을 지닌 신진 사대부들의 저항을 받게 된다. 이들이 불교와 도교를 비판하면서 자신들 내부의 동력을 새롭게 찾는 가운데 유학에 대한 새로운 해석으로서 성리학이 나왔고 이로 인해 중국은 다시금 유학의 시대로 접어들었다.

　두 번째는 이민족과의 관계였다. 송나라의 문치주의 정책은 대외적인 국력 약화로 나타났다. 그래서 여러 차례 거란, 여진, 서하 등 이민족의 침입에 시달렸고, 마침내는 여진족이 세운 금나라에게 북쪽 땅 절반을 빼앗기고 말았다. 그래서 같은 송나라이지만 금나라에게 북쪽을 빼앗기기 전을 북송이라 하고 그 이후를 남송이라고 부른다. 이민족에게 국토의 절반을 빼앗긴 상황에서 제대로 된 중국 지식인이라면 무엇에 가장 큰 관심을 기울였을까? 금나라의 세력이 점점 커지는 동안은 어떻게 하면 나라를 지켜낼 수 있을 것인가였고, 땅을 빼앗긴 뒤로는 어떻게 하면 빼앗긴 땅을 되찾을 수 있을 것인가였다. 그렇다면 그들이 생각한 최선의 방법은 무엇이었을까? 국토를 회복하기 위해서는 나라의 힘이 강해져야 하고, 봉건 전제군주 제도 아래에서 나라가 강해지려면 군주의 권한이 강화되어야 하며, 군주의 권한이 강화되려면 신하들이 임금에게 철저히 충성을 바치는, 즉 신하의 임금에 대한 의리가 강조될 수밖에 없다. 그런 점에서 송대 지식인들은 국토 회복이라는 염원을 바탕으로 절대 왕조 옹호를 통해 국력을 강화할 수 있는 이데올로기를 필요로 했다.

　사실 성리학에서 가장 중시하는 리를 구체적인 현실 문제로 가져오면 사람들 사이에서 지켜야 하는 도덕윤리이며, 다른 표현으로는 의리이다. 성리학의 또 다른 이름인 '의리의 학문'이라는 표현이 바로 성리학의 주된 관심이었던 리가 정치적 측면에서 어떠한 의미를 갖는지를 잘 보여준다. 성리학의 실천 주체인 선비들의 최고 덕목으로 절개와 의리가 강조된 것은 바로 이러한 생각의 결과였다. 그리고 그 절개와 의리는 하늘이 정한 절대 불변의 이치였으며, 따라서 절대왕조를 지탱하는 이데올로기로 작용할 수 있었다.

이런 점은 서양철학사에서 절대정신을 이야기 한 헤겔 철학과도 비슷하다. 헤겔이 활동하던 시기 독일은 매우 절망적인 상황이었다. 영국은 산업혁명으로, 프랑스는 시민혁명으로 앞서갔지만, 신성로마제국이었던 독일은 수백 개의 공국으로 나뉘어 혼돈과 분열을 거듭했다. 그런 상황에서 독일이 영국, 프랑스에 버금가는 나라가 되려면 국력이 강해져야 했고, 국력이 강해지기 위해서는 강력한 왕권이 필요했다. 헤겔이 깨달음의 목표로 절대정신을 말하고 절대정신에 이르기 위한 방법으로 변증법을 말하면서도, 모든 사람이 자신의 절대정신을 국가에 양도해야 한다고 했던 것은 현실적으로 국가의 중심인 군주에게 양도하자는 주장이 된다. 그런 점에서 주희 철학이나 헤겔 철학 모두 불변의 절대 보편 도덕을 강조함으로써 절대군주를 옹호하는 철학으로 나아갈 수 있었다.

세 번째는 사회 구조의 변화다. 수나라와 당나라는 균전제에 기초한 국가였다. 균전제란 국가가 모든 땅을 소유하면서 그 땅을 백성들에게 골고루 나누어준 다음 이를 기반으로 백성 하나하나를 개별적으로 지배하는 형태였다. 이 같은 제도를 일부 학자들은 노예제 사회의 가장 발달된 형태라고까지 평가한다. 그러나 당나라 말기 일어난 안녹산과 사사명의 반란 이후 사사로이 대토지를 소유하는 사람들이 늘어나면서 토지 소유자인 소수의 지주와 그 땅에서 일하는 수많은 전호의 관계로 바뀌어갔고 바로 이러한 변화를 기반으로 생겨난 국가가 송나라였다.

국가는 왕 – 지주 – 전호로 구성된 사다리 구조였고 이러한 구조가 안정적으로 유지되기 위해서는 상하 위계질서를 분명히 하는 이데올로기가 필요했다. 즉 왕과 지주, 지주와 전호의 관계가 모두 불변이어야 사회가 안정될 수 있으며, 이를 위해 신분질서를 불변의 진리로 설명해야 할 필요가 있었다. 그런 점에서 성리학에서 말하는 리를 사회구조와 연관 지어본다면 불변의 신분질서를 의미하기도 했다. 성리학의 논리 가운데 만물 모두가 태극을 지닌다고 함으로써 만물의 보편성과 그에 따른 대등성을 강조하면서도, 다시 만물의 차별성을 기의 청탁이나 그에 따른 리의 차별성으로 설명하는 논리는 바로 이러한 사회적 차별성과 연관을 갖는 것이며, 구체적으로는 사회적 이법 질서인 례의 차등을 강조하는 것으로 드러나게 된다.

마지막으로 네 번째는 새로운 관료 집단인 사대부 계층의 등장이다. 사대부란 벼슬에 나아가지 않았을 때는 선비이고 벼슬에 나아가면 대부가 된다는 뜻이다. 하지만 선비에게는 언제나 벼슬에 나아갈 수 있는 가능성이 열려있기 때문에 일반적으로는 지식인을 가리키는 용어로 쓰였다. 더구나 사대부는 출생에 따라 신분이 결정된 계층이 아니라 학습을 통해 유교적 지식 능력을 얻은 사람들을 의미했다. 본래 한나라 때부터 유교가 높여졌지만 한나라 지배층이 반드시 지식 계급이었던 것은 아니며 지식인들은 대부분 박사관에서 공부하는 학생들이나 그 출신들이었다. 더구나 대부분의 정치가가 태학 출신이 아닌 경우가 많았기 때문에 우수한 학자와 정치가는 별개 집단이었던 셈이다. 본래 한나라의 인재 선발 제도는 관리들이 유교 지식인을 추천하는 방식이었다. 하지만 중앙 관료가 지방 관료를 중앙 관료로 추천하여 뽑아올리고, 다시 추천 받은 관료가 은혜를 갚기 위해 자신을 추천한 중앙 관료의 자식을 지방 관료로 추천하는 폐단이 거듭되면서 점점 정실로 흐르는 과정에서 문벌을 형성했다. 이러한 상황 때문에 학문이나 지식보다 출생 가문을 중시하는 경향으로 바뀌어갔다. 하지만 당나라가 실력 중심의 과거제를 실시하면서부터 기존의 세습 귀족에 맞서 과거를 통해 실력으로 올라 온 새로운 형태의 지식인 계층이 생겨나기 시작했다. 그리고 문치주의를 내세우면서 과거제를 확대 시행한 송나라에 이르러 왕권으로부터 독자성을 유지하면서 심지어 왕권도 견제할 수 있는 확고한 집단을 이루었다. 더구나 이들은 경제적으로 많은 땅을 지닌 지주인 경우가 많았지만 이런 조건이 필수적인 것은 아니었다. 이런 과정에서 학자가 곧 관료라는 등식이 나오기 시작했다.

내적 반성과 외적 배척을 동력으로

그렇다면 성리학이 나오게 된 사상적 배경은 무엇일까? 그것은 북송 중기부터 시작된 유학 부흥운동이었다. 유학 부흥운동이란 안으로는 공자와 맹자 이후 다양한 모습으로 이어져온 유학 전통에 대한 비판이었고, 밖으로는 위진 시기부터 수·당을 거치면서 엄청난 세력이 되어버린 불교와 도교에 대한 비판이었다. 그 가운데 먼저 유학 자체에 대한 비판을 보자. 유학에 대한 비판은 여러 분야에서 터져 나왔다. 그 첫째는 문학 분야로서 위진 시대 이후 큰 흐름을 이룬 사장학에 대한 비판이었다. 사장학이란 글 내용보다 문장의 아름다움을 중시하는 학문 경향을 가리킨다. 하지만 북송 유학자들은 위진 시대 이래 유행한 문체가 지나친 수식과 거짓된 꾸밈으로 가득 찬 알맹이 없는 글이라고 보고, 문장이 아니라 문장 속에 담길 알맹이가 중요하다고 주장하면서 그 대안으로 경전에 씌어 있는 문장인 고문을 내세웠다. 이 같은 주장은 당나라 때 유학자 한유의 주장을 이어받은 것이다. 하지만 고문 운동은 단순히 문체 바꾸기 운동에 그치지 않았다. 그들은 문체 혁신을 통해 그 속에 담길 내용에 더 많은 관심을 가졌고 그 관심은 바로 '도'에 대한 관심이었다. 더구나 이 도는 현실에 도움을 줄 수 있는 살아 움직이는 도이어야 한다는 생각에서 강한 실천철학으로 나아갈 수 있었다.

사장학에 대한 비판을 통해 새로운 유학자들은 문장과 그 속에 담을 내용의 관계를 근본과 말단, 바탕과 꾸밈, 내용과 그릇으로 나누었다. 이러한 생각은 문장을 단순히 내용을 표현하는 수단으로만 인식한 주돈이가 '글이란 도를 담는 그릇'이고 한 말 속에 잘 담겨 있다. 이 말은 주자학자들에게 절대불변의 진리처럼 받아들여졌고, 이러한 관점에서 뒷날 당나라와 송나라 때 활발하게 활동한 고문 계통의 문장가 여덟 명을 '당송팔대가'라 부르게 된다.

두 번째 변화는 사학 방면에서 시작된 역사를 보는 관점에 대한 비판이었다. 대표적인 학자는 구양수와 사마광이었고, 그들은 역사를 기록하는 사람의 임무가 단순하게 과거 사실들을 끌어모으는 데 있는 것이 아니라 도에 입각해서 옳고 그름을 가리는 데 있다고 보았다. 그들은 특히 사마천의 《사기》 서술 방식을 비판하면서, 기전체가 방대한 역사 자료를 한군데 모아 놓는 데는 효과적일지 모르지만, 역사적 사실의 흐름과 각 사건들의 연관 관계를 밝히는 데 문제가 많아서 옳고 그름을 가리는 데는 적절치 못하다고 생각했다. 그리고 그 대안으로 공자의 《춘추》를 내세웠다. 《춘추》는 시간 흐름대로 기록하는 편년체 방식으로 대의명분을 기준으로 역사적 사건을 평가한 책이다. 이 같은 생각을 토대로 구양수는 역사에서의 정통론을 제기하면서 《신당서》와 《신오대사》를, 사마광은 《자치통감》을 편찬했다.

세 번째 변화는 경학 방면에서 나왔다. 경학이란 경전을 연구하는 학문을 의미한다. 그 이전까지의 경전 연구는 문자의 뜻풀이에만 매달렸고 심지어 풀이나 벌레에 대한 풀이도 중요한 문제로 여겼다. 이것이 바로 한·당 시대의 훈고학이다. 특히 한무제가 유학을 국교로 정한 뒤 유교 경전에 대한 수많은 주석이 쏟아져 나왔다. 그 뒤 당태종이 공영달에게 유교 경전 주석본인 《오경정의》를 만들게 함에 따라 이 책이 정통 해석본이 되면서 학자들은 그 내용을 달달 외울 뿐 새로운 창의적 해석을 위한 노력을 기울이지 않았다. 심지어 당태종은 사사로이 경전의 뜻을 가르치는 자는 과거장에서 쫓아낸다는 칙령을 내리기도 했다.

그러나 유학 부흥운동은 기존의 경전 주석 대부분을 부정했을 뿐 아니라 심지어 일부 경전에 대해서는 뒤 세대에 만들어진 가짜라는 주장마저 들고 나왔다. 그리고 경전의 문자 대신 그 속에 담긴 뜻을 취해야 한다고 하면서 자신들의 주장을 관철시킬 수 있는 방향으로 과거제도를 바꾸는 성과를 얻어냈다. 그래서 당나라 때부터 북송 초까지의 과거 시험에서 계속되어온 시와 산문을 짓는 것과 경전 문구를 외우던 방식을 없애고, 그 대신 나라 다스리는 방책을 묻고 답하는 방식으로 바꾸었다. 이처럼 북송 학자들은 도덕을 중심으로 경전에 담긴 뜻을 밝히는 것을 주된 임무로 삼으면서 이를 통해 경전에 대한 보다 적극적이고 폭넓은 해석을 가능하게 함으로써 새로운 철학의 길을 열었다.

불교와 도교의 논리로 무장한 성리학

이처럼 유학 부흥운동이 다양한 방면에서 일어났지만 그 초점은 모두 경전에 담긴 뜻과 성인의 도를 드러내는 데로 모아졌다. 그 결과 성인이 말씀하신 도가 무엇이며 어떠한 계통을 통해 전해졌는가를 따지는 '도통론'이 논의되기 시작했다. 그리고 도통이 공자에서 맹자로 이어지다가 불행하게 끊어졌지만 다시 당나라의 한유를 거쳐 송나라 학자들로 이어졌다는 결론을 얻었다. 사실

도통론은 스승과 제자 사이에서 깨달음의 전승을 따지는 불교로부터 온 것이다. 하지만 이 같은 도통론의 제기는 유학 내부에서는 정통 계보를 확립하여 유학의 중심축을 확보하겠다는 것이며, 유학 외부에 대해서는 이단에 대한 비판으로 연결된다. 유학 이외의 도는 모두 이단이고, 유학 안에서도 자신들이 말하는 도만이 정통 유학의 도라는 것이다. 그래서 성리학자들은 한·당 시대 유학자들의 경전에 대한 해석을 부정하고 직접 공자, 맹자와 연결 지음으로써 동중서가 확립한 한나라 이후의 유학을 정통 계보에서 제외시켰다. 그리고 불교와 도교에 대해서도 이단 배척 투쟁을 전개했다. 그 가운데 특히 불교에 대한 투쟁 강도가 도교보다 훨씬 거셌다. 이것은 중국에서 발생한 도교와 달리 불교는 중국이 아닌 오랑캐에게서 왔기 때문이기도 했고, 다른 한편으로는 불교가 그만큼 중국 속에 깊이 뿌리내렸음을 뜻하기도 했다. 최초의 불교 비판은 오랑캐의 도라든가 승려들의 비리, 세금과 부역이 면제되는 것에 따른 사원경제의 폐해, 현실 부정 논리에 대한 반발 같은 외적인 문제에 집중되었다. 그러나 나중에는 불교 이론에 대한 비판으로 나아갔다.

하지만 성리학의 가장 큰 사상적 배경은 오히려 비판 대상이었던 불교와 도교 사상이었다. 한나라 초기 동중서가 유학을 내세웠지만 한나라 말에 이르면 불교와 도교의 세력이 커지면서 유·불·도 삼교가 서로 어우러져 영향을 주고받기 시작했다. 그 과정에서 불교와 도교의 우주론을 가져다가 유가사상을 논리적으로 무장함으로써 인간과 자연의 보편적 이법을 추구하는 방향으로 나아간 것이 성리학이다. 이러한 변화는 유태교에서 시작된 서양 신학이 플라톤과 아리스토텔레스의 그리스 철학을 받아들여 이론적으로 무장한 결과, 중세 교부철학이 나온 것과 같다. 사실 《논어》, 《맹자》를 보면 알 수 있듯이 공자, 맹자 당시의 유학은 윤리적 실천이 강조되었을 뿐 우주 만물의 발생 변화와 그 본질이 무엇인지를 설명하는 형이상학적 측면은 부족했다. 이러한 변화는 북송오자 가운데 한 사람인 장재가 '진나라 한나라 이래 학자들은 사람을 알려고 했을 뿐 하늘을 알려고 하지 않았고, 어진 사람이 되기를 바랄 뿐 성인이 되려고 하지는 않았다'고 한 말에 잘 나타나 있다. 이처럼 새로운 학문으로써의 성리학은 인간과 우주 만물의 이치를 깨달아서 마침내 성인이 되겠다는 학문이었다.

그리고 이러한 지향은 바로 자연과 인간을 하나로 설명하는 이론을 체득하는 것과 그러한 깨달음이 현실을 넘어선 것이 아니면서도 현실의 본질로써의 초월적인 무엇이라는 것으로 나아갔다. 이러한 생각들은 모두 노장이나 불교의 일체감과 초월의식에서 온 것이다. 만물이 모두 하나라는 생각은 전형적인 노장사상의 틀이었으며 내 속에 만물이 다 들어있다는 사상 또한 불교적인 사유를 빌려온 것이다. 아울러 만물의 궁극자로 태극을 설정하고 이를 깨달음의 궁극 대상으로 삼은 것도 바로 노장에서 말하는 무극이나 갓 태어난 아기 같은 근본 자리로 돌아간다는 생각을 유가식으로 바꾼 것이다.

사실 만물 속에 태극, 즉 리가 들어 있다는 사고는 만물에

불성이 들어 있다는 불교의 논리나 똥오줌에도 도가 있다는 노장의 논리와 같은 구조다. 또한 성리학의 중요 개념인 성(性)과 리(理)도 불교와 노장의 영향이다. 본래 유학에서는 인간의 본성을 따지기는 했지만 성을 크게 중시하지는 않았다. 특히 리(理)는 불교에서 온 것이며 인간의 본성을 본연지성과 기질지성으로 나눈 것도 《수능엄경》의 본연성과 화합성에서 가져온 것으로 보인다. 본연지성은 본래성이며 이것이 구체적인 사람들 속에서는 기질에 둘러싸인 기질지성으로 나타나기 때문에 모두 다를 수밖에 없다는 논리와 궁극자인 태극은 하나이지만 태극이 구체적인 사물 속에 담긴 모습은 여러 가지로 달라진다는 논리는 모두 불교의 '월인천강', '월인만천'에서 왔다. 월인천강은 세조 때 지어진 〈월인천강지곡〉에서도 잘 나타나는 것처럼, 하늘에 뜬 달은 하나이지만 그 달이 모든 강에 비추어져 있다는 것으로 불성이 만물에 들어있다고 한 논리였다.

또한 노장이나 불교는 성리학의 공부 방법에도 많은 영향을 미쳤다. 특히 많은 선비들이 내 안에 경건성을 기르기 위해 고요히 앉아서 내면을 들여다보던 정좌법은 불교의 수행법인 좌선이나, 노장에서 모든 것을 잊어버린 최고의 경지인 좌망과도 유사하다. 물론 그 내용에서는 정이천의 표현처럼 노장이나 불교가 마음을 비우는 것이라면 유가는 경건성으로, 즉 도덕심으로 가득 채우는 것을 의미한다. 하지만 외형적인 유사성이나 방법의 유사성은 바로 노장과 불교의 영향이다.

그밖에 중요한 영향 가운데 하나는 체용론이다. '체'는 일차적인 것, 근본, 실체, 본질을 뜻하며 '용'은 이차적인 것, 파생, 작용, 현상을 뜻한다. 이러한 체용 논리는 성리학에서 마음의 본체인 리와 그 작용, 인간의 본질인 본성과 그것이 밖으로 드러난 감정의 관계를 설명하는 논리가 되었다. 사실 체용을 가지고 원리와 현상을 나누어 설명하는 논리는 불교 도입 이후에 나타난다. 체용론의 대표적인 예는 대승기신론에 있는 원인과 결과에 대한 설명이다. 대승기신론에서는 파도가 치는 경우 물이 원인이고 체이며 파도는 결과이고 용이라고 보았다. 이 같은 논리는 하나가 곧 전부요 전부가 곧 하나라는 화엄의 논리에 기반을 둔다. 하나인 물에서 수만 가지의 파도가 나오고 그 수만 가지의 파도는 물로 돌아갈 뿐이다. 유가는 이러한 체용론을 받아들여 마음이 본체이며, 사람의 역할은 마음의 본모습을 잘 밝혀 세상에 드러내는 것이라는 논리로 나아갔다.

당시 대부분의 학자들은 유교만이 아니라 불교나 도교에 대해서도 충분한 지식을 가지고 있었다. 더구나 한나라 말기 이후 유교, 불교, 도교가 교섭하는 과정에서 서로 많은 영향을 주고받은 것이 사실이다. 송나라 이전 사상가 가운데 성리학자들로부터 유일하게 존경받는 한유의 경우 부처님 사리를 모시는 행사를 반대하는 〈불골표〉를 임금에게 올렸다가 귀양을 가기도 했지만, 개인적으로는 승려들과 친분도 두터웠고 불교에 대한 이해도 깊었다. 이런 점은 주돈이나 주희도 마찬가지였다. 그래서 일부 학자들은 성리학이 겉은 유학이지만 속은 불교라고 비판하기도 한다. 그러나 사자가 토끼도 잡아먹고 사슴도 잡아먹었다고 해서 사자가 아니라 사슴이나 토끼라고 할 수 없듯이 불교와 도교를 받아들였다고 해서 성리학을 불교나 도교라고 할 수는 없을 것이다. 성리학은 현실을 부정하는 불교와 도덕을 부정하는 도교의 우주론을 취했지만 이를 바탕으로 현실 긍정의 도덕 철학을 강화해 갔다.

비 갠 뒤 부는 맑은 바람과
구름 빗긴 밝은 달처럼

그렇다면 가장 먼저 북송 유학을 이끈 주돈이를 보자. 주돈이는 북송 성리학의 선구자로서 모든 선비들이 우러르는 인물이었다. 그가 그런 평가를 받는 까닭은 주희가 그를 공자와 맹자 이후 수백 년 동안 끊어졌던 성인의 도를 이은 사람으로 자리매김했기 때문이다. 북송 시대 호남성에서 태어난 주돈이는 주희의 평가가 아니더라도 선비들의 모범이 되기에 충분한 삶을 살았다. 그는 사마광, 왕안석과 같은 시대에 태어나 낮은 지위의 지방 관리로 지냈지만 결코 부끄러워하거나 관직에 연연하지 않았고, 오직 성인의 도를 찾아내 성인의 경지에 오르겠다는 꿈을 지니고 있었다. 이 같은 그의 꿈은 제자인 정호에게 늘 공자와 그 제자 안연이 즐거워했던 것이 무엇인가를 찾아보라고 했다는 회고에 잘 드러난다.

　그는 주돈이라는 이름보다 염계라는 호로 더 잘 알려져 있다. 그것은 그가 말년에 여산 기슭 염계서당에서 지내면서 염계선생이라 불렸기 때문이다. 당시 유명한 시인이자 서예가였던 황정견은 주돈이를 "인품이 높고 마음결이 무엇에도 구애됨 없이 맑고 깨끗한 것이 마치 비 갠 뒤 불어오는 맑은 바람이나 구름 빗긴 밝은 달과 같다"고 평했다. 지루한 장마 끝에 건듯 불어오는 시원한 바람이나 구름을 벗어나 하늘 가운데 우뚝 자리한 밝은 달에서 어떤 느낌이 드는가? 누구나 탁 트인 시원함과 티 없이 맑은 느낌을 받을 것이다. 아마도 당시 사람들이 주돈이의 인품에서 받은 느낌이 그러했던 모양이다. '비 갠 뒤 불어오는 맑은 바람이나 구름 빗긴 밝은 달'이라는 한자 표현은 '광풍제월(光風霽月)'이다. 그 뒤로 '광풍제월'은 선비들이 닮고 싶은 성리학자의 표준이 되었다. 조광조를 모신 도봉산 자락 도봉서원 계곡 바위에 위 문구를 새겨놓은 것도 조선 선비들의 그러한 염원을 담은 것이다.

주희가 주돈이를 성리학의 시조로 높인 까닭은 그가 쓴 《태극도설》 때문이다. 《태극도설》은 우주 만물의 본질이 무엇이며 만물은 어디로부터 어떠한 과정을 거쳐 생겨났는지, 인간은 어떤 존재이며 어떻게 만물의 본질을 깨달아 성인이 될 수 있는지를 그림으로 그린 뒤 그에 대한 해설을 덧붙인 책이다. 전체 분량은 249자에 불과하지만 주희는 그 안에 성리학의 모든 이론이 함축되어 있다고 보았다.

《태극도설》에서는 만물의 발생과 구성을 이렇게 설명한다. 무극이면서 태극인 상태에서 태극이 움직여 양이 나오고, 그 움

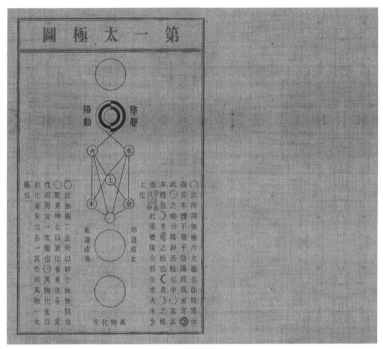

태극도설

직임이 최고조에 달하면 움직임이 멈추면서 음이 나오며, 음과 양은 서로 번갈아 뿌리가 된다. 그리고 다시 음양에서 오행이 나오고, 음양과 오행이 어우러지면서 만물이 나온다. 만물 속에는 오행이 있고 오행 속에는 음양이 있으며 음양 속에 태극이 있고 태극은 본래 무극이다.

　이 글은 분명 우주만물의 발생을 설명한 것이지만 이 글만 가지고는 무슨 소리인지 이해가 되지 않는다. 그렇다면 우리는 주돈이의 설명을 어떻게 받아들여야 할까? 위의 설명을 단순화하면 태극 – 음양 – 오행 – 만물로의 발전 과정과 함께 다시 만물 속에 오행, 오행 속에 음양, 음양 속에 태극이 들어 있다는 이중 구조를 말하는 셈이다.

　　이 설명을 이렇게 이해해보자. 동서양을 막론하고 철학이 설명하려는 중요 주제 가운데 하나가 만물이 어떤 존재이며 그 본질은 무엇인가이다. 지금 어떤 철학자가 그런 문제의식을 가지고 만물 앞에 서 있다고 해보자. 그리고 쉽게 이해하기 위해 만물을 의자로 바꾸어보자. 자, 지금 의자를 처음 보는 사람 앞에 다양한 모양의 의자들이 놓여 있다. 이것이 무엇일까를 한참 고민 끝에 그 철학자는 나무로 만든 것들, 쇠로 만든 것들, 돌로 만든 것들, 흙으로 만든 것들처럼 몇 가지 공통 요소가 있음을 알았다. 그리고 다시 한참을 고민한 끝에 이번에는 둥근 것과 모난 것, 긴 것과 짧은 것, 높은 것과 낮은 것처럼 서로 대립하는 두 요소로 이루어져 있다는 사실을 깨달았다. 그리고 다시 한참을 고민한 끝에 마침내 무릎을 치면서 깨달은 것이 내 앞에 놓인 모든 것들 속에 앉을 수 있는 이치가 담겨져 있다는 사실이다. 첫 단계에서 깨달은 것이 오행이고 두 번째 단계에서 깨달은 것이 음양이며 마지막 단계에서 깨달은 것이 태극, 즉 '리'인 것이다. 그것을 논리적으로 설명할 때에는 발생의 측면에서 태극에서 음양이 나오고, 음양에서 오행이 나오고, 음양오행에서 만물이 나왔다고 한 것이고, 다시 존재의 구성 원리에서 본다면 만물 속에 오행이 들어 있고, 오행 속에 음양이 들어 있고, 음양 속에 태극이 있다고 한 것이다. 그러니까 만물 속에는 음양, 오행, 태극이 다 들어있는 셈이다.

이어서 주돈이는 만물 가운데 사람은 태어날 때부터 빼어남을 갖춘 신령스러운 존재여서, 몸 안에 정신 작용으로써의 앎의 능력이 있기 때문에 선악을 분별할 수 있다고 한다. 그리고 도덕적으로 완성된 존재인 성인에 도달할 수 있는 방법은 욕심을 버리는 것이라고 했다. 이 같은 생각은 주돈이가 《통서》에서 배워서 성인이 될 수 있다고 했던 말과 일치한다. 그는 학습을 통해 성인의 경지에 오를 수 있으며 그 방법은 욕심을 버리고 고요함을 지키는 것이고, 이렇게 해서 '더없이 밝고 두루 통하며 공평무사하고 넓디넓은' 마음가짐을 지니게 되면 성인이 될 수 있다고 했다. 주돈이는 이처럼 유교 전통의 천인합일 사상의 실현 방법을 구체적으로 언급함으로써 뒷날 성리학 공부론의 모델을 제시했다.

사실 《태극도설》은 훗날 주희와 육구연의 논쟁에서도 주요한 주제였고 심지어 청나라 고증학자들은 《태극도설》에 실려 있는 그림이 도교의 도사가 신선이 되기 위한 수련 과정에서 동굴 벽에 새겨놓았던 것을 가져온 것임을 입증하기도 했다. 하지만 주돈이를 유학의 도통을 이은 사람으로 높이 떠받든 주희는 그의 사상에서 자신이 그렇게 이단시하던 노장사상의 잔재를 빼버리고 《태극도설》을 기초로 성리학을 완성해갔다. 그런 점에서 주돈이의 사상은 주희의 입맛에 맞게 바뀌어 계승된 셈이다.

철학의 측면에서 여러 가지 논의가 있음에도 그가 남긴 또 다른 글이 그의 삶과 인품을 잘 보여준다. 그는 연꽃을 끔찍이 사랑했던 사람으로 연꽃을 빌려 자신의 생각을 전하는 〈애련설〉을 지었다. 그는 도연명이 국화를 사랑했고, 당나라 이후 많은 사람들이 모란을 좋아하지만 자신은 연꽃이 좋다고 했다. 그가 연꽃을 좋아하는 이유는 '진흙에서 나왔지만 더러움에 물들지 않고, 맑은 물결에 씻겼으면서도 요염하지 않고, 속은 비었고 밖은 곧으며, 덩굴은 뻗지 않고 가지를 치지 아니하며, 향기는 멀수록 더욱 맑고, 꼿꼿하고 깨끗한 모습으로 서 있어서 멀리서 바라볼 수는 있지만 함부로 가지고 놀 수 없기 때문'이라고 한다. 그리고 '국화가 속세를 피해 사는 자이고, 모란은 부귀한 자라면, 연꽃은 군자다운 자'라고 한다. '광풍제월'과 연꽃, 욕심을 버리고 고요함을 주로 삼아 성인이 되고자 했던 주돈이의 사상이 서로 다른 것이 아니라 모두 하나로 연결되어 있음을 알 수 있다.

모든 사람이 한겨레요
만물이 내 짝일세

다음은 기철학을 확립한 장재를 보자. 장재는 하남성 개봉에서 태어나 섬서성 횡거진으로 옮겨 살았기 때문에 횡거 선생이라 불렸다. 정호, 정이 형제와 외사촌 간이었고, 젊었을 때는 장군이 되겠다는 생각으로 병법을 연구하기도 했다. 하지만 주희도 극찬했던 북송의 정치가 범중엄을 만나 군사에 대한 이야기를 나누다가 장재의 학문적 소양을 알아본 범중엄으로부터 《중용》 한 권을 받은 일이 계기가 되어 학문에 정진하기 시작했다. 37세 때 진사가 되어 벼슬에 나아갔지만 낮은 벼슬에 머물면서도 늘 높은 뜻을 지닌 성리학자로 일생을 살았다. 삶에 대한 장재의 자세는 그가 쓴 〈네 가지를 위하여〉라는 글에 잘 드러나 있다. 장재가 말한 네 가지는 "천지를 위해 마음을 먹고, 백성을 위해 도를 세우며, 옛 성현을 위해 끊어진 학통을 잇고, 앞으로 올 긴 세월을 위해 태평시대를 연다"였다.

장재는 만물의 본질뿐 아니라 현실의 모든 존재와 현상까지도 기로 설명하는 기일원론을 만들었다. 그는 우주 전체가 한 치의 빈틈없이 기로 가득 차 있다고 보았다. 기의 본모습인 '태허의 기'는 형체가 없지만 그 '태허의 기'가 모이면 만물이 되고 흩어지면 다시 태허로 돌아간다. 따라서 '태허의 기'와 우리가 사는 현실 사물의 기는 양태가 다를 뿐 하나의 기이다. 그런 점에서 온갖 사물이 생겨났다 사라지는 것은 다만 기가 잠시 모였다가 흩어지는 것일 뿐이다. 그리고 그 기는 처음부터 그대로 있는 것이어서 어디서 생겨나거나 없어지는 것이 아니다. 그래서 장재는 우주에는 모이고 흩어지는 일만 있을 뿐 생겨나고 없어지는 일은 없다고 했다. 그리고 기가 모였다가 흩어짐을 되풀이하는 것은 어쩔 수 없어서 그렇게 되는 자연현상이며, 하나의 기 속에 들어 있는 서로 상반된 두 측면인 음과 양이 만들어내는 끝없는 변화일 뿐이다.

이 같은 장재의 기철학에는 한나라 말부터 엄청난 세력으로 커져버린 불교와 노장사상에 대한 대결의식이 들어 있다. 도덕을 부정하는 노장철학을 표현하는 개념이 '허(虛)'와 '무(無)'였다면,

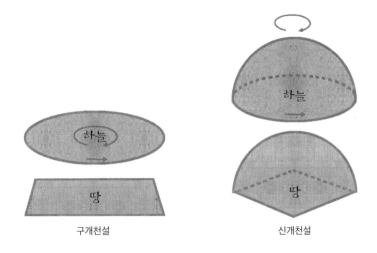

구개천설   신개천설

현실을 부정하는 불교철학을 표현하는 개념이 '공(空)'이었다. 그렇기 때문에 장재는《정몽》에서 "'허'니 '공'이니 하는 것이 곧 기라는 사실을 안다면 없다고 말할 수 있는 것은 아무 것도 없다"고 했다. 이 말은 앞에서 본 것처럼 온 우주가 기로 가득 차 있다는 생각을 바탕으로 불교와 노장사상이 내세우는 '허'와 '공'을 비판한 것이다.

    장재가 우주 전체를 기로 가득 찬 공간으로 이해할 수 있었던 기반은 중국 고대부터 여러 형태로 발전해온 천문학 이론이었다.《열자》와《회남자》는 우주 생성에 대해 기가 뒤섞인 상태였다가 맑고 가벼운 기는 위로 떠올라 하늘이 되고 탁하고 무거운 기는 아래로 가라앉아 땅이 되었다고 했다. 그리고《예기》에서는 '하늘은 둥글고 땅은 모나다'는 개천설을 말했다. 개천설은 둥근 하늘과 네모난 땅이 아래 위에서 서로 평행하게 있는 모습이다. 그리고 해와 달과 별은 둥근 하늘에 매달려 있기 때문에 떨어지

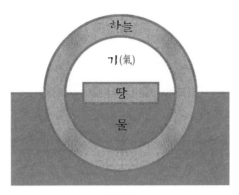

혼천설

지 않는 것이라고 생각했다. 그 뒤 한무제 때 천체 관측 기구 혼
천의와 함께 혼천설이 나왔다. 장형은《혼천의》에서 '혼천은 달걀
과 비슷하다. 달걀 껍질은 하늘에 해당하고 노른자는 땅에 해당
한다. 하늘의 모습은 탄환처럼 둥글면서 땅을 둘러싸고 있다. 하
늘의 밖과 안에는 물이 있다'고 했다. 물론 혼천설에서도 땅은 여
전히 네모나고 납작한 모습이었다. 하지만 중요한 것은 혼천설은
하늘을 회전하는 공처럼 생각했고 그 공간을 기가 가득 채운다고
본 점이다. 하지만 아직은 여전히 해와 달과 별이 하늘에 매달려
있다는 생각을 버리지 못했다.

　하늘을 가득 채운 것이 기라는 생각은 선야설에서 잘 드러
난다. 선야설에 따르면 하늘은 고체가 아니라 끝없는 기의 공간
이다. 따라서 매달릴 곳이 없어진 해와 달과 별은 둥둥 떠다니는
모습으로 이해되었다. 하지만 선야설은 하늘을 고체가 아니라고
봄으로써 하늘을 부정한 것으로 비쳐졌기 때문에 이론 싸움에서

질 수밖에 없었을 것이다. 이 같은 천체론 논쟁은 혼천설의 승리로 돌아갔다. 하지만 중요한 것은 공간을 가득 채우는 것이 기라는 생각이고 해와 달과 별도 매달려 있는 것이 아니라 기가 받쳐주는 힘 때문에 우주 공간에 떠 있는 것이라고 이해한 점이다. 장재가 불교의 '공'이나 노장의 '허', '무'를 비판한 데에는 바로 이러한 천문학적 성과가 큰 힘이 되었다.

그렇다면 장재는 사람에 대해서는 어떤 생각을 했을까? 장재도 성리학자이며 성리학은 인간을 모든 논의의 중심에 놓는 사유 체계다. 다만 장재는 다른 성리학자들과 달리 기일원론의 입장에 서 있을 뿐이다. 그는 인간의 본성을 천지지성과 기질지성으로 나누었다. 이 두 가지는 본질인 태허의 기와 그 기가 모여 만들어진 현실 사물의 기에 해당한다. '천지지성'은 인간이라면 누구나 태허의 기를 받아 태어나기 때문에 갖게 되는 본질적인 본성이다. 하지만 현실의 인간이 지니는 서로 다른 모습과 인품의 차이는 '기질지성' 때문이다. '기질지성'은 여러 가지 현실의 제약 때문에 '천지지성'의 본모습을 가리기 쉽다. 그래서 장재의 관심은 어떻게 하면 이 기질의 성을 잘 조절하고 변화시켜서 '천지지성'을 회복할 수 있느냐에 모아졌다. 이 논의는 나중에 주희가 인간의 본성을 '본연지성'과 '기질지성'으로 구분하는 데 결정적인 영향을 주었다.

장재는 또 '심통성정'을 주장했다. '심통성정'이란 마음이 사람의 본성과 그 본성이 밖으로 드러난 감정을 다 통합한다는 뜻이다. 장재는 이 말의 의미를 분명하게 하지는 않았다. 다만 마음을 인식의 주체로 놓고, 마음 안에 본성이 있으며 그 본성의 작용 또한 마음속 움직임으로 본 것은 분명하다. '심통성정'은 뒷날 마음과 인간 본성에 대한 논의가 성리학의 핵심 주제가 되면서 매우 다양한 의미로 확대해석되었다. 예를 들어 마음 가운데 도덕적 본성과 함께 욕망이나 감정이 모두 포함되어 있다는 해석도 나오고, '통'을 '거느린다'는 뜻으로 해석해서 마음이 본성과 감정을 통솔한다고 풀기도 했다. 이 논의 또한 주희의 이론에 큰 영향을 미쳤다.

인식에 대한 장재의 견해도 매우 빼어나다. 장재는 인식을 보고 듣는 경험을 통해 얻어지는 앎과 도덕적인 앎으로 나누었다. 감각경험을 통한 앎이 현실에서의 인식이라면, 도덕적인 앎은 타고난 인식으로써 태허지기에 대한 인식이다. 물론 차원 높은 것은 도덕적인 앎이지만, 장재는 감각 경험을 통한 앎이 발전해서 도덕적인 앎이 되는 것은 아니라고 했다. 오히려 형체 없는 '태허의 기'가 현실로 드러나는 법칙을 잘 살펴서 도덕적인 앎을 깨달을 수 있다는 입장이었다. 이런 점에서 장재는 만물의 본질인 '태허의 기'와 현실 사물의 기가 하나라고 하면서도 '기질지성'과 '감각 경험을 통한 앎'을 지나치게 낮추어 봄으로써 주희가 '태허지기'를 태극 또는 리로 바꾸는 빌미를 주었다.

장재는 만물이 생겨나서 자라고 죽는 과정 모두가 기의 변화라고 생각했다. 그리고 그 기는 처음부터 있었던 것이며 없어지지도 않는 것이다. 따라서 장재는 모든 변화의 원인 또한 기 자체에 있다고 보았다. 이 같은 생각은 세상을 창조한 신이 세상 밖에 존재한다고 보는 서구적 세계관과 엄청난 차이를 보인다. 이런 점에서 볼 때 우주는 처음부터 영원한 생명으로 가득 찬 기의 율동일 뿐이다. 그래서 장재는 '모여도 내 몸이고 흩어져도 내 몸이니 죽음이 끝이 아니라는 사실을 아는 사람은 더불어 인간의 본성에 대해 말할 수 있다'고 했다. 사람 입장에서 보면 '태허의 기'가 모여 내 몸이 만들어지고 다시 그 몸이 흩어져 죽음에 이르는 것이지만 기의 입장에서 보면 아무런 차이도 없는 변화 과정일 뿐이다. 그렇기 때문에 다시 '모든 사람이 나와 한겨레요 만물이 내 짝'이라고 했다. 장재에게는 만물이 모두 기로 이루어져 있는 현실에서 나와 나 아닌 것의 구분 또한 의미 없는 일이었다. 그래서 '살아서는 주어진 일에 열심이고 죽어서는 마음 편안하다'고 할 수 있었다.

장재의 기철학은 뒷날 주희의 이기론에 영향을 주었지만 리 중심 철학에 종속되어 그 하위 단위를 설명하는 논리로 떨어지고 말았다. 하지만 명나라의 왕정상, 청나라의 왕부지와 대진, 조선의 서경덕, 일본의 오시오 헤이하치로(大鹽平八郎) 등에게 큰 영향을 미쳤다.

자연 변화와 하나 된 편안한 삶

다음은 주역을 바탕으로 수리철학과 기철학을 전개한 소옹을 보자. 소옹은 범양에서 태어나 낙양에서 살았고 나이는 북송오자

가운데 가장 많았다. 그는 여러 차례 벼슬을 받았지만 나아가지 않고 재야에 묻혀 지내면서 학문에 전념했다. 가난하게 지내면서도 마음을 다해 부모를 모셨고, 학문에 대한 즐거움을 놓지 않았다. 그래서 그의 어려움을 안타까워 한 사마광을 비롯한 주위 사람들이 집을 마련해주었는데, 소옹은 그 집을 '안락와'라 이름 붙이고 스스로도 안락 선생이라 불리기를 좋아했다. '안락와'는 편안한 움막이라는 뜻이다.

그는 자유로운 영혼이었다. 술을 마시다 흥에 겨우면 문득 시를 짓고 노래를 했다. 귀족이든 노비든, 어른이든 아이든 그의 인품에 탄복한 많은 사람들이 그를 따랐다. 《자치통감》을 지은 당대의 역사가 사마광은 소옹을 형처럼 섬겼고, 마을 사람들은 소송할 일이 있으면 관청으로 가기보다 소옹을 찾아가 옳고 그름을 가려달라고 부탁했다. 소옹을 찾았던 정호와 정이 형제는 그의 맑은 인품과 깊은 학문에 놀랐으며, 소옹이 죽었을 때 비문을 쓴 정호는 소옹의 학문을 '안으로는 성인의 학문이오, 밖으로는 임금의 학문'이라고 평했다.

소옹은 일찍이 도가 계열 학자인 이지재에게 천문과 역수를 배웠고 《주역》을 기반으로 상수철학을 펼쳤다. 본래 《주역》은 해석 관점에 따라 상학파, 수학파, 리학파로 갈라졌다. 상학파는 괘의 모양이 갖는 '상'을 중시하는 학파로써 '상'은 이미지 또는 상징성을 의미한다. 수학파는 음양 - 사상 - 8괘 - 64괘처럼 수를 가지고 변화를 설명하는 학파이고, 리학파는 오로지 도덕 관점에서 해석하는 학파로써 대부분의 성리학자들이 여기에 해당한다. 그 가운데 상학파와 수학파는 자연의 변화를 보는 관점이 비슷했기 때문에 구분지어 부르기보다는 두 학파를 합쳐서 상수학파라고 불렀다. 특히 소옹은 일반 성리학자들처럼 인간의 관점에서 사물을 보는 것이 아니라 사물의 관점에서 사물을 볼 것을 주장했다. 이 같은 관점은 객관적이며 과학적인 관점이기도 했다.

수를 가지고 세계를 해석한 대표적인 예는 《주역》, 〈계사전〉에 나오는 태극(1) – 양의(2) – 사상(4) – 8괘(8) – 64괘의 도식이다. 이 도식은 태극으로부터 만물이 나오는 과정에 대한 설명이다. 소옹은 여기에서 한 걸음 더 나아가 세상 모든 현상의 전개를 수리로써 해석하는 《황극경세서》를 지었다. 뒷날 독일의 철학자 라이프니츠는 이 책에서 힌트를 얻어 《주역》이 이진법의 원리로 되어 있음을 밝혔다.

소강절은 세상이 만들어진 처음부터 먼 훗날까지를 수로 설명할 수 있다고 생각했다. 그는 세상의 변화를 12와 30의 반복으로 설명했다. 오늘날은 하루가 24시간이지만 전통시대에서는 12개의 띠를 가지고 12간지로 나누었다. 그 12시간이 30개 모이면 한 달이 되고, 한 달이 12개 모이면 1년이 되며, 1년이 30개 모이면 1세대가 되고, 1세대가 12개 모이면 1운(運)이 되며, 1운이 30개 모이면 1회(會)가 되고, 1회가 12개 모이면 1원(元)이 된다. 따라서 1원은 12만 9600년으로 이 같은 변화의 마지막 단위이지만, 우주 자연의 변화는 여기에서 끝나는 것이 아니라 시간이 무한한 것처럼 또 다시 새로운 1원을 향해 변화를 시작한다고 생각했다. 이런 관점은 전통적인 순환적 세계관을 보여주는 셈이다.

소옹은 상수철학을 통해 미래의 변화를 예측했다고 한다. 그 가운데 하나가 천진 다리 위에서 두견새가 우는 소리를 듣고 세상이 시끄러워질 것을 예견했다는 것이다. 그가 예견한 혼란은 왕안석이 신법을 실시하면서 생긴 사회적 혼란이었다. 소옹은 또 어느 겨울날 앞뜰에 있는 매화나무에 앉은 새 두 마리가 싸우는 모습을 보고 다음 날 한 여자가 주인 몰래 꽃을 꺾다가 정원을 관리하는 하인에게 들켜서 도망가던 중 넘어져 다리를 다칠 것을 예견하기도 했다.

소옹은 우리 앞에 벌어지는 모든 변화는 음과 양이 어우러진 결과일 뿐이라고 생각했다. 하지만 그 안에 사람의 마음 작용이 담겨있다는 것이다. 그런 점에서 모든 현상의 근본 원인은 다 내 안에 있다. 그러나 소옹은 내 마음으로 만물의 마음을 본다고 하면서도 마음이 아니라 이치를 가지고 사물을 보아야 하며, 궁극에는 내 마음을 비워버려서 사물의 입장에서 사물을 보라고 했다. 사람이 온 세상 변화에 함께하기 위해서는 내 마음을 뺀 상태에서 생겨나는 맑고 텅 빈 경지가 필요하며 자신을 없앴을 때 비로소 자연과 하나가 될 수 있다는 것이다. 위대한 사람일수록 자신을 버리는 법이다. 인류 역사 속에는 민족이나 인류를 위해 가족 뿐 아니라 자신의 목숨까지 스스럼없이 희생한 많은 사람들이 있다. 독립운동가나 구국의 영웅들이 모두 그러한 사람들이다. 불교에서 집착을 끊고 분별하는 지혜를 버렸을 때 비로소 무분별의 지혜가 생기며, 그 무분별의 지혜를 통해 정말 참다운 선악의 구분이 가능해진다고 하는 논리와도 같은 셈이다. 이처럼 소옹은 내 마음을 버리고 사물을 사물의 입장에서 볼 때 우주의 참다운 생성 변화에 함께 할 수 있다고 했다.

그의 생각은 그가 지은 《자여음 격양집》에 잘 나타나 있다. 소옹은 '몸은 하늘과 땅보다 뒤에 생겼지만 마음은 하늘과 땅보다 앞서 생겼다. 하늘과 땅이 나로부터 생겨나서 스스로 남음이 있으니 무슨 말이 필요하리오'라고 했다. 그는 온 세상의 중심이 자신이며 내 자신의 중심이 마음이라고 보았으면서도, 그 마음을 자기중심적 사고로 채우는 것이 아니라 비워버림으로써 우주 자연과 하나됨을 이룰 수 있음을 말한 것이다.

서로 다른 길을 간 두 형제

다음은 '두 명의 정 선생'이라고 불린 정호와 정이 형제를 보자. 두 사람은 아버지가 남안에서 벼슬할 때 알게 된 주돈이에게 부탁하여 함께 그 제자가 되었지만 서로 다른 학문의 길을 갔다. 두 사람은 한 살 차이였으나 성격이 매우 달라서 형인 정호는 시원시원했고 동생인 정이는 꼼꼼했던 모양이다. 하루는 두 형제가 잔치 자리에 갔다가 형이 술에 취해 남들이 얼굴 찌푸릴 언동을 했다. 다음 날 동생이 형에게 어제 저녁 일을 말하며 나무라자 형은 '너는 아직도 그 일을 생각하느냐? 나는 벌써 다 잊었는데…' 라고 했다는 것이다. 이런 일화가 두 사람의 다른 성격을 잘 보여준다. 그래서 사람들은 정이는 '추상열일(秋霜烈日)'이고 정호는

'춘풍화기(春風和氣)'라고 평가했다. '추상열일'을 남북조 시기 강엄의 글에 나오는 표현으로 가을의 찬 서리와 여름의 뜨거운 햇살처럼 형벌이 엄하고 권위가 있는 모습을 비유한 것이다. 그리고 '춘풍화기'는 봄바람처럼 훈훈한 기운을 뜻한다. 이 같은 성격 차이는 학문 사상에도 그대로 드러난다. 정이가 이원론의 입장에서 사물을 꼼꼼히 분석하고 체계적인 이론을 만들어간 반면 정호는 일원적인 입장에서 직관적이며 융합적인 이론을 내놓았다. 뒷날 정호는 육상산과 왕수인에게 많은 영향을 주었고 정이는 주자에게 큰 영향을 주었다.

두 사람 가운데 먼저 정호의 철학을 살펴보자. 정호의 호는 명도(明道)이며 하남성 낙양에서 태어났다. 그는 제자백가와 불교에도 관심이 많았지만 결국 유학으로 돌아와 자신의 학문을 만들었다. 26세 때 진사가 되어 여러 군데 지방관을 지냈는데, 산서성 진청현 수령으로 있을 때는 '백성 보기를 다친 사람 보듯 한다'는 신념으로 백성 중심의 정치를 펼쳤고, 백성들 또한 부모처럼 따랐다고 한다. 한때 중앙정부 관리가 되기도 했지만 왕안석과 뜻이 맞지 않아 다시 지방관으로 돌아갔다. 철종이 즉위하고 사마광이 재상이 되자, 조정에 등용될 기회를 얻었지만 뜻을 이루지 못하고 병으로 죽었다.

그는 '하늘의 법칙이 곧 이치'라고 함으로써 자연법칙과 도덕법칙을 하나로 이해할 수 있는 길을 열었고, '인간의 본성이 곧 이치'라는 정이의 성즉리(性卽理)론으로 이어졌다. 하지만 정호는 하늘의 법칙을 음양을 통해 이해하려 했고, 그런 입장에서 자연의 이법과 그것을 담는 현실을 하나로 보았다. 이 같은 생각이 이기일원론으로 나아갔다. 그는 현상 세계의 모든 사물은 음과 양 두 기의 작용에 따라 만들어지고 없어지는 것이며, 그러한 과정 전체는 자연스러운 것이라고 보았다. 그가 '하늘의 법칙이 곧 이치'라고 한 말은 《주역》에서 음이었다가 양이었다가 하면서 음과 양이 서로 번갈아 드러나는 것을 도(道)라고 했던 생각과 통한다. 그리고 그런 관점이 이기일원론이었다.

정호는 이런 생각 위에서 인(仁)을 설명하는 독특한 이론을 만들었다. 그는 모든 만물이 하나가 된 상태를 '인'이라고 해석했고, 모든 만물의 밑바탕에 들어 있는 생명력 또한 '인'이라고 보았다. 그런 입장에서 정호는 팔다리가 저리거나 마비된 현상을 의학에서 불인(不仁)이라고 한 것은 '인'에 대한 훌륭한 설명이라고 했다. 왜냐하면 팔다리가 저리거나 마비된 상태는 생명력이 이어지지 못한 데 원인이 있다고 보기 때문이었다. 따라서 그러한 생명력이 내 온몸 안에서만이 아니라 만물에까지 미친 상태가 '인'의 완성이다. 그러므로 "'인'을 깨우치는 일은 만물과 하나가 되는 일이며, 천지자연의 이치와 내 이치가 하나가 되는 일"이다. 따라서 정호의 공부론은 내 안에 있는 '인'을 오직 정성됨과 경건함으로 지켜내는 일이었으며, 그 결과로 우주 안에 가득 찬 생명력을 깨달을 수 있다고 보았다.

다음은 정이의 삶과 사상을 살펴보자. 정이는 국자감 학생으로 있을 때 '안연이 좋아했던 학문은 무엇인가'라는 문제에 쓴 답이 당시 국자감 책임을 맡았던 호원을 놀라게 했다. 그 뒤 사마광의 추천으로 국자감 교수를 지냈고 철종을 가르치는 등 여러 벼슬을 역임했다. 왕안석의 신법을 반대하여 구법당에 들었고, 소동파와도 뜻이 맞지 않아 제자들이 당쟁을 일으키면서 소동파의 촉당과 맞서는 낙당의 영수가 되었다가 사천성 부주로 귀양을 갔다. 그러나 귀양지에서도 학문 연구를 게을리 하지 않아서 그의 사상의 결산이라고 할 수 있는 《정씨역전》을 지음으로써 리 중심 철학을 완성했다.

정이의 인품과 학문을 잘 보여주는 몇 가지 일화가 있다. 그가 어린 황제를 가르치던 어느 봄날 황제는 아무 생각 없이 버들가지를 꺾으며 놀았다. 그러자 이를 본 정이는 "봄이 되어서 이제 막 물이 오르기 시작한 생명을 아무런 이유 없이 꺾으시면 안 됩니다"라고 하면서 정색을 하고 훈계를 했다. 아무 것도 아닌 버들가지이지만 생명에 대한 존중을 잘 볼 수 있으며 또한 황제에게도 스승으로서의 책무를 다하는 꼿꼿한 성품을 잘 드러내는 일화다. 이 같은 엄격함은 그의 사상에 그대로 나타난다. 그는 어떤 제자가 굶어 죽을 지경에 이른 과부가 재가하면 어떻겠느냐고 묻자, 아무 망설임도 없이 '굶어죽는 것은 지극히 작은 일이지만, 절개를 잃는 것은 지극히 큰일'이라고 답했다. 이 말은 성리학이 추구하는 도덕적 가치가 목숨보다 더 중요하다는 의미를 담고 있지만, 뒷날 도덕으로 인간의 근본적인 욕망마저 누르는 중요한 입론이 되었다.

정이와 관련된 또 하나 유명한 일화는 '정문입설'의 고사이다. '정문입설'이란 '정 선생님 문 앞에서 눈이 쌓이도록 기다렸다'는 뜻이다. 어느 날 정이의 제자 양시가 스승을 찾아뵈었다. 그런데 방안에서 고요히 명상에 잠긴 스승의 모습을 본 양시는 명상에서 깨어날 때까지 기다렸는데 그사이 무릎까지 눈이 쌓였다고 한다. 이 이야기를 통해 스승과 제자 사이의 넘어서기 어려운 엄격함과 스승에 대한 제자의 크나큰 경외심을 볼 수 있다.

정이는 리 중심 철학을 만듦으로써 중국 사상사에 큰 영향을 남겼다. 그는 《주역》, 〈계사전〉에 나오는 "한번 음이 되고 한번 양이 되는 것을 도라고 한다"는 말을 기존 해석과 달리 "한번 음이 되게 하고 한번 양이 되게 하는 것을 도라고 한다"라고 새롭게 풀었다. 그는 그 이전까지 음양의 변화를 그대로 도라고 생각했던 것과 달리 '음양의 변화'와 '음양의 변화를 일으키는 것'으로 나누고 '음양의 변화를 일으키는 것'을 도라고 했다. 그리고 도는 형체가 없는 형이상의 존재로써 리이고, 음양은 형체가 있는 형이하의 존재로써 도를 담는 그릇이라고 했다. 따라서 도와 리가 현실의 그릇인 음양 속에 담겨 있음을 인정하면서도 두 존재를 엄격하게 구분하는 이기이원론을 통해 리와 기를 다른 가치를 지닌 존재로 나누어버렸다. 이것이 바로 정이가 만든 리 중심 철학이다.

정이는 만물이 형체 없는 도, 즉 리에서 생겨난 것이며, 따라서 만물은 모두 그 안에 리를 가지고 있다고 보았다. 이것이 만물이 지닌 리의 보편성이며 동질성의 근거다. 하지만 만물은 다른 한편으로 기를 받아 형체를 갖추게 되며 이것이 만물의 차별성이 나오는 근거다. 이처럼 만물은 형이상의 리와 형이하의 기를 동시에 갖추었다. 그런데 정이는 만물을 만들어 내는 근원으로써의 리와 만물 각각의 개별 사물 속에 들어 있는 리를 '리일분수'로 설명했다. '리일분수'는 근원으로써의 리는 하나지만 여기서 갈려 나온 리는 천 갈래 만 갈래로 갈라진다는 뜻이다. 그래서 '리일의 리'는 기와의 결합을 빼버린 채 근원으로써의 리만 가리키는 것이고, '분수의 리'는 기 속에 들어 있는 리를 가리킨다.

정이는 이기론을 사람에게도 그대로 적용했다. 무엇보다도 《중용》에서 "하늘로부터 받은 것을 본성이라 한다"고 한 말을 가져와서 이것이 인간의 근원적인 본성이며, 그 본성이 곧 이치라는 뜻에서 '성즉리'를 내걸었다. '성즉리'는 그 뒤 성리학의 가장 기본 명제가 되었다. 그는 또 본성이 선하다고 했던 맹자의 주장을 받아들여 하늘로부터 받은 인간의 본성은 절대적으로 선하다고 보았다. 하지만 현실의 인간은 선한 모습만 보이는 것이 아니다. 정이는 현실 인간은 기를 받아 모습을 갖추기 때문에 본성 또한 기질에 가려진다고 보아서 그 본성을 '기질지성'이라고 불렀다. '기질지성'이란 엄격한 입장에서는 본성이 아니라 감각적 생리적 본성을 포함한 것이다. 정이가 이처럼 인간의 본성을 두 가지로 나눈 것은 인간의 본성을 '천지지성'과 '기질지성'으로 나누었던 장재의 영향으로 보인다.

정이는 또 본성을 깨달아서 성인이 되는 공부 방법으로 내면의 경건성을 지키는 공부와 바깥 사물의 이치를 깨달아가는 공부 두 가지를 제시했다. 내면의 경건성을 지키는 공부는 마음을 기르는 공부로써, 병에 비유한다면 병 속을 맑은 물로 가득 채우면 더러운 물이 들어갈 수 없듯이 마음을 도덕심으로 가득 채워 욕심이 끼어들지 않게 하는 공부다. 정이는 구체적인 공부 방법으로 마음을 한곳으로 모아서 바깥 사물에 이끌려 욕심이 일어나지 않게 하라고 했다. 또한 바깥 사물의 이치를 깨달아 가는 공부는 일이든 물체든 그 속에 담긴 이치를 깨달아 감으로써 내 앎을 완성하는 공부다.

사물의 이치를 깨달아 가는 공부법을 좀 더 살피면 정이는 앎을 두 종류로 나누었다. 하나는 사물 안에 있는 보이지 않는 이치를 깨달아 가는 '덕성에 대한 앎'이고 다른 하나는 감각을 통해 '보고 들어서 알게 되는 앎'이다. '덕성에 대한 앎'이 도덕적 앎이라면 '보고 들어서 알게 되는 앎'은 경험적 지식인 셈이다. 두 종류의 앎 가운데 정이가 이루고자 했던 것은 '덕성에 대한 앎'이었다. 정이는 이 논리를 사물의 이치를 깨달아 가는 격물치지 이론에 적용했고, 정이의 격물치지 공부법은 주희 격물치지 이론의 토대가 되었다.

내면의 경건성을 지키는 공부법과 사물의 이치를 깨달아 가는 공부법, 이 두 가지는 '거경궁리(居敬窮理)'라는 말로 압축되어 성리학자들의 공부법을 표현하는 대표적인 말로 자리 잡았다. 성리학자들은 이 두 가지 공부법을 통해 천인합일의 경지에 이르러 마침내 성인이 될 수 있다고 생각했다. 하지만 이 두 가지 공부법은 서로 다른 것이 아니라 한 목적을 이루기 위한 보완적인 방법일 뿐이다. 그리고 도덕적 앎은 도덕적 실천을 위한 것이었다. 정이는 도덕 실천보다 도덕적 앎이 더 중요하다고 하면서도 도덕적 실천과 도덕적 앎이 모두 어려운 일이라고 했다. 그리고 공부 순서에 대해서는 도덕적 앎이 먼저이고 도덕적 실천이 나중이라는 입장을 취했다. 이 같은 논의는 모두 주희에게 큰 영향을 주었다.

우연을 필연으로 만든 송학

성리학의 토대를 닦은 주돈이, 장재, 소옹, 정호, 정이 다섯 사람이 없었다면 성리학이 나올 수 있었을까? 쉽지 않은 일이었을 것이다. 왜냐하면 이 다섯 사람 모두 각자의 독특한 학문 세계를 이루었고, 그 철학들이 주희의 사상 속에서 집대성되어 나온 것이 성리학이기 때문이다. 그렇다면 북송오자 사이에 학문적 교류가 없었다면 성리학이 나올 수 있었을까? 그 또한 어려운 일이었을 것이다. 그들 사이에 학문적 교류가 있었기 때문에 새로운 학문으로 한 단계 올라서는 계기가 될 수 있었다. 그런 점에서 북송오자가 비슷한 시기에 멀지 않은 지역에 태어난 것은 우연이겠으나 그 우연이 성리학의 토대를 만든 것은 필연이었다.

먼저 그들이 태어나 살아간 시기를 보자. 송나라는 모두 18명의 임금이 있었고 그 가운데 9명이 북송 시기 황제에 해당한다. 북송오자는 그 가운데 3대 임금인 진종과 4대 임금인 인종 때 모두 태어났고, 가장 나이 많은 소옹부터 가장 나이 적은 정이까지의 차이가 22년이니 한 세대 안에 있는 셈이다. 소옹보다 주돈이가 여섯 살 적고 장재는 아홉 살 적고, 정호와 정이가 각각 21년과 22년 차이가 난다. 또한 그들이 세상을 떠난 것을 보면 주돈이가 56세 때 죽고, 그 4년 뒤 소옹이 66세의 나이로 죽었으며, 다시 그 1년 뒤 장재가 58세의 나이로 세상을 떠났다. 그리고 그로부터 7년 뒤 정호가 53세 때 세상을 떠났고 정이는 73세까지 살았으니 주돈이로부터 무려 34년 뒤에 세상을 떠난다. 앞의 네 명이 다 세상을 떠난 뒤에도 22년을 더 산 셈이다. 이 점은 정이가 네 명의 철학을 정리해서 주희로 이어지는 중간 디딤돌 역할을 하기에 충분한 시간이었던 셈이다.

더구나 이들은 하남성과 호남성, 섬서성이 활동 지역이어서 그렇게 멀지않은 곳에 모여 있었다. 주돈이는 호남성 사람이고, 장재는 하남성에서 태어나 섬서성에서 살았으며, 소옹은 산서성 위에 있는 하북성에서 태어났으나 하남성 낙양에서 활동했고, 정호와 정이는 하남성에서 태어나 정호가 하남성 바로 위에 있는 산서성에서 벼슬을 했다. 그래서 다섯 사람은 같은 시대를 살면서 만날 수 있었다.

또한 다섯 사람은 여러 가지 연결 고리를 가졌다. 정호와 정이 형제를 중심으로 보면 두 사람은 아버지가 남안에서 벼슬할 때 주돈이를 알게 된 인연으로 주돈이의 제자가 되었고, 소옹에게서도 학문을 배웠다. 그리고 장재와는 외종 사촌으로 여러 차례 만나서 학문에 대해 토론을 주고받았다. 그런 점에서 본다면 주돈이, 소옹, 장재가 스승에 가깝고 정호와 정이는 제자인 셈이다.

그 가운데서도 주희에게 가장 큰 영향을 준 사람은 정이다.

성리학을 정주학이라고 부를 때 '정'은 정호와 정이 형제를 가리키지만 주희에게 큰 영향을 준 점에서는 정이를 가리킨다고 보아야 한다. 바로 그 두 사람 정호와 정이의 제자 양시가 나종언에게, 나종언이 이연평에게, 이연평이 주희에게 학문을 전함으로써 비로소 북송오자의 학문이 주희에게 전해졌다. 그런 점에서 북송오자는 주희에 의해 동아시아의 보편적 세계관이 된 성리학의 토대를 다진 사람들이다.

『요즘 우리가 가려는 길이 세상 사람들로부터
배척당하면서 힘도 약해졌습니다.
그럼에도 그 길을 향한 뒷사람들의 대단한 열의는
하늘의 뜻이라 하겠습니다.
늙고 병든 제가 삶의 막바지에 이르러서도
게으름을 피우지 못하는 것은 바로 그 때문입니다』

주희

동아시아 중세 보편적 세계관의 창시자

복건에서 나서 동아시아의 산맥이 되다

동아시아 전통사상의 중심축은 유교, 불교, 도교이다. 그 가운데서도 근대 이전 시기의 정치, 경제, 사회, 문화 전반에 가장 큰 영향을 미친 것은 유교, 특히 성리학이며, 그 영향의 중심에 서 있는 사람이 바로 주희(朱熹, 1130~1200)이다. 주희는 앞 선 유학자들, 특히 북송오자들의 사상을 합쳐 성리학을 완성함으로써 유학의 방향을 새롭게 바꾼 사람이다. 그래서 성리학을 다른 이름으로는 주자학이라고도 부른다. 주자란 주희의 성에다 공자, 맹자 같은 최고 존칭을 붙인 것이며, 주자학이란 주희의 사상 전체가 곧 하나의 학문 체계이자 학문의 대상이 된다는 뜻이다. 성인으로 높여지는 공자와 맹자 경우에도 공자학이나 맹자학이라 부르는 경우가 흔치 않은데, 주희의 학문을 주자학이라고 한 것을 보면 그의 학문에 대한 뒷사람들의 평가가 어느 정도인지 잘 알 수 있다. 사실 주자학은 12세기 이후 동아시아 전체를 뒤덮는 보편적 세계관이었고 그 영향은 오늘날까지도 동아시아 대부분의 나라에 크게 미치고 있다. 그런 점에서 주희는 동아시아 사상계의 큰 산맥인 셈이다.

주희는 1130년 복건성 우계현에서 아버지 주송과 어머니 축씨의 셋째 아들로 태어났다. 그의 조상은 대대로 지금의 안휘성 휘주 지역에 살았지만 아버지 주송이 전란을 피해 임시로 그곳에 머물 때 태어난 것이다. 하지만 두 형이 모두 어려서 죽었기 때문에 저절로 장남이 되었다. 관례를 거쳐 그에게 주어진 자는 원회 또는 중회였고, 호는 가장 잘 알려진 것이 회암이고 그 밖에도 회옹, 운곡산인, 창주병수, 둔옹 등이 있다.

주희는 5세 때 본격적으로 공부를 시작했는데, 어릴 때부터 남다른 구석이 많았던 모양이다. 그는 당시 자신이 가졌던 문제 의식에 대해 훗날 "나는 5, 6세부터 생각에 잠겨 괴로워했다. 대체 천지사방의 바깥은 어떻게 되어 있을까? 사람들은 사방이 끝이 없다고 하지만 나는 꼭 끝이 있을 것만 같았다"고 했다. 그리고 10세 때 유가 경전을 읽기 시작하면서 공자를 숭배 대상으로 삼았다. 그래서 '하늘이 공자 같은 성인을 내지 않으셨더라면 세상은 밤처럼 어두웠을 것이다'라고 하면서 자신도 공자, 맹자 같은 성인이 되리라고 마음먹었다.

당시 송나라는 중국의 북쪽 지방을 장악한 금나라에 몰려 황제가 여기저기를 떠돌다가 겨우 임안에 새로운 도읍을 세운 상황이었다. 관리였던 주희의 아버지는 주희가 11세 되던 해 점점 세력이 커져가던 금나라와의 화친 정책에 반대하다가 재상 진회의 노여움을 사서 관직에서 쫓겨났다. 그러고는 건안의 환계정사에 머물면서 자신이 배웠던 정명도 문하의 학문을 아들에게 전했다. 하지만 14세 되던 해 주송이 세상을 떠났고, 그 뒤로는 아버지의 유언에 따라 '건안의 세 선생'이라 불리는 호적계, 유백수, 유병산 세 사람의 가르침을 받았다. 이 무렵 주희는 불교와 노자의 학문에도 흥미를 느껴 참선에 빠지기도 했는데, 이러한 학문 과정이 뒷날 불교와 노장사상을 유학에 들여오는 바탕이 된다.

주희는 18세 때 지방에서 치르는 예비 과거 시험에 합격했고, 이듬해에는 수도 임안에서 치른 본 시험에 급제했다. 그리고 22세 되던 1151년 이부에서 주관하는 임관 시험에 합격해 종9품 주부 벼슬을 받고 복건성 동안현에서 문서 처리 업무를 맡았다. 당시 과거 시험 합격자들의 평균 나이가 35세였음을 감안한다면 주희는 매우 일찍 관직에 나아간 셈이다. 하지만 정치적 후원자도 없는 데다 강직하기만 했던 까닭에 출세와는 거리가 먼 지방 말단 관리에 오래 머물렀다. 그럼에도 7년 동안 동안현의 조세와 감찰 업무를 개혁하고 서원의 학칙을 고쳐 학교교육의 토대를 바로 잡았고, 의례와 관혼상제의 규율을 새로 만들었다.

하지만 초라한 벼슬길과 달리 그의 학문적 성숙은 이 무렵 토대가 생긴다. 젊은 시절 주희에게 가장 큰 영향을 준 사람은 동안으로 부임하기 직전에 만나서 일생의 스승으로 삼은 이동(李侗, 1093~1163)이었다. 이동은 호가 연평이며 송대 유학을 일궈낸 북송오자의 전통을 이어받은 사람으로, 주희에게 정이천의 학문을 전함으로써 주자학이 만들어지는 데 결정적인 역할을 했다. 1158년 주희는 그를 다시 방문했고, 1160년에는 여러 달 동안 함께 지내면서 가르침을 받았다. 그리고 그의 영향 속에서 불교와 도교를 벗어나 유교에 전념하겠다는 결심을 했다.

주희는 28세 때 동안현 주부를 그만두고 고향으로 돌아온다. 그 뒤로도 가끔씩 말단 벼슬을 받기도 했지만 대부분의 시간을 자신의 공부와 제자들 가르치는 일로 보냈다. 때때로 말단의 명목뿐인 벼슬이라도 받은 까닭은 넉넉하지는 못한 봉록이나마 교사와 학자로서의 생활을 꾸려나가는 데 큰 보탬이 되었기 때문이다. 그는 벼슬에 있을 때 가뭄에 대비한 농민 보호 정책과 농지 개혁법을 실시하기도 했지만 가는 곳마다 그가 가장 힘을 기울인 것은 교육이었다. 그래서 1179부터 1181년까지 강서성 남강에 부임해서는 폐허가 된 백록동서원을 재건함으로써 서원이 다시 인재 양성의 기능을 하는 데 큰 기초를 세웠다. 그렇다고 주희가 현실 문제에 관심이 없었던 것은 아니었다. 그는 임금에게 올리는 상소문을 통해 자신의 정치적 견해를 여러 차례 드러내기도 했다. 금나라와의 굴욕적인 화친 정책에 대해 반대 의견을 내기도 했고, 절동제거를 맡았던 53세 때에는 악행과 불법을 일삼는 당중우를 벌주라는 상소를 올렸다. 하지만 당중우는 조정의 실력자 왕회의 인척이었기 때문에 오히려 주희 자신이 중앙의 기득권 관료들로부터 미움을 사는 계기가 되었다.

주희에게도 기회가 없었던 것은 아니다. 65세 되던 해에는 영종 황제가 재상 조여우의 추천을 받아들여 주희를 임안으로 불렀다. 하지만 영종을 황제로 올리는 데 공이 컸던 한탁주가 주희를 중심으로 새로운 세력이 만들어질 것을 우려해서 반대에 나섰고 마침내 45일 만에 몰려나고 말았다. 그해 주희는 복건성 숭안현 무이산에 무이정사를 세운다. 무이산은 복건성 최고의 명산으로 36개의 봉우리와 99개의 암석, 그리고 계곡을 흐르는 물줄기가 8킬로미터에 걸쳐 아홉 굽이를 돌아나가는 절경이다. 주희는 그 가운데 다섯 번째 골짜기에 무이정사를 세우고 제자들을 길렀고, 계곡을 따라가며 그 아름다움을 노래한 〈무이구곡가〉를 지었다. 그리고 여섯 번째 계곡에 있는 향성암 절벽에 《논어》에 나오는 '서자여사(逝者如斯)' 네 글자를 직접 써서 새겨넣게 했다. '서자여사'는 '가는 것이 저 물과 같구나'라는 뜻이다. 주희는 가끔씩 제자들과 배를 타고 계곡을 유람할 때마다 바위에 새겨진 글씨를 올려다보고 마음을 다잡았을 것이다. 아마도 이 사자성어는 바위에 새긴 것이라기보다 벼슬을 놓고 자연으로 돌아온 주희 자신의 마음에 새긴 것이리라.

하지만 한탁주는 이듬해부터 젊은 사람들이 많이 따르는 것을 위협으로 느낀 탓에 주희의 학문을 거짓 학문이라고 비난하면서 탄압하기 시작했다. 사람들은 주희가 쓴 글을 보거나 책으로 만들 수 없었고 주희 자신은 정치 활동 같은 공적 활동이 모두 금지되었다. 심지어 젊은 인재들이 주희를 따르는 데 불안을 느낀 한탁주는 주희가 죽자 장례식조차 참석하지 못하도록 막았다. 그럼에도 주희의 장례식에 1000여 명이나 참석한 것을 보면 주희의 감화력이 어떠했는지를 잘 알 수 있다. 이처럼 주희가 자신의 존재 가치를 보인 것은 관리로서가 아니라 교육자로서 그리고 학자로서였다. 그것은 공자가 정치인이 아닌 스승으로서 자신의 역할을 다한 것과 같다.

주희는 자신의 학문이 거짓 학문으로 몰리는 상황에서도 가까운 친구에게 다음과 같은 편지를 보냈다. "요즘 우리가 가려는 길이 세상 사람들로부터 배척당하면서 힘도 약해졌습니다. 그럼에도 그 길을 향한 뒷사람들의 대단한 열의는 하늘의 뜻이라 하겠습니다. 늙고 병든 제가 삶의 막바지에 이르러서도 게으름을 피우지 못하는 것은 바로 그 때문입니다." 이처럼 주희는 어려운 상황에서도 역사 발전에 대한 낙관적 전망을 가지고 후대 사람들의 역할에 대한 기대를 버리지 않았다.

주희는 1200년 71세의 나이로 죽었다. 그리고 얼마 뒤 그의 학문과 함께 복권되면서 '문'이라는 시호가 내려진 뒤부터 주문공이라 불렸고, 1241년에는 그가 가장 존경하던 공자 사당에 모셔졌다. 더구나 원나라 이후 주희가 편찬한 사서에 대한 해설들이 과거 시험의 모범답안이 되면서 그의 철학 체계 전체는 관학이 되었고, 이 같은 상황이 19세기 말까지 지속되었다. 이러한 현상은 한쪽으로는 사회를 발전시키는 원동력이었지만 다른 한쪽으로는 동아시아 문화를 경직시킴으로써 발전을 가로막는 걸림돌이 되기도 했다.

주희로 모이고
주희에서 시작되는 성리학

주희는 지방 관료로 여기저기 돌아다니면서도 가는 곳마다 많은 제자들을 가르쳤지만, 특히 많은 시간을 민강 유역 건양에서 보냈기 때문에 주희의 학문은 주돈이의 염학(濂學), 정호와 정이 형제의 낙학(洛學), 장재의 관학(關學)과 더불어 민학(閩學)이라 불린다. 그래서 네 학문을 합친 '염락관민'이라는 표현은 곧 성리학을 가리키는 말이 되었다. 그리고 이런 표현은 주희의 학문이 북송 오자 학문의 연장선에 있음을 잘 보여준다.

주희는 성리학의 집대성자이다. 하지만 그가 북송 성리학만 종합한 것은 아니었다. 성리학을 중심에 놓고 그 위에 한나라와 당나라의 경전 해석을 합침으로써 전체 내용을 풍부하게 했고, 여기에 노장사상과 불교의 논리를 들여와 유가사상의 논리 체계를 완성했으며, 문학과 사학 그리고 자연과학의 성과까지를 합쳐 들였다. 이렇듯 주희는 그 이전까지의 모든 학술과 사상을 자기 사상의 체계 속에서 집대성했다. 따라서 그는 중국 사상의 흐름에서 본다면 그 이전이 모두 그에게로 모이고 그 이후가 모두 그로부터 시작되는 핵심 고리다.

그가 지은 책을 중심으로 그가 어떻게 앞의 사상들을 종합해 들였는지 보자. 주희는 먼저 북송 성리학자들의 학설을 자신의 관점으로 해석하고 정리했다. 그 대표적인 사례가 절친한 학문 동반자였던 여조겸과 함께 주돈이, 정호, 정이, 장재의 글 가운데 성리학설이 잘 드러난 622개 항목을 가려 뽑아 14개의 주제로 분류해서 정리한 《근사록》이다. 이어서 주희는 정호와 정이 형제의 어록인 《하남정씨유서》와 《하남정씨외서》를 편찬하고 이 두 사람으로부터 자기에게로 이어진 학문 연원을 《이락연원록》

에서 밝혔다. '이락'이란 정호, 정이 두 사람이 이룩한 낙학을 뜻한다. 또한 《태극도설해》와 《통서해》를 지어 주돈이의 사상을 자신의 관점으로 풀어냈고, 《정몽해》와 《서명해》를 지어 장재의 기철학을 자기 사상 체계로 끌어들였다.

특히 그의 생각은 사서에 대한 북송 성리학자들의 주석을 모으고 여기에 자신의 생각을 덧붙인 《사서집주》와 《사서혹문》에 잘 나타나 있다. 《사서집주》는 사서에 대한 좋은 주석을 모은 책이고, 《사서혹문》은 사서 내용 가운데 문제가 될 만한 대목에 대해 묻고 답하는 형식으로 자신의 생각을 적은 책이다. 이 책들은 모두 주희가 40여 년의 세월을 쏟아부어 완성한 역작이다. 심지어 주희는 세상 떠나기 사흘 전까지도 《대학》의 주석을 다듬는 일에 몰두했다. 주희의 이런 작업에 힘입어 사서는 유교의 가장 중요한 경전으로 자리 잡는다. 사실 송대 학자들이 주목하기 전까지는 오경만 있을 뿐 사서란 표현도 없었고, 각각의 경전 또한 특별한 경전이 아니었다. 《대학》과 《중용》은 《예기》에 들어 있던 한편의 짧은 글이었고 《논어》와 《맹자》는 단행본으로 따로 전해 오던 책이었다. 하지만 북송 성리학자들이 《대학》과 《중용》을 중시하기 시작했고, 여기에 따로 전해져오던 《논어》와 《맹자》를 더해 유교의 핵심 사상을 담은 중요한 책으로 보고 사서로 확정한 것이다. 이후 사서는 오경과 함께 유교의 핵심 경전으로 받들어졌고, 오히려 그 중요성에서 오경보다 더 높여지게 되었다.

이 밖에도 주희는 많은 책을 남겼다. 오경 가운데 《시경》, 《서경》, 《주역》에 해설을 붙인 책을 펴냈고, 문학 방면에서는 《초

사집주》와 《한문고이》를 지었으며, 역사 방면에서는 《자치통감강목》을 지었다. 또한 《역학계몽》과 《주자가례》도 중요한 저술로 꼽힌다. 그 가운데 《자치통감강목》은 북송의 학자 사마광이 편찬한 《자치통감》을 자신의 관점으로 다시 편집하여 펴낸 책으로, 동아시아 전역에서 두루 읽혔을 뿐 아니라 조선에서는 과거 시험의 중요 교재로 쓰였다. 더구나 유럽에서 처음으로 앙리 코르디에(Henri Cordier)가 펴낸 중국 역사책 《중국통사》의 토대가 되었다고 평가된다. 주희가 편찬한 책은 모두 80여 종에 이른다. 그리고 다른 사람들과 토론한 편지글을 포함해서 2000여 편의 편지가 남아 있으며 제자들을 가르치면서 주고받은 대화록이 140편에 달하고, 제자로 손꼽는 학자들이 무려 467명이나 된다. 이처럼 그는 늘 책을 읽고, 연구하고, 글을 썼으며, 제자들을 가르쳤다. 그는 은거할 때마다 '정사'라 이름 붙인, 학문을 연구하고 가르치기 좋은 장소를 복건 지방에 세 군데나 세웠다. 또한 서원 두 곳을 재건했고 여섯 개 서원에서 강의했고, 열세 개 서원의 현판 글씨 또는 그 연혁에 관한 글을 썼다. 그는 스스로를 "게으름을 피우지 못하는 사람"이라고 할 정도로 공부에 열심이었다. 그래서 눈병 또한 늘 그에게서 떠나지를 않았다. 하지만 그가 만든 새로운 유학은 근대 이전까지 동아시아 전체에서 대부분의 지식인들이 따르는 보편적 사상으로 자리 잡았다.

논쟁이 이끈 학문적 성숙

주희가 자신의 이름으로 표현되는 주자학이라는 거대한 학문 체계를 만들어가는 데에는 여러 사람의 도움이 있었다. 그 가운데 하나가 좋은 맞수이다. 우리는 운동 경기에서 좋은 맞수가 있을 때 훌륭한 기록이나 좋은 경기가 나올 수 있다는 것을 잘 안다. 학문의 경우도 마찬가지여서 혼자의 생각과 노력만으로는 편견에 빠지거나 모순투성이의 논리 체계가 되기 쉽다. 하지만 좋은 맞수는 논쟁을 통해 이론을 엄밀하게 다듬어갈 수 있도록 하며, 맞수에게서 받은 자극으로 한 단계 더 높아진 이론 수준을 확보할 수 있다. 그래서 마침내 자신의 사상적 특징이 더욱 분명해지고 논리 체계가 더욱 구체화되는 결과를 얻을 수 있다. 따라서 주희가 세 명의 맞수를 만난 것은 주희의 학문 세계에서 매우 다행스런 일이었다.

그 첫 번째 맞수는 장식(張栻, 1133~1180)이었고, 주희는 장식과 중화논쟁(中和論爭)을 벌였다. 중화논쟁이란 마음을 어떻게 보존하고 길러갈 것인가에 대한 논쟁이었고 사서 가운데 하나인 《중용》에 대한 이해가 그 시작이었다. 《중용》에서는 "희로애락의 감정이 아직 일어나지 않았을 때를 '중'이라 하고 그 감정들이 펼쳐져서 절도에 딱 들어맞는 것을 '화'라고 한다. 중과 화의 상태를 제대로 이루면 하늘과 땅이 제자리를 잡고 만물이 제대로 자란다"고 했다. 사람에게는 다양한 감정이 있다. 그런데 아직 구체적인 감정으로 드러나지 않은 마음 상태를 어떤 감정으로도 치우치지 않고 가운데 곧바로 서 있다는 뜻에서 '중'이라고 했다. 이 상태는 선도 아니고 악도 아니며, 그 감정이 드러나서 지나치거나 모자라면 악이 되고 알맞으면 선이 된다. 예를 들어 지하철에서 못된 짓을 하는 사람을 보고 분노가 이는 것은 당연하며 그래서 나쁜 짓을 못하도록 제지하거나 잡아서 경찰에 넘길 수 있다. 그런데 분노가 지나쳐서 상대를 다치게 하거나 심지어 살인까지 이르는 경우도 있고 반대로 분노는 일었으되 귀찮거나 겁이 나서 나서지 못하는 비겁함도 있을 수 있다. 이런 경우가 악이 되는 것이다.

주희는 일찍이 스승 이동으로부터 마음 안에 희로애락의 감정이 아직 일어나지 않은 상태를 어떻게 유지할 것인지가 중요하다는 것을 배웠다. 하지만 그 가르침의 의미가 무엇인지를 깨닫기도 전에 스승이 세상을 떠났기 때문에 마음속에 많은 의문점을 가졌다. 그러던 가운데 장식을 만나게 된 것이다. 장식은 호상학파에 속하는 학자로서 호굉의 제자였다. 호상학파는 정호의 학문을 이어받은 학파였고 중심인물이 호굉이었다. 호굉과 장식은 인간의 마음 안에 있는 본성과 그 작용을 본체와 현상의 관계로 보고 여기에 희로애락의 감정이 아직 일어나지 않은 상태와 그 감정이 드러난 상태를 대응시켰다. 그리고 감정이 아직 일어나지 않은 상태는 본체인 본성에 해당하므로 이때는 따로 마음공부가 필요하지 않다고 보았다. 따라서 마음공부는 어디까지나 감정이 밖으로 펼쳐져 나올 때 지나치거나 모자람이 없도록 하기 위한 것이라고 생각했다.

주희는 장식을 만난 뒤 장식의 주장이 옳다고 생각했다가 나중에 다시 스승 이동의 설로 돌아가면서 장식과 논쟁을 벌인다. 주희도 처음에는 마음속 감정이 움직인 이후에만 공부가 필요하다는 생각에 동의했다. 하지만 다시 희로애락의 감정이 아직 일어나지 않았을 때에도 이미 마음의 본체에는 어떤 움직임으로 드러날지에 대한 기미가 있었을 것이라고 생각을 하면서 아직 드러나지 않은 상태에 대한 공부가 필요하다는 것으로 돌아갔다. 주희는 이때의 전환을 스스로 '기축년의 큰 깨달음'이라고 불렀고, 그 이전과 이후의 자신의 주장을 정리해서 스스로 '중화구설'과 '중화신설'로 나누었다. 장식과의 이 논쟁은 주희가 자신의 공부론을 완성하는 데 결정적인 영향을 끼쳤다.

주희가 만난 두 번째 맞수는 진량(陳亮, 1143~1194)이며, 주희와 진량은 '왕패논쟁(王覇論爭)'을 벌였다. 이 논쟁은 1182년부터 1186년까지 진행되었다. '왕패논쟁'이라고 부르는 까닭은 세상을 도덕으로 다스리는 왕도와 힘으로 다스리는 패도의 문제에 대한 평가가 중심축이었기 때문이며, 다른 관점에서 본다면 도덕주의와 공리주의의 논쟁이었다. 이 논쟁에서 주희는 당연히 도덕주의에 서 있었고, 진량은 역사적 사건이 갖는 결과와 그에 따른 효과를 중시하는 공리주의 입장에 서 있었다.

논쟁의 초점은 한고조와 당태종의 역사적 사례에 대한 평가 문제였다. 한고조 유방은 시골 농부 출신으로 젊어서는 집안일은 돌보지 않고 힘깨나 쓰는 무리들과 어울렸던 인물이다. 그는 마을 이장 정도의 일을 맡고 있다가 진나라가 혼란스러워지자 군대를 일으켜 진왕의 항복을 받았고, 다시 초패왕 항우와의 싸움에서 이겨 통일 제국 한나라를 세웠다. 그는 전쟁 중에 선비의 모자를 벗겨 소변을 볼 정도로 무식했고, 육가라는 신하가 유교의 예로 천하를 다스리도록 권하자 천하를 말 타고 얻었는데 《시경》이나 《서경》 따위가 무슨 소용이냐고 대꾸할 정도의 수준 낮은 인물이었다. 이에 대해 육가는 천하를 얻는 일은 말 타고 할 수 있지만 천하를 다스리는 일은 말 타고 할 수 있는 일이 아니라고 조언했다. 그 뒤 손숙통이 궁중에서 예법을 시범 보였는데 그 이전까지 공신들이 잔치 자리에서조차 갑옷에 칼을 찬 채 돌아다니던 무질서와 달리 잔치의 질서와 왕의 권위가 보이자 유방은 유가를 다스림의 방법으로 받아들였고, 마침내 중국인들이 자랑스럽게 여기는 강대한 나라 한의 기틀을 마련할 수 있었다.

또 다른 평가 대상인 당태종은 아버지를 도와 수나라를 무너뜨린 공이 컸지만 자신에게 왕위가 돌아오지 않자 태자였던 맏형과 넷째 동생을 죽이고 왕위를 차지한 인물이다. 그러나 패륜이라는 극단적인 방법으로 임금이 되었지만 왕이 된 뒤부터 학문에 힘쓰고 근검절약했다. 그리고 신하들의 비판을 적극 수용하면서 돌궐과 토번 등 이민족을 정벌하여 이슬람과 견주는 강대한 나라를 건설함으로써 '정관의 치'라 불리는 요순 이래 최고의 태평성대라는 위업을 이룩했다.

한고조와 당태종에 대해 진량은 그들이 남긴 업적에 주목하면서, 그러한 성과를 얻을 수 있었던 것은 그들이 단순히 자신들의 욕심만 앞세우지 않았기 때문이며 그 속에는 그 같은 업적에 상응하는 하늘의 이치가 담겨있다고 보았다. 그래서 도덕 추구와 이익 추구, 하늘의 이치와 사람의 욕심, 덕으로 다스리는 정치와 힘으로 다스리는 정치의 이분법으로만 볼 것이 아니라 오히려 그 두 가지가 함께 나아간 것이라고 주장했다. 하지만 주희는 '이익 될 만한 일을 보면 옳은 일인지를 생각하라'든가 '군자는 옳고 그름을 따지는 데 밝고 소인은 이익이냐 손해냐를 따지는 데 밝다'고 했던 공자와 맹자의 입장에 섰다. 그래서 한 고조와 당 태종이 비록 나라를 강하게 만들고 백성들을 부유하게 했더라도 그 모든 것이 개인적인 욕심에서 출발했다고 보았다. 따라서 그들의 업적 또한 도덕에 뿌리를 둔 것이 아니므로 힘으로 다스린 패도정치에 불과하다는 것이다.

이 논쟁은 도덕을 중시하는 의리학파와 업적을 중시하는 사공학파 사이의 윤리관과 사회역사관의 차이를 선명히 드러낸 것이었으며, 동기가 중요한가 결과가 중요한가에 대한 관점의 차이를 보이는 것이기도 했다. 두 사람은 서로의 차이만 확인한 채 결론을 맺지 못하고 논쟁을 끝냈다. 이 같은 관점의 차이가 우리나라에서는 고려를 무너뜨리고 조선을 세운 이성계와 이방원이나 현대에 와서는 박정희에 대한 평가에서 극명하게 나타난다.

전통시대 논쟁의 모델이 된 주륙논쟁

주희가 만난 세 번째 맞수는 육구연이었으며 두 사람은 모두 네 차례에 걸쳐 논쟁을 벌였다. 두 사람 사이의 논쟁은 두 사람의 성을 따서 '주륙논쟁'이라 불리기도 하고, 둘은 주희의 절친한 친구 여조겸의 소개로 1175년 아호사라는 절에서 처음 만나면서 논쟁이 시작되었기 때문에 '아호논쟁'이라고도 하며, 주돈이의 태극도설에 대한 이해의 차이가 논쟁의 중심이었기 때문에 태극논쟁이라고도 부른다. 그 가운데 가장 중요한 논쟁은 첫 번째와 네 번째 논쟁이다.

첫 논쟁의 주제는 공부 방법론이었다. 육구연은 존덕성(尊德性)을, 그리고 주희는 도문학(道問學)을 강조했다. '존덕성'과 '도문학'은 《중용》에 나오는 표현인데, 존덕성이 날 때부터 내 안에 갖추어져 있는 도덕적 본성을 잘 보존하고 확충해가는 방법이라면, 도문학은 의심나는 것을 나보다 나은 사람에게 묻고 배움으로써 학문을 통해 도덕적 본성을 길러가는 방법이다. 물론 《중용》에서는 이 두 가지가 함께 가야 한다고 했으며 두 사람 또한 두 방법 모두 필요하다는 것을 부정하지 않았다. 하지만 중심축을 어디에 두는 지에서 극단적인 차이를 보였다. 두 사람 모두 공부의 목적이 도덕적으로 완성된 인간인 성인이 되는 것이라는 점에 뜻을 같이 했지만, 육구연은 내 안에 만물의 이치가 다 들어있다는 입장에서 내면 성찰을 통해 경건성을 길러가는 공부를 주장했고, 주희는 내면 성찰 공부가 필요하다고 하면서도 모든 사물에 각각의 이치가 들어있다는 생각에서 사물의 이치를 하나하나 깨우쳐가는 격물치지(格物致知) 공부를 강조했다.

육구연은 본래 젊은 시절부터 '본성이 곧 이치'라는 정이의

'성즉리' 설에 의심을 가졌다가 마침내 "우주가 곧 내 마음이요 내 마음이 곧 우주"라는 생각을 갖게 되었다. 이러한 생각은 내 마음속에 모든 만물의 이치가 있다는 '심즉리' 설로 나아갔다. 그리고 맹자로부터 '배우지 않아도 알고 연습하지 않아도 할 수 있다'고 하여 인간의 선천적인 도덕성을 강조한 양지양능설과 인의예지의 실마리가 본래부터 내 안에 있다는 사단설을 받아들여서 이것이 곧 온 세상 도덕의 근원인 본마음이라고 했다. 그런 입장에서 육구연은 내게도 그 본마음이 들어있기 때문에 나와 성인이 같다고 했다. 그리고 성인이 썼다고 하는 유교의 경전들이 모두 성인의 마음을 바탕으로 쓰여진 것이며, 성인의 마음이 사실은 내 마음과 다를 바 없기 때문에 경전의 내용은 곧 내 마음을 풀어낸 것들에 지나지 않는다고 보았다. 따라서 굳이 내 마음을 풀어낸 경전을 공부할 필요가 없으며, 경전보다는 내 마음을 공부하는 일이 중요해진다. 더구나 내 마음속에 모든 사물의 이치가 두루 갖추어져 있다는 육구연의 입장에 서면 일생토록 심혈을 기울여 경전 연구에 몰두했던 주희의 작업은 헛수고일 뿐이었다. 육구연이 보기에 그 같은 공부 방법은 마음의 껍데기만 매만진 꼴이 되는 것이고, 이러한 생각에서 주희의 도문학 공부를 비판했던 것이다. 그는 무엇보다도 먼저 마음을 우뚝 세운 뒤 사물에 대한 욕심이나 공정하지 못한 사사로운 생각들을 없애서 본마음을 회복하면 된다고 생각했다.

　육구연은 주희의 공부 방법이 너무 너절하고 산만하며, 자신의 공부 방법은 아주 쉽고 간단하다고 했다. 이와 달리 주희는 육구연의 공부 방법이 지나치게 간단해서 불교의 선 공부와 비슷하다고 비판했다. 육구연이 주희를 비판한 것은 사물 하나하나의 이치를 깨달아 가야 하는 격물치지 공부의 지루함 때문에 학문의 본질을 놓친다는 것이었고, 주희가 육구연을 비판한 것은 불교의 깨달음 공부에 가까워서 격물치지 공부를 빠뜨린 점이었다. 그런 점에서 본다면 논쟁의 초점은 결국 격물치지 공부가 필요한지 아닌지에 있는 셈이다. 전체적으로 본다면 육구연이 존덕성 공부만을 주장했다면, 주희는 존덕성 공부와 도문학 공부가 함께 가야 함을 주장하면서도 상대적으로 격물치지 공부를 강조한 것이 된다. 특히 이 논쟁점은 두 학파의 분기점이 되었고, 뒷날 왕수인이 육구연의 입장을 이어서 양명학을 내놓으면서 더 많은 논쟁을 가져온다.

주희와 육구연의 논쟁 가운데 또 하나 주목할 것은 주돈이의 《태극도설》 해석을 둘러싼 논쟁이다. 이 논쟁은 육구연의 다섯 째 형 육구소가 주희에게 주돈이의 《태극도설》이 위작일지 모른다는 의견을 제시하면서 시작되었다. 그 뒤 육구연이 이어받아 다섯 차례에 걸쳐 편지를 주고받으면서 논쟁은 깊어갔다. 이 논쟁은 '무극태극논쟁' 또는 '태극논쟁'이라 불리며, 주희와 육구연의 학문적 차이를 알 수 있는 중요한 논쟁이다. 논쟁의 쟁점 가운데 첫째는 《태극도설》을 지은이가 누구인가 하는 문제였다. 육구연 형제는 주돈이의 다른 저술과 비교해볼 때 주돈이의 저작이 아니거나 그의 학문이 아직 익지 않았을 때 지은 것으로 보았지만, 주희는 주돈이의 저작으로 보는 데 무리가 없다고 생각했다.

이러한 차이는 핵심 개념에 대한 이해의 차이와 밀접하게 연관되어 있다. 핵심 개념에 대한 이해의 차이 가운데 가장 주목할 것은 《태극도설》 첫 머리에 나오는 '무극이면서 태극이다'라는 구절에 대한 이해다. 육구연은 '무극'이란 도가의 용어로써 유가의 성인들은 태극만 말했을 뿐 무극을 말한 적이 없고, 주돈이의 다른 저술인 《통서》에는 그런 표현이 없다는 점을 들면서 무극은 필요 없는 표현이라고 했다.

하지만 주희는 복희와 문왕이 8괘를 만들고 주공이 다시 64괘를 이루었으며 여기에 공자가 십익(十翼)을 만들어 그 의미를 풀어낸 것처럼 주돈이가 무극을 보태어 더 발전시킨 것이라고 옹호하면서, 무극은 태극보다 먼저 있는 또 다른 존재가 아니라 태극을 더 잘 설명하기 위한 용어일 뿐이라고 했다. 주희는 특히 주돈이가 태극에 무극을 덧붙인 것은 태극이라는 표현만 듣고는 대부분의 사람들이 만물의 본질인 태극을 마치 어떤 구체적인 사물처럼 생각할 것을 걱정하여 형체도 없고 작용도 없는 특성을 무극이라는 말로 표현한 것이라고 했다.

《태극도설》은 태극과 음양오행, 만물의 관계를 통해 우주의 형성과 변화 발전을 설명한 것으로써 그림과 함께 그에 대한 설명이 쓰여 있다. 하지만 청나라 학자들의 연구를 통해 태극도(太極圖)는 주돈이의 독창적인 발명이 아니고 도사들이 수련을 위해 동굴 벽에 새겨놓았던 무극도(無極圖)의 틀을 가져다 구조를 바꾼 것으로 알려져 있다. 하지만 이상하게도 이렇게 중요한 무극과 태극이라는 개념이 그의 또 다른 저서인 《통서》에는 한 번도 나오지 않는다는 점이다. 바로 이 점이 육구연 형제가 문제를 제기한 이유였다. 하지만 주희는 여조겸과 함께 성리학의 핵심 주장을 모은 《근사록》을 지을 때 《태극도설》을 첫머리에 둘 만큼 중요하게 생각했다. 바로 이러한 점이 두 사상의 차이를 잘 보여 준다.

이러한 차이는 다시 태극과 음양에 대한 관점의 차이로 나타난다. 육구연은 태극 위에 따로 무극을 둘 필요가 없음을 설명하면서 음양이 곧 도라는 입장에 섰고, 주희는 형이상자인 도와 형이하자인 음양을 엄격하게 구분하는 입장에 섰다. 우주만물의 생성과 운용의 원리를 형이상의 리로, 그리고 그 원리가 구체적으로 드러나는 현실을 기로 설명하는 주희의 입장에서 음양은 분명 기였고, 형이하의 존재였다. 하지만 육구연은 음양과 태극을 같은 층위로 보았다. 육구연 또한 태극을 리로 이해했지만, 육구연이 생각하는 리는 현실 세계에서 활발발하게 움직이는 존재였다. 따라서 구체적인 현상과 그 현상의 원인을 논리적으로 구분하는 것조차 부정했다. 이 같은 차이는 다시 인간의 마음과 본성에 대한 이해에서 타고난 도덕적 본성인 리와 그 리를 담은 마음을 구분해서 보려는 주희의 주장과 내 속에 있는 리가 나의 본성이자 곧 마음이라 보는 육구연의 주장으로 나타난다.

다음으로 두 사람은 태극의 '극(極)'에 대한 해석에서도 다른 견해를 보였다. 주희는 '극'을 '지극'으로 보고 초월적 원리로써의 지극한 도리로 풀었고, 육구연은 내 안에 있는 도덕 준칙으로써 어디에도 치우치지 않은 세상의 표준으로 풀었다.

이밖에도 두 사람은 왕안석에 대한 평가에서 의견을 달리했다. 왕안석은 북송 신종 때 문필가이자 정치가로 당송팔대가(唐宋八大家)에 꼽힐 만큼 명성이 대단했고, '왕안석 신법'이라 불리는 개혁 정치를 펼친 인물이다. 그가 펼친 신법은 큰 지주와 큰 상인 및 정부 내 보수파 등의 반발을 불러왔다. 주희와 육구연은 1188년 바로 그 신법에 대한 평가에서 의견이 엇갈리면서 잠깐 논쟁을 했다. 육구연은 왕안석의 개혁 정치를 높이 평가해 그의 사당에 새길 글을 써서 칭찬했고, 이를 본 주희는 제자에게 보낸 편지에서 육구연을 비판했다. 이 두 사람의 차이는 크게 보면 보수와 진보의 입장 차이라고 할 수 있다.

주희와 육구연은 남송의 사상계를 끌어간 큰 인물들이었다. 두 사람의 철학은 모두 정호와 정이 형제로부터 출발하면서도 분명한 대척점을 이룸으로써 이후 사상계의 흐름을 풍부하게 만들었다. 주희가 정이를 이어받아 리 중심 철학을 전개했다면 육구연은 정호의 사상을 이어받아 이기일원 철학을 강조했다. 주희와 육구연은 처음 만남 이후로 15년 동안 주로 편지로 논쟁을 벌였기 때문에 직접 만난 것은 두 번뿐이었다. 이 논쟁은 1189년 주희가 논쟁을 그만하자는 편지를 보내오면서 끝이 난다.

리와 기, 형이상과 형이하, 도덕 이상과 현실을 구분하려는 주희와 하나로 보려는 육구연의 대립은 처음부터 만나기 어려운 것이었다. 그들은 형이상학적 사고 체계에서 분명한 차이점을 보였고, 이런 차이는 인간의 심성에 대한 이해와 공부 방법에서도 그대로 드러났다. 하지만 두 사람은 불꽃 튀는 논쟁을 하면서도 서로에 대한 예의와 존경을 버리지 않았다. 주희는 자신이 맡고 있던 백록동서원에 육구연을 초청하여 강의를 맡겼고 육구연은 자신의 형 육구령의 묘비에 쓸 글을 부탁했다. 육구연은 1181년 남강 지방관으로 있던 중 주희의 초청을 받아 백록동서원에 와서 《논어》에 나오는 '군자는 옳고 그름을 따지는 데 밝고, 소인은 이로울까 해로울까를 따지는 데 밝다'라는 구절을 주제로 강연을 하면서 당시의 잡박한 학문 풍토를 비판하고 학자 본연의 자세를 촉구했는데, 주희 또한 그 강의 내용에 적극 동의했다고 한다. 이처럼 그들은 학문적 입장을 달리하면서도 서로를 깊이 존경했고, 이들의 논쟁 내용과 방식은 훗날 많은 지식인들의 귀감이 되었다.

월인천강의 그물로 얽힌 리의 세계

주희는 북송오자의 성리학을 집대성해 주자학 체계를 완성했다. 가장 큰 틀에서는 정이의 리 중심주의를 기본으로 삼고, 여기에 주돈이와 장재, 소옹의 기 중심주의 사상을 자신의 사상 체계에 맞춰 해석했다. 그래서 세상 만물의 발생과 존재 근거를 하나의 틀로 설명하는 이기론을 만들었고, 만물 가운데 가장 빼어난 존재인 인간의 마음과 본성을 도덕적 입장에서 분석한 심성론을 만들었으며, 감각적 욕구 때문에 선악의 가능성을 다 지닌 인간이 어떻게 도덕적으로 완성된 성인의 경지에 이를 수 있는지를 제시

동양철학 에세이 2

한 공부론을 완성했다. 이처럼 주자의 이론은 크게 세 부분으로 나뉜다.

그 가운데 먼저 이기론을 알아보자. 주희의 이기론이 만들어 지는 데 가장 큰 영향을 준 사람은 정이와 장재이다. 사실 두 사 람은 매우 상반된 이론을 전개했다. 정이는 만물의 본질을 '리'라 고 보았고, 장재는 '기'라고 보았다. 그런데 주희는 이 두 사람의 이론을 합치면서 만물의 본질을 리로 설명하는 정이의 주장을 중 심에 놓고 만물의 변화를 기로 설명하는 장재의 이론을 덧붙였 다. 그러니까 주희의 이론 속에서 장재의 기철학은 축소되고 변 질된 것이다.

성리학에서 가장 중요한 명제는 '성즉리(性卽理)'이며 이 말은 '본성이 곧 이치'라는 뜻이다. 이 명제는 성리학의 이기론이 늘 리와 기를 같이 들어 말하는 것 같지만 궁극의 본성은 기가 아니 라 리일 뿐이라는 생각을 드러낸 것이다. 그런 점에서 볼 때 성리 학은 이기이원론이 아니며 이와 기 두 가지를 다 사용하여 설명 하더라도 그것은 방법상의 문제일 뿐 논리구조에서는 리일원론 임을 알 수 있다.

일원론, 이원론, 다원론 같은 표현들은 가장 궁극의 존재가 하나인지, 둘인지, 여럿인지를 가르는 표현이다. 인류는 아주 오 래 전부터 만물의 본질이 무엇인지를 크게 두 가지 방법으로 탐 구해왔다. 하나는 다양한 자연 변화를 전체적으로 조망하는 직관 적 방법이고, 다른 하나는 직접 사물을 쪼개고 나누는 분석적 방 법이다. 이 두 가지 방법은 본래 한 뿌리에서 출발했지만 점점 분화되면서 추상의 길을 간 철학과 구체의 길을 간 물리학으로 나뉘어진다. 하지만 일원론, 이원론, 다원론의 구분은 어느 학문의 경우든 마찬가지다. 예를 든다면 탈레스는 만물의 본질을 물 하나로 보았으니 일원론자인 셈이다. 동양의 음양론은 세상 모든 것을 음과 양으로 표현한다는 점에서 이원론이 될 수 있다. 그 밖에 동양의 오행론처럼 세 가지 이상을 가지고 설명하는 이론을 다원론이라고 한다. 그렇게 보면 가장 궁극의 자리에 리 하나만을 두는 주자학은 리일원론이 된다. 다만 현상을 설명할 때 이기 이원적 방법을 사용할 뿐이다.

주희는 궁극의 자리에 있는 리를 태극이라고도 불렀다. 태극기의 태극은 곧 만물의 본질을 설명하는 성리학의 개념을 가져온 것이다. 하지만 모든 본질은 현상을 통해 나타난다. 착하다는 추상적인 개념이 착한 학생, 착한 마음, 착한 가격처럼 구체적인 현상에서 판단되는 것과 같다. 그래서 본질로써의 태극, 즉 리는 하나이지만 그것이 현상에 담겨서 나타날 때는 다양한 모습이 된다고 설명한다. 만물의 이치가 궁극에는 하나이지만 현실에서는 사람의 이치, 개의 이치, 고양이의 이치처럼 달라지는 것이고 더 나아가서는 나무의 이치, 돌의 이치, 바람의 이치, 물의 이치처럼 사물의 수만큼 다른 모습으로 나타난다.

본래 리는 성리학의 개념이 아니었고, 오히려 자신들이 공격의 대상으로 삼았던 불교에서 빌려온 것이다. 그리고 궁극의 이치는 하나이지만 현실에 드러나는 이치는 사물마다 다르다는 논리 또한 불교에서 왔다. 이 논리를 불교에서는 '월인만천(月印萬

川)', 또는 '월인천강(月印千江)'으로 비유한다. '월인만천'은 하늘에 떠 있는 달은 하나이지만 그 달이 만 갈래의 냇물에 비치어 있다는 뜻이고, '월인천강' 또한 하나의 달이 천개의 강에 비춘다는 뜻이다. 세조 때 한글 시험을 위해 만든 《월인천강지곡》은 바로 불교의 이 같은 진리를 설명한 책이다.

위 비유를 가져다 이기의 관계를 설명한다면 달은 리이고 개천은 기에 해당한다. 그러니까 하늘에 있는 달, 즉 본질에서는 리만 있는 것이고 그것이 현실에 나타날 때 한강에 비친 달, 양자강에 비친 달, 센 강에 비친 달로 달라지는 것처럼 달을 담은 강, 즉 리를 담은 기에 의해 달라진다. 그래서 만물의 본질이라는 보편성에서 본다면 어떤 강에 비친 달이든 다 똑같지만 현실의 특수성에서 보면 모든 강에 비친 달이 다 다른 달이 된다. 하지만 주희가 본질로써의 달과 특수로써의 달을 똑같은 리라는 말로 설명하기 때문에 쉽게 이해하기 어렵다. 다만 주희는 이것을 '한 가지 근원으로써의 리'와 '나뉘어 갈라진 리'라고 구분했다.

그렇다면 리와 기는 어떤 관계인가? 주희는 그 둘의 관계에 대해 '서로 떨어질 수 없으면서' 동시에 '서로 뒤섞일 수 없는' 존재라고 한다. '서로 떨어질 수 없음'은 어떤 사물이든 구체적인 형태를 지니는 것은 기이면서도 그 안에 항상 그 사물의 이치가 담겨 있기 때문이다. 그러나 '서로 떨어질 수 없음'은 이치는 이치일 뿐이고 그 이치를 둘러싼 형질의 기는 기일 뿐이어서 서로 뒤섞일 수 없이 완전히 다른 존재임을 뜻한다. 그래서 주희는 구체적인 현실에서 본다면 리와 기를 떼놓고 생각할 수 없지만 시

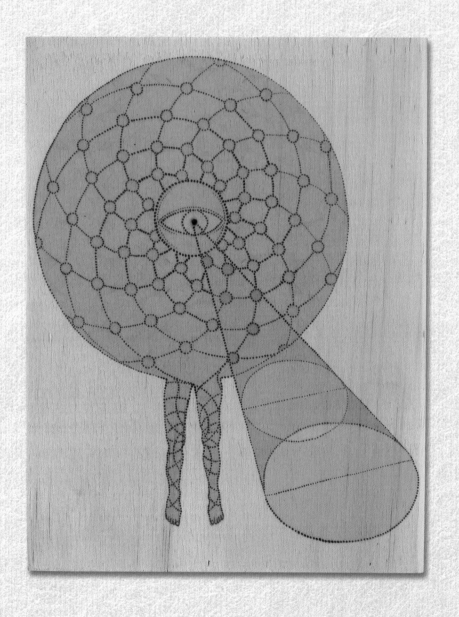

간적으로나 논리적으로, 그리고 가치론적으로는 언제나 리가 먼저라고 한다.

그렇다면 시간적으로 또는 논리적으로 리가 기보다 앞선다는 것이 무엇일까? 개의 이치는 털도 있고 주인을 따르고 집도 지키며 낯선 것에 대해서는 짖어대는 것이다. 그런데 이런 이치는 옆집 개에게도, 내가 보지도 못한 아프리카나 미국에 있는 개에게도, 심지어 이미 죽은 개나 아직 태어나지 않은 개에게도 해당되는 이치이다. 다른 관점에서 생각해보자. 오늘 우리는 다양한 문명의 이기를 사용한다. 그 가운데 컴퓨터는 어떻게 만들어졌을까? 그것은 컴퓨터의 원리에 의해 만들어졌으며 그 원리는 컴퓨터가 나오기 이전에도 존재했을 것이다. 그렇기 때문에 이치가 존재보다, 즉 리가 기보다 앞선다고 한다.

그렇다면 가치론의 관점에서 리가 기보다 앞선다는 것은 무엇일까? 하늘에 떠 있는 달은 하나이며 절대이지만 강물에 비친 달은 무수히 많으며 상대적이다. 마찬가지로 '한 가지 근원으로써의 리'는 궁극의 존재로써 절대이며 따라서 도덕적으로는 선이다. 그리고 '나뉘어 갈라진 리'는 궁극의 리로부터 나왔으되 리를 현실에 드러날 수 있도록 담아내는 기 속에 나타난 리이므로 상대적이면서 동시에 선과 악이 같이 있는 존재이다. 그렇기 때문에 현실에서 나타나는 악은 그 원인이 절대적인 리에 있는 것이 아니라 상대적인 기에 있는 셈이 된다. 그런 점에서 진리는 변하지 않는다고 생각하기 때문에 리는 언제나 불변이지만 기는 늘 변하는 존재가 된다. 주희가 기를 변화를 설명하는 틀로 삼은 것은 장재의 논리를 가져온 것이다. 하지만 인륜도덕을 불변의 법칙으로 높이기 위해 기의 절대성을 부정함으로써 리가 도덕적으로 기보다 우선하게 되었다. 그렇기 때문에 주희는 리를 기의 원인자, 곧 기를 존재하게 하고 운동하게 하는 원인자로 규정했다.

주희는 또한 리는 형체도 없고 움직임도 없는 형이상의 존재로써 깨달음의 최고 대상인 도와 같은 존재로 보았다. 하지만 기는 형체가 있는 형이하의 존재로써 도를 담는 그릇일 뿐이다. 그렇기 때문에 우리가 감각 경험을 통해 알 수 있는 것은 사물의 겉을 꾸미는 기이며, 그 안에 담긴 사물의 이치는 형체도 없고 움직임도 없기 때문에 경험하지 못한다. 그런데 주희는 이 형체 없는 리가 형체를 지닌 기를 낳고 존재하게 하며 또 운동하게 한다고 보았다. 따라서 한 번 생겨난 기는 없어지지만 리는 처음도 없고 끝도 없이 영원하다. 이렇게 한 사물 속에는 리와 기라는 상반된 두 존재가 담겨 있다. 따라서 만물은 서로 다른 모습과 성질을 갖는 동시에 하나로 만날 수 있는 동일성을 확보한다. 즉 모든 사물이 하늘에 뜬 달과 같은 만물의 본질인 태극, 즉 리를 가지고 있으므로 그 점에서 본다면 모두 같지만, 그 리를 담은 기의 수준이 다르기 때문에 사람도 되고 동물도 되고 식물도 되고 무생물도 될 뿐 아니라 사람 가운데에도 똑같은 사람이 하나도 없게 되는 것이다.

이런 관점에서 본다면 형체 있는 모습으로 나타나는 눈에 보이는 현실 세계는 참 존재의 세계가 아니다. 그것은 끝없이 변하고 바뀌는 일시적인 기의 세계이기 때문이다. 그 세계는 선과 악이 함께 있는 세계로써 도덕을 실현할 대상이지 도덕이 실현된 대상이 아니다. 그 안에서 도덕 실현의 주체는 만물 가운데 가장 빼어난 기를 가진 인간이다. 인간 또한 기의 한계 때문에 악도 같이 가졌지만 그 악을 넘어설 수 있는 앎의 능력과 실천 능력을 갖추고 있기 때문이다. 주희는 인간이 인간인 이유를 소이연(所以然)의 이치라고 했고 다시 인간이 인간다워야 할 까닭을 소당연(所當然)의 이치라고 했다. 바로 인간인 이유와 인간다움의 원리가 하나가 될 때 인간은 자기의 본성을 완전히 실현한다. 그리고 인간뿐만 아니라 만물도 나름의 리를 부여 받았고 또한 그것을 실현할 위치에 있다. 따라서 그물망이 만물을 얽어매고 있는 것처럼 만물이 서로 연관되어 있으며 만물이 각각의 본분을 다할 때 온 세상이 완벽하게 선이 실현된 지상낙원이 될 수 있는 것이다.

사람이 사람다울 수 있는 근거

그렇다면 이 세상에서 도덕 실현을 할 주체로서의 인간은 어떤 존재인가? 우주 만물 가운데 어떤 위치에 있으며 그 본모습은 어떤 것인가? 이에 대한 논의를 주자학에서는 심성론이라고 한다. 심성론은 인간 존재에 대한 도덕성 논증인 셈이며 주된 논의를 나누면 심통성정론(心統性情論), 본연지성(本然之性)과 기질지성(氣質之性), 인심(人心)과 도심(道心) 등으로 나눌 수 있다. 그리고 이 같은 논의의 궁극 목적은 내 속에 담긴 하늘로부터 받은 이치를 보존하고 기 때문에 생기는 인간적인 욕구를 없애버리는 것이다.

주자학의 인간 이해를 심성론이라고 하는 까닭은 그 핵심 논의가 마음, 본성, 감정을 바탕으로 전개되는 도덕적 인간론이기 때문이다. 주희의 주된 관심은 도덕 행위의 주체가 되기 위해 인간이 스스로 자신의 내면으로부터 어떻게 선을 끌어내고 악을 누를 것인가였다. 그는 사람은 누구나 마음을 가지고 있고, 그 마음 안에는 본성과 감정이 있다고 한다. 본성은 인간이 인간인 까닭이며 동시에 인간이 인간다울 수 있는 원리이다. 그러므로 모든 도덕의 근거가 된다. 그리고 감정은 살아가는 과정에서 생기는 희·로·애·락·애·오·욕으로 표현되는 온갖 느낌들이다. 그 경우 본성은 이기론의 리에 해당하므로 아무런 움직임도 의도함도 없으며, 본성이 현실과 만나 드러나는 것이 감정이다. 따라서 성리학은 본성과 감정을 같은 선상에서 이해하는 성정일원의 관점에 서 있다. 이런 점이 바로 이성과 감성을 완전히 가르고 감성으로부터 독립된 순수이성을 찾으려 했던 칸트식의 서양철학과 달라지는 점이기도 하다.

또한 마음, 본성, 감정의 관계를 볼 때 본성과 감정을 통섭하는 것이 마음이다. 이 셋의 관계를 '심통성정'이라고 부르는데, '심통성정'은 본래 장재가 주장한 것이었다. 여기서의 '통'은 통섭, 혹은 통괄로 해석되며 그 안에는 두 가지 의미가 담겨 있다. 하나는 마음이 성과 정을 담고 있다는 뜻이고 다른 하나는 마음이 성과 정 모두를 통솔한다는 뜻이다. 앞의 경우는 첫째로 두 가지 모두가 마음에 담겨 있기 때문에 마음의 본체가 본성이고 감정은 그 본체의 작용이라는 설명이 가능해지고, 둘째로는 마음이 펼쳐지지 않은 상태를 본성이라고 하고 다른 사물과 만나 펼쳐진 형태를 감정이라고 하는 논리가 나온다. 그렇다면 마음이 성과 정을 통솔한다는 것은 무엇인가? 통솔이란 마음이 본성과 감정을 주재한다는 뜻이다. 그 경우 마음은 감정도 담고 있는 매우 구체적이며 현실적인 개념이기 때문에 본성이 리인 것과 달리 리와 기가 같이 들어있는 존재이다. 그리고 그렇다면 악의 근원이 되는 기가 절대 선으로써의 리인 본성까지도 통솔하는 것이 된다. 이 같은 해석의 복잡성 때문에 율곡 이이처럼 마음의 활발발한 모습을 강조하기 위해 기로 규정하는 주장도 나오게 되며, 조선 후기에 이르면 아예 마음 문제를 놓고 따지는 논쟁도 나오게 된다.

다음은 본연지성과 기질지성에 대한 논의를 보자. 본연지성은 타고난 인간의 순수한 본성으로써 도덕성을 의미하며 기질지성이란 그 본연지성을 기질이 둘러싼 현실적인 인간의 본성을 뜻한다. 예를 든다면 맹자가 '인간의 본성은 선하다'라고 할 때의 본성은 순수한 본성으로써의 도덕성을 의미하며 모든 사람에게 적용 가능하다. 하지만 현실에서의 구체적인 인간성은 사람마다 다르다. 이것이 바로 기질에 싸인 본성이다. 이러한 본연지성과 기질지성에 대한 주희의 논리는 인간의 본성을 천지지성과 기질지성으로 나눈 장재의 논리와 궁극의 본원으로써의 성과 기질지성으로 나눈 정이의 논리를 가져다 합친 것이다. 따라서 처음 이런 구분을 만든 사람이 장재이므로 장재의 영향이 가장 크다고 할 수 있지만, 주희는 논의의 중심축을 정이의 주장에 두었다. 이렇게 볼 수 있는 까닭은 기철학의 입장에서 태허의 기운에서 나온 것을 천지의 본성이라고 했던 장재와 달리, 주희는 '성즉리'를 주장한 정이의 이론을 받아들여서 본연의 성을 인간의 이치라고 했기 때문이다. 이처럼 주희는 리철학의 입장에 서서 장재의 주장과 정이의 설을 계승했다. 하지만 하늘로부터 받은 궁극의 본원으로써의 성만이 참된 성이라고 보고 기질지성은 참된 본성이 아니라고 했던 정이와 달리, 현실에서 살아가는 인간의 본성을 토대로 순수한 본모습을 회복하겠다는 입장에서 본연의 성과 기질의 성을 대립이 아닌 관계로 설명했다.

주희는 하늘로부터 받은 본연지성이 기질지성의 본래 상태이며, 기질지성은 본연지성이 현실에 드러난 모습이라고 본다. 이러한 생각은 앞에서 보았던 하늘에 뜬 달과 강물에 뜬 달로 비유한 불교의 설명을 사람에게 적용한 것이다. 그러므로 본연지성은 논리적으로 리만 가리켜서 말한 것이고, 기질지성은 리와 기를 섞어서 말한 것이 된다. 주희는 하늘로부터 받은 본성만을 성이라고 생각하는 자신의 주장이 맹자의 성선론을 계승한 것이며, 맹자 이외의 학자들은 모두 기질지성을 본성으로 본 잘못된 이론이라고 했다.

인간의 도덕성에 대한 논의 가운데 세 번째는 인심과 도심에 대한 논의이다. 주희는 인간의 본성만이 아니라 마음에도 두 가지 모습이 있음을 발견했다. 그래서 《서경》에서 "인심은 위태롭고 도심은 잘 드러나지 않는다"고 한 말을 빌려다가 마음을 인심과 도심으로 나누었다. 인심은 우리 몸의 감각기관이 하고 싶어 하는 대로 따라가는 욕심 섞인 마음이며 도심은 도덕적 본성을 따르는 순수한 마음이다. 그리고 언제나 욕심 섞인 마음이 잘못된 방향으로 가지 않도록 도심이 자신을 주재하도록 해야 한다고 했다. 사실 욕심이 나쁜 것은 아니다. 하지만 배고프면 먹고 싶고, 목마르면 마시고 싶고, 피곤하면 쉬고 싶은 그 욕구대로 따르면 자신의 욕구를 위해 다른 사람을 희생시킬 수도 있게 된다. 오늘날 자본주의적 물신 숭배가 바로 그런 마음 작용의 결과인 셈이다.

이처럼 주희가 본성과 감정을 나누고, 타고난 본성과 기질로 둘러싸인 본성을 나누고, 욕심 섞인 마음과 순수한 마음을 나눈 것은 인간의 선한 행위와 악한 행위가 어디에서 달라지는 것인지를 밝히기 위한 것이었고, 나아가 어떻게 악한 요소를 없애고 완전한 도덕을 실현할 것인가에 있었다. 그래서 늘 '하늘로부터 받은 이치를 보존하고 인간의 욕구를 없애라'고 했다.

완성된 사람이 되는 길

그렇다면 사람은 어떻게 완성된 인간 곧 성인의 경지에 이를 수 있는가? 주희는 그 방법으로 존덕성과 도문학을 제시했고, 다시 여기에 내 마음을 경건함으로 채우는 공부와 사물 하나하나에 대한 탐구를 통해 만물의 근본 이치를 깨달아가는 공부를 연결시켰다. 그리고 그러한 깨달음을 사회로 되돌리는 차원에서 앎과 행함의 관계를 설명했다.

성리학이 제시한 공부의 문제의식은 '무엇이 진리인가'를 따지는 서양과 달리 '어떻게 완성된 인간이 되는가'였다. 그리고 완성된 인간은 도덕 근원인 하늘의 이치를 깨달은 인간이었다. 인간이 하늘과 하나가 될 수 있는 가능성은 처음부터 성리학의 기본 명제인 '성즉리'에 담겨 있었다. 주희는 하늘로부터 부여받은 천리가 곧 인간의 본성이라고 보았다. 따라서 인간과 인간 사이의 보편성뿐만 아니라 하늘과 인간의 보편적 연관성을 확보함으로써 인간과 하늘이 하나로 만날 수 있는 길을 터놓았다.

이를 위한 주희의 공부 방법론은 크게 마음공부와 사물 공부로 나뉜다. 그 가운데 마음공부는 마음을 경건으로만 가득 채우는 공부로써 이를 바탕으로 모든 생각과 행동이 도덕에 뿌리를 두게 한다. 정이는 마음을 경건으로 가득 채우는 것은 병을 맑은 물로 꽉 채워서 더러운 물이 들어올 수 없도록 하는 것과 같다고 했다. 이처럼 성리학의 마음공부는 사사로운 욕심이나 옳지 못한 생각이 자리 잡을 수 없게 하는 것이었다. 주희는 그러한 상태를 마음이 항상 정돈되고 엄숙하며, 한곳에 집중하여 흐트러짐이 없는 것이라고 했다. 그리고 이런 상태를 이루기 위해 마음을 내 안에 거두어들이고 사물의 유혹에 끌리지 않도록 해야 하며, 수많은 사람들이 내 행동 하나하나를 지켜보는 것처럼 도덕적으로 늘 깨어 있어야 한다고 했다. 그래서 유학자들은 심지어 혼자 있을 때조차도 이불에 부끄럽지 않게 하고, 대들보에 부끄럽지 않게 하라고 했다. 이처럼 유학의 강점은 자신의 잘못에 대해 엄격한 데 있었고, 도덕적 긴장감을 유지함으로써 잠시라도 사사로운 욕심에 사로잡히지 않도록 하는 것이 그들의 일상적 삶이었다.

다음으로 사물 공부는 내 밖에 있는 모든 사물의 이치를 하나하나 탐구해가는 공부를 말한다. 이 공부 방법은 주희가 정이의 격물치지설을 받아들여 완성시킨 것으로, 의심이 들거나 이해가 안 되는 것을 나보다 더 나은 사람에게 묻거나 경전을 통해 배우는 공부이기도 했다.

성리학에서는 인간을 만물 가운데 가장 뛰어난 존재로 꼽는다. 그 이유는 만물이 모두 하늘로부터 기를 받아 생겨난 것이지만 그 가운데 인간이 가장 빼어난 기를 받았기 때문이다. 그래서 인간은 마음속에 들어 있는 신령스러운 지각 능력을 가지고 만물 각각에 들어있는 이치를 깨닫고 나아가 마침내는 모든 사물의 보편적 이치인 태극을 깨달아서 하늘의 법칙과 하나가 된 성인이 될 수 있다고 했다. 주희는 이 같은 자신의 생각을 가지고《대학》에 새로 134자를 보충해넣었다. 이 부분이 뒷날 두고두고 많은 학자들이 문제를 제기한 격물보망장(格物補亡章)이다.

그렇다면 이러한 주희의 주장은 과연 현실적으로 가능한 것인가? 우선 세상 모든 만물을 만나는 것이 가능한가? 더구나 만나는 사물마다 그 안에 담긴 사물의 이치를 하나도 빠뜨림 없이 깨닫는 일이 가능한가? 그리고 구체적으로 개의 이치를 깨닫고,

고양이의 이치를 깨닫고 나아가 나무와 무생물의 이치까지를 깨닫는다는 것은 무엇을 의미하는 것일까?

온 세상 만물의 이치를 다 깨닫는다는 것이 현실적으로 불가능하다는 것은 주희도 잘 알았다. 그래서 온 세상 모든 사물의 이치를 다 깨달으라고 하는 것이 아니라고 했다. 하지만 그러면서 다시 한 사물에만 머물러서도 안 된다고 한다. 그렇다면 모든 사물을 다 구체적으로 경험하지 않으면서도 결과적으로 모든 사물을 다 만나볼 수 있는 방법은 무엇일까? 이 점에 대해 주희는 10가지 가운데 7~8가지를 깨달으면 나머지는 저절로 알게 된다고도 했고 이러한 깨달음이 성인의 말씀을 담은 경전에 다 들어 있다고도 했다.

하지만 그의 설명 가운데 더욱 중요한 것은 만나는 사물 하나하나마다 그 이치를 깨달아가다 보면 어느 한순간에 탁 트이듯 한꺼번에 깨달음이 이루어진다고 한 부분이다. 이것은 마치 오랜 수련 끝에 깨달음을 얻는 불교의 수련법과 같다고 비판 받는 부분이다. 비유한다면 어떤 문제를 풀기 위해 오랜 동안 고민하다가 한순간에 해답을 얻는 것처럼 사물 하나하나를 만나가는 양적인 변화가 질적인 변화를 가져오는 순간이 된다. 주희는 이 순간 내 마음속 이치와 내 마음 밖 사물의 이치가 하나로 만나며 내 마음속에 도덕적 중심이 분명해지면서 거기에서 도덕적으로 완전한 실천이 나오게 된다고 보았다.

이러한 주희의 설명이 힘을 가지려면 현실 적용이 가능해야 한다. 주희가 사물 모두를 만나지 않고서도 유추가 가능하다고 한 까닭은 각 사물의 이치에 특수성과 함께 보편성이 담겨있기 때문이다. 그러니까 만물의 이치가 다 달라 보이지만 하늘에 떠 있는 달이 하나인 것처럼 한 가지 이치에서 나왔기 때문이다. 하지만 주희는 사물의 이치를 유추해가는 과정에 비약이 있으면 안 된다고 한다. 그러므로 가장 가까운 것에서부터 시작해야 하며 확실하게 이해된 것만을 유추의 근거로 삼으라고 했다. 그러니까 자기로부터 남으로 넓혀가면서 사람의 보편성을 깨닫고, 사람에서 다른 동물로 넓혀가면서 동물의 보편성을 깨닫고, 동물에서 식물로 넓혀가면서 생물의 보편성을 깨닫고, 생물에서 무생물로 넓혀가면서 존재의 보편성을 깨닫는다.

이러한 방법론을 구체적인 현실에 적용해보자. 우리가 사는 세상의 모습은 개가 짖고 닭이 울며 해가 떠서 지는 것이다. 주희는 그러한 현실의 일상 속에서 도덕법칙을 찾으려 했다. 옛날에도 개는 낯선 사람을 보면 짖었고, 닭은 새벽이면 울었으며, 해는 동쪽에서 떠서 서쪽으로 졌다. 그리고 그것이 개와 닭과 해의 당연한 모습이었으며 그렇게 하면 좋은 것, 즉 선이고 그렇지 못하면 나쁜 것, 즉 악이었다. 따라서 개와 닭과 해의 이치가 다른 것처럼 보이지만 어떤 개가 좋은 개이고 어떤 닭이 좋은 닭이며 어떤 해가 좋은 해인지는 같은 가치판단 원리 속에 있는 셈이다. 물론 이러한 기준은 철저하게 인간 중심주의에 서 있는 유학의 관점에서 본 것이다.

인간의 입장에서 볼 때 이 같은 가치 판단은 옆집 개, 다른 지방의 닭, 먼 나라에서 뜨고 지는 해에까지 적용되는 법칙이었고, 나아가서는 아직 태어나지 않은 개와 닭, 아직 뜨지 않은 태양에까지 적용되는 것이었다. 따라서 언제나 실현되어야 할 보편 법칙인 셈이다. 이런 점에서 보면 개와 닭과 해가 각각 다른 존재이지만 각각의 존재들이 자신의 존재 법칙대로 움직이면 좋은 것, 즉 선이라는 점에서는 모두 통하게 된다. 뿐만 아니라 이 법칙은 그런 존재가 있기 전에도 그런 법칙성이 있다는 점에서 존재와 존재 이전을 연결하는 보편 법칙이 된다.

이처럼 모든 사물에는 선의 이치가 담겨 있으며, 그러한 사물의 이치를 하나하나 깨달아 가다가 어느 순간 문득 모든 사물의 이치가 하나의 보편 법칙으로 만난다는 사실을 깨닫는 것이 격물치지의 완성이다. 그리고 앞에서 말한 달의 비유를 빌리면 각각의 강에 뜬 달을 탐구하다가 그것이 저 하늘에 뜬 보편의 달임을 깨닫는 것과 같으며, 그 보편의 달이 곧 개체 존재 속에 담긴 선의 이치를 다 합쳐놓은 절대 선으로써의 태극이 된다. 따라서 만물은 도덕적으로 연결되어 있고 그 정점에 태극이 있으며, 그 태극이 곧 내 안에 담긴 본성이므로 내가 세상 도덕 실현의 주체가 된다. 이 같은 논리 구조 때문에 세상은 나를 중심으로 촘촘하게 짜인 그물처럼 도덕적으로 연결되어 있다. 그리고 그 같은 존재의 참모습을 깨달았을 때 비로소 성인의 경지에 오를 수 있는 것이며 하늘과 하나가 되는 것이고 진정한 실천의 출발점을 확보하게 된다.

그렇다면 앎과 행함의 관계는 어떠한가? 여기서 말하는 앎과 행함은 도덕 인식과 도덕 실천을 뜻한다. 사실 앎과 실천의 문제는 인류의 오랜 고민 가운데 하나였다. 그 고민은 첫째 앎이 먼저인지 행함이 먼저인지 아니면 둘이 같이 가는 것인지, 둘째 아는 것이 어려운지 실천이 어려운지, 셋째 둘 가운데 어느 것이 더 중요한지의 문제였다. 그런데 주희는 새의 두 날개와 수레의 두 바퀴를 예로 들면서 앎과 행함이 함께 가는 것이라고 하면서도, 선후를 따진다면 앎이 먼저이고 경중을 따진다면 실천이 중요하다고도 했다. 이런 표현은 마치 모순처럼 보인다.

주희가 앎과 실천이 함께 간다고 하면서도 앎이 먼저이고 실천은 그 다음이라고 한 것은 공부 순서와 관계된 것으로써 알아야 실천이 가능하다는 생각을 담고 있다. 실천이란 내 안에 담긴 것이 밖으로 드러나는 것이기 때문에 내 안에 도덕적 인식이 이루어지지 않고서는 제대로 된 도덕 실천이 나올 수 없다는 것이다. 하지만 이런 점 때문에 주자학은 후대 학자들로부터 앎을 앞세우는 주지주의라고 비판을 받는다.

주자학의 절대 권위,
그 양지와 음지

주희가 만들어낸 성리학의 사상 체계는 그 사상적 깊이와 넓이가 모두 엄청났다. 유교를 기반으로 불교와 도교를 받아 들였으며 자연과학의 성과까지를 담아냈다. 주희는 책을 오래 봐서 늘 안질에 시달릴 정도로 학문에 몰두했다고 한다. 그가 지은 시 구절이 바로 학문에 대한 그의 열정을 잘 보여준다.

소년은 늙기 쉽고 학문은 이루기 어려워라
아주 짧은 시간이라도 가벼이 여기지 말지니
연못가 봄풀이 아직 꿈에서 깨어나지도 못했는데
계단 아래 뒹구는 오동잎은 벌써 가을 소리를 내는구나

주희가 죽은 뒤 젊은이들에게 주자의 사상을 배우지 못하도록 막았던 한탁주의 조치는 얼마 안 가 풀렸다. 그리고 1208년 학문적 업적을 기려서 '문'이라는 시호가 내려졌고, 1227년에는 신국공으로 받들어졌다. 1230년에는 휘국공 칭호를 받았고, 1241년에는 주돈이, 장재, 정호, 정이와 함께 최고 교육기관인 태학의 공자 사당에 모셔졌다.

특히 주자학은 이민족 왕조인 원나라 때 확고한 위치를 차지하게 된다. 먼저 북쪽 사상계의 중심인물이었던 허형이 주자학을 원나라의 수도인 북경으로 끌어올렸고, 1313년 과거제의 실시와 함께 유교 경전에 대한 주희의 해석이 모범 답안이 되면서 관학으로 자리 잡았다. 이러한 상황은 명나라와 청나라로 그대로 이어졌고, 그 과정에서 《영락대전》이나 《성리대전》 같은 책들이 국가 주도로 편찬되었다.

그의 학문이 이러한 지위를 누리게 된 데에는 그의 학문을 이어받은 제자들의 활동이 컸다. 제자들은 스승의 학문을 정리하면서 중국 전체로 퍼트려갔으며, 그 과정에서 주희가 제자들을 가르치면서 주고받은 말들이 《주자어류》로 편찬되고, 그가 남긴 글은 《주문공문집》으로 만들어졌다. 그리고 주자학이 관학이 된 의미는 《시경》, 《서경》, 《역경》, 《예기》, 《춘추》의 오경 중심 학문 경향이 《논어》, 《맹자》, 《대학》, 《중용》의 사서 중심으로 바뀐 것을 뜻한다. 그러한 변화의 중심에 주희가 심혈을 기울여 편찬한 《사서집주》가 서 있다.

주희는 이처럼 그의 철학을 통해 유가 경전을 확고한 자리에 올려놓았고 공자와 맹자의 지위 또한 분명하게 정립했다. 뿐만 아니라 주자학은 성리학을 통치 이념으로 삼은 조선에서도 관학으로 자리 잡았고, 임진왜란 이후 조선을 통해 성리학을 받아들인 일본 또한 도쿠가와 막부 이후 주자학을 공식적인 관학으로 삼았다. 이로써 주희가 쓴 모든 책은 근대 이전 동아시아 지식인들의 필독서가 되었고, 주자학 또한 동아시아 전체의 확고한 사상으로 자리 잡았다.

하지만 주자학이 절대 권위를 누릴수록 그 양지와 음지의 격차는 점점 커져갔다. 주자의 후학들은 주희가 이미 다 이루었으므로 자신들은 주희의 이론을 익히고 그에 따라 실천만 하면 그만이라는 생각에 빠졌다. 그래서 새로운 이론 전개 없이 다만 주희의 학설을 정리하고 무조건 따르는 폐단이 이어졌다. 그리고 주희를 흉내 내는 데 그친 많은 지배층들이 그의 이론을 기득권 유지의 이데올로기로 활용했다. 따라서 주자학은 사회 발전을 가로막는 엄청난 질곡이 되기도 했고, 심지어 주희가 강조한 리가 많은 사람을 죽게 했다는 비난까지 받아야 했다. 동아시아 여러

나라들이 근대 이후로 전통과 현대의 충돌 속에서 겪었던 가부장적 문화나 도덕 지상주의적 사고의 문제점은 모두 이 같은 부정적 흐름에서 온 것이었다.

그나마 다른 한편으로는 주희의 공부 방법론 가운데 도문학보다 존덕성을 중요하게 여긴 학자들을 중심으로 주희와 논쟁을 벌였던 육구연의 학문 경향을 받아들여서 주자학과 상산학의 절충 사조인 '주륙화회론'을 전개했다. 그 결과 남송 이후 미미하게 이어지던 상산학이 다시 살아나는 계기가 되었고, 이런 토대 위에서 상산학과 비슷한 경향을 보이는 왕수인의 양명학이 나와서 명나라 이후의 사상계를 풍부하게 만들었다.

『자네는 늘 이 세상 모든 것이 다 마음 안에 있다고 했네.

그러면 저 절벽의 꽃나무는 과연

내 마음과 무슨 상관이 있단 말인가』

그러자 왕수인이 답했다.

『그대가 이 꽃나무를 보기 전에는

이 꽃이나 그대 마음이나 모두 고요할 뿐이었네.

하지만 그대가 여기에 와서 이 꽃을 보는 지금

꽃 빛깔이 한순간에 또렷해졌을 것이네.

그러니 이 꽃이 그대 마음 밖에 있는 것이

아니라는 사실을 알 수 있지 않겠는가』

왕수인

만물의 이치를 가슴에 품은 격정의 사상가

대나무 앞에서 가진 문제의식으로 일생을…

20대 초반의 두 젊은이가 대나무 앞에 자리를 잡고 앉았다. 두 사람은 어려서부터 주자학을 공부해온 왕수인(王守仁, 1472~1528)과 그의 친구였다. 당시 대부분의 학자들은 주희의 사상이 하늘과 땅과 사람의 이치를 모두 꿰뚫은 완벽한 사상이기 때문에 자신들은 주희의 사상을 열심히 익히고 그대로 따라 살면 될 뿐이라고 생각했다. 하지만 실험 정신이 강했던 왕수인은 남들처럼 아무런 문제의식도 없이 주희의 이론만 따라갈 수는 없었다. 그는 주희의 이론이 옳다면 내가 주희의 이론을 직접 체험할 수 있어야 한다고 생각했다. 주희는 모든 만물이 각기 제 안에 하늘로부터 받은 정해진 이치를 가지고 있기에, 누구나 사물 하나하나를 만나 그 사물의 이치를 깨달아가다 보면 어느 날 하루아침에 모든 사물의 이치를 깨닫게 된다고 했다. 따라서 주희의 이론대로라면 사람에게는 사람의 이치가 있고 개에게는 개의 이치가 있으며 대나무에는 대나무의 이치가 있어야 한다. 그래서 대나무의 이치를 알아보겠노라고 대나무 앞에 자리를 펴고 앉은 것이었다.

왜 하필이면 대나무였을까? 아마도 사군자 가운데 하나이니 공부하는 선비로서 친근감을 느꼈던 것은 아니었을까?

두 사람은 책상다리를 하고 앉아 대나무를 뚫어지게 바라보기 시작했다. 그러면서 마음으로 느끼고 머리로 생각하려 했다. 하지만 마주 선 대나무의 겉모습만 보일 뿐 아무런 느낌도 느껴지지 않았고 아무런 생각도 떠오르지 않았다. 그렇다면 집중을 덜 해서 그런 것인가? 하지만 시간이 지나도 대나무는 결코 내 속으로 들어오지 않았다. 왕수인과 그의 친구는 더욱 집중해서 대나무를 바라보았다. 그들은 오직 사물의 이치를 참답게 깨달아 보겠다는 생각에 먹지도 자지도 않고 앉아 있었다. 하루가 지나고 이틀이 지나고 마침내 몸과 마음이 점점 힘들어지기 시작했다. 하지만 두 사람은 이 실험을 멈출 수 없었다. 만일 아무런 깨달음도 없이 실험을 멈춘다면 모든 사물의 이치를 깨달아서 마침내 성인이 될 수 있다고 했던 주희의 가르침에서 첫째 관문조차 통과하지 못한 것이 되기 때문이었다.

3일째 되던 날 왕수인의 친구가 쓰러졌다. 먹지도 않고 자지도 않고 앉아 있었으니 탈진할 수밖에 없었다. 하지만 왕수인은 쓰러진 친구를 보면서도 이 실험을 멈출 수 없었다. 공부의 길로 들어서지 않았다면 모르지만 성인을 목표로 두었던 학자로서의 꿈을 저버릴 수는 없었기 때문이다. 오히려 쓰러진 친구를 보면서 왕수인은 더욱 마음을 다잡았을 것이다. 하지만 어려서부터 무예를 익혀 튼튼한 몸을 지녔던 왕수인도 마침내 일주일이 되던 날 쓰러지고 말았다. 그리고 그 순간까지도 대나무는 대나무대로 있고 왕수인은 왕수인대로 있을 뿐이었다.

겨우 몸을 추스른 왕수인은 자신의 실험이 왜 실패했는지를 곰곰이 생각했다. 그리고 얻은 결론은 대나무의 이치가 대나무 속에 있지 않기 때문이라는 것이었다. 그렇다면 대나무의 이치는 어디에 있는 것인가? 그리고 주희의 이론이 틀렸다면 나는 이제 누구의 어떤 이론을 따라야 하는가? 만일 따를 만한 다른 이론이 없다면 스스로 만들어야 하는 것인가? 그런 생각을 하는 순간 왕수인은 이정표 없는 사막 한가운데 던져진 듯 두렵고 외로웠을까, 아니면 자신이 새로운 이론을 만들 수도 있다는 생각에 미래에 대한 막연한 동경으로 가슴 설레었을까? 당시 겪었을 왕수인의 마음고생을 짐작하기는 어렵지만 젊은 시절의 이 경험이 바로 양명학을 만든 동력이었다. 그리고 이런 문제의식이 37세 때 맹수가 우글거리고 독사와 지네가 떼를 지어 살던 용장에서의 깨달음으로 열매를 맺기 시작했다.

파란만장한 삶 속에서 얻은 깨달음

왕수인은 절강성 요강(姚江) 유역에 위치한 여요(餘姚)에서 태어났다. 그의 집안은 명문 귀족이었고, 아버지 왕화는 남경 이부상서까지 지내다가 당시 세력가인 환관 유근과 다툰 끝에 벼슬에서 물러난 사람이었다. 왕수인의 호는 양명(陽明)이다. 그래서 그의 학문을 양명학이라고 하며 다른 이름으로는 요강, 또는 여요의 학문이라고도 부른다.

왕수인은 파격적이면서도 격정적인 삶을 살았고, 그래서 많은 에피소드를 남겼다. 11세 때에는 수업을 받다가 선생이 "공부의 목적은 과거 합격에 있다"고 하자 "아닙니다. 공부는 성인(聖人)이 되기 위해 하는 것입니다"라고 말하여 선생을 당황하게 만들기도 했다. 청소년기에는 상당한 수준의 시를 짓기도 했고, 친구들과 시 짓는 모임을 만들기도 했다. 그러면서 다른 한편으로는 전쟁놀이를 좋아하여 말달리고 활 쏘는 시합을 즐겼고, 병법 공부에 빠지기도 했으며, 심지어 북경 주변의 도적 떼를 토벌할 계책을 만들어 나라에 상소하겠다는 것을 아버지가 여러 차례 말리기도 했다.

18세 때 오여필의 수제자 누일재(婁一齋, 1422~1491)에게 배우기 시작하면서 주자학에 뜻을 두었다. 하지만 앞에서 본 대나무 실험 이후 주자학에 의문을 품으면서 여러 차례 다양한 학문 세계를 경험했다. 그 첫 번째는 주자학에서 해답을 얻지 못한 뒤 문학에 빠져 글 짓는 일에 몰두하던 시기였다. 그리고 둘째는 도가와 불가에 빠져 지내던 시기로 심지어 도사가 되겠다는 생각으로 산에 들어가 수련을 하기도 했다. 이 시기 또한 그의 학문을 한 단계 높이는 과정이었지만 다른 한편으로는 뒷날 양명학이 선불교와 같다는 비판을 받는 원인이 되기도 했다. 그리고 세 번째는 다시 유학으로 돌아온 시기이다. 그런 점에서 왕수인의 학문은 크게 세 번 바뀐 셈이다. 왕수인은 무엇이든 한번 몰두하면 깊이 빠져드는 버릇이 있었다. 그래서 후대 학자들은 그가 깊은 관심을 보였던 문학, 도교, 불교에다 말 달리고 활 쏘는 일과 격정적인 협객 같은 생활을 더해 그가 다섯 가지에 빠졌다고 했다.

왕수인은 28세 때 진사 시험에 합격하여 벼슬에 나아갔다. 하지만 31세 때 병으로 사직한 뒤 고향으로 돌아와 양명동에 집을 짓고 공부에 몰두했다. 양명이란 호는 바로 여기에서 왔다. 그 뒤 다시 벼슬에 나아가면서 촉망 받는 인재로서 장래가 보장되는 듯 보였다. 하지만 35세 때부터 아버지와 대립했던 환관 유근을 반대하는 운동에 가담했다가 기절할 때까지 곤장을 맞고 감옥에 갇혔다. 그러고는 이듬해 유배나 다름없는 귀주성 산골짜기 용장역 책임자로 가게 되었다. 역은 급한 용무로 오가는 관원들이 말을 갈아타는 곳으로 지위도 낮고 하는 일도 별로 없는 한직이었다. 더구나 용장은 기후도 나쁘고 풍토병도 심한 곳인 데다 주변에 맹수가 우글거리고 독사와 지네들이 들끓는 오지였다. 하지만 늘 죽음과 직면해 있는 이곳이야말로 오직 자신에게만 집중함으로써 깨달음을 완성할 수 있는 다시없는 장소였다. 왕수인은 바로 여기서 '마음이 곧 이치'라는 깨달음을 얻게 된다.

1509년 유근이 권력에서 몰려나 처형당하자 왕수인은 용장을 떠나 새로운 관직을 맡게 되었다. 그리고 45세부터는 4년 동안 장군이 되어 각 지방에서 일어나는 많은 민란을 토벌하기도 했는데, 여러 차례 죽을 고비를 넘기면서도 매번 대승을 거두었다. 심지어 죽기 직전까지도 광서성의 비적을 소탕하고 묘족의 봉기를 진압했다. 그의 학문에 주자학의 이지적인 측면과 달리 파토스적인 요소가 많은 것도 이 같은 파란만장한 생애와 관련이 있다. 하지만 마음이 곧 이치이며 그때의 마음은 모든 사람의 마음이라는 점에서 평등적 요소를 담고 있으면서도 다른 한편으로는 역사 발전 과정에서 평등을 실현하기 위한 노력이었던 민란 진압에 적극적으로 앞장 선 모습은 서로 모순이라는 지적도 있다.

왕수인은 그런 과정에서도 무너진 향촌 질서를 바로 세우기 위해 여러 제도를 만들었다. 열 집을 한 단위로 묶어서 지역을 지키고 아울러 서로를 감시하게 하는 십가패법, 일반 백성을 임시 군졸로 채용하는 민병제, 명나라에서는 최초로 시행한 향약 등이 그가 만든 제도들이다. 그 가운데 십가패법은 중앙정부에서 정식으로 채택하여 보갑법으로 발전시켰고, 향약도 각지에서 실시되었다.

하지만 왕수인은 자신의 사상을 글로 남기고 제자를 기르는 일에도 열심이었다. 그의 사상을 볼 수 있는 가장 중요한 저술은 《전습록》이다. 《전습록》은 제자들이 스승의 어록을 모아 편찬한 책인데, 전습(傳習)이란 제목은 《논어》, 〈학이〉 편에 나오는 증자의 말 가운데 '전해 받은 것을 익히지 않았는가(傳不習乎)'에서 따온 표현이다. 책은 상·중·하 세 권으로 되어 있는데, 상권은 제자들과의 대화를 기록했고, 중권은 친구나 제자들에게 보낸 편지와 논문이 실려 있으며, 하권 또한 상권처럼 제자들과의 대화를 수록했다. 그 구체적인 내용을 살펴보면 상권은 심즉리설과 지행합일설이 중심이고, 중권과 하권은 치양지설과 만물일체설이 중심을 이룬다. 그리고 왕수인은 57세 되던 해 "내 마음이 환하게 밝은데 또 다시 무엇을 말하겠는가?"라는 말을 남기고 숨을 거두었다.

사회적 혼란과
자본주의 맹아가 피워낸 양명학

주자학이 송나라의 학문이었다면 양명학은 명나라의 학문이었다. 더구나 양명학은 명나라 중기 이후의 엄청난 혼란 속에서 싹이 튼다. 명나라는 1449년 토목에서 일어난 참변 이후 걷잡을 수 없이 무너지기 시작했다. 토목의 참변이란 몽골 부족들이 명나라의 국경 수비가 허술해진 틈을 타서 명나라 대신이 공물을 바치러 온 자기들의 사자를 방해했다는 핑계로 군사를 일으켜 쳐들어와서 황제까지 사로잡은 사건이었다. 당시 황제는 친히 50만 대군을 이끌고 몽골 토벌에 나섰지만 만리장성 바깥 초원 지대에 위치한 토목에서 식량과 물도 없이 몽골 기병에 포위되었다가 병사들은 대부분 죽고 자신은 포로가 되고 말았다.

　하지만 이 사건은 명나라 멸망의 직접적인 촉매에 불과했고 근본 원인은 오래전부터 시작되었다. 본래 명나라를 세운 주원장은 가난한 농민 출신으로 홍건적에 가담했다가 각 지역의 우두머리들을 제거하여 실권을 잡은 뒤 강남 지주들과 손잡고 마침내 황제에까지 오른 대단한 인물이었다. 그는 황제가 된 뒤 재상 제도를 없애고 각 지역에 자신의 아들 24명을 임명함으로써 황제의 절대 지배를 강화했다. 이 같은 조치는 송나라 이후 황제의 권위를 견제할 정도로 커졌던 사대부들의 힘을 약화시켰고, 그 결과 상대적으로 서민들의 지위를 강화시킴으로써 나중에 평등이나 개인의 특성을 중시하는 사상이 나오는 토대가 되었다. 여기에 황제가 자신의 아들이나 형제 또는 공신을 변두리 지역 왕으로 임명하고 대신 다스리게 했기 때문에 지방 권력을 쥔 번왕들이 여러 차례 반란을 일으킴으로써 통치 계급 자체의 혼란이 가중되었다.

또한 건국 초부터 진행된 황실의 권한 강화는 황실과 황실을 받드는 환관, 그리고 인척들의 대토지 소유로 나타났다. 대표적인 사례가 1508년 즉위한 무종 황제다. 무종은 즉위 첫 달 황실 장원 7개를 새로 만들었고, 이로써 황실 소유 장원은 모두 300개가 넘었다. 이 같은 지배층의 탐욕과 사치는 농민이 가진 토지는 줄어들고 부담해야 할 세금은 늘어나는 현상으로 이어졌다. 떠돌이 유민들이 많아졌고 삶의 고단함을 이기지 못한 농민들의 무력 봉기가 뒤를 이었다. 농민 봉기에서 그들이 내건 구호는 '다시 혼돈의 하늘을 열자'는 것이었다. 혼돈의 하늘은 질서 잡힌 하늘의 반대이다. 질서 잡힌 세상은 지배층과 피지배층의 구분이 엄격한 세상이었다. 하지만 혼돈이란 무질서처럼 보이면서도 지배와 피지배, 소유와 무소유의 구분 없이 모두가 하나로 어우러지는 이상 사회였다. 이처럼 역사 속에 나타난 민중 봉기의 대부분은 숨 막힐 듯한 신분 차별에 대한 부정이었으며 이것은 그들이 할 수 있는 당연한 요구였다. 그리고 이러한 요구의 사회적 의미는 봉건통치 질서의 이데올로기였던 주자학에 대한 도전이었다. 즉 혼돈의 하늘은 주자학이 말하던 하늘이 정해준 이치에 대한 부정이었다.

하지만 계속되는 혼란에도 당시 통치 이데올로기였던 주자학은 그러한 사회적 위기를 넘어설 방안을 제시하지 못했고 따라서 새로운 대안의 필요성은 점점 더 커져갔다. 더구나 왕수인은 여러 차례의 농민 봉기 진압 과정에서 농민들의 적대감을 직접 경험했기 때문에 기존 질서로는 이들을 설득할 수 없음을 잘 알았다. 물론 왕수인도 지주 신분의 사상가로서 자신의 한계를 넘어서지 못한 부분도 많다. 하지만 인간 주체에 대한 외적 규제가 얼마나 심한 반발로 나타나는가를 경험하면서 지배 계층이든 피지배 계층이든 모든 인간의 주체 속에 하늘의 이치를 담아 들임으로써, 결과적으로 개체 의식을 강조하는 방향으로 나아간 것이 그가 말한 '심즉리'였다. '내 마음이 곧 이치'라는 '심즉리'는 내 마음과 사물의 이치를 하나로 한 것으로 하늘의 이치와 개인 주체를 나누어놓는 주자학에 대한 새로운 대안이었던 셈이다.

이 같은 변화에는 명나라 중기 이후 나타나기 시작한 상품 경제의 발달도 한 몫을 했다. 몽고족의 지배를 벗어나 한족의 나라를 되찾은 명나라에서는 원나라 때 위축되었던 경제가 강남 지역을 중심으로 다시 살아나기 시작했다. 특히 주원장의 건국에 결정적 도움을 줌으로써 황실의 적극적인 지원을 등에 업은 강남 지역은 전문 수공업 도시로 커갔고, 심지어 항주와 소주 같은 지역은 도자기, 조선, 방직, 제철 등 다양한 산업이 공장제 수공업으로 자리 잡으면서 자본주의적 경영 방식이 들어오기에 이르렀다. 물론 오늘날의 자본주의 생산 방식과는 다르지만 이전까지 노예에 가까웠던 노동자들이 노동 대가를 은으로 받는 당당한 임금 노동자로 바뀌기 시작한 것이다. 그들은 임금을 보고 고용주를 자유롭게 선택할 수 있었고, 임금은 노동의 숙련 정도에 따라 결정되었다. 따라서 노동자들은 고용인들로부터 상당 부분 신체적 자유를 누릴 수 있었다. 심지어 술과 맛있는 음식이 아니면 일을 시킬 수 없을 정도로 노동자들의 대우가 달라졌고, 이 같은 노동시장의 발달은 화폐의 발달로 이어졌다. 학자들은 이러한 명대의 경제적 상황을 가리켜 '근대적 자본주의의 싹'이라고 부른다.

이 같은 사회적 변화가 비록 일부 강남 지역에서 일어난 것이지만 피지배 계층을 소유물처럼 여기던 상황으로부터 개체의 독립성을 인정하는 분위기로 바뀌게 했고, 그 결과 영원히 변치 않을 것이라고 생각했던 계층 간 윤리가 흔들린다는 불안감까지 느끼게 되었다. 이익이냐 손해냐를 따지기보다는 옳은가 그른가를 따지고, 예의 법도를 통해 개인의 욕구를 억누르던 주자학적 전통이 욕구대로 움직이려는 개인의 요구와 부딪히면서, 하늘이 정한 이치를 내 안에 보존하고 마음속의 욕구를 없애야 한다는 주자학의 목표가 흔들리는 상황이 된 것이다. 하지만 이 같은 변화의 토대 위에서 명나라 시기의 서민 문화가 꽃피게 된다. 그러한 서민 문화는 4대 기서라고 불리는 서유기나 금병매처럼 지배층의 언어가 아니라 서민의 언어로 쓰인 구어체 문학 작품으로 남았고, 귀족들만 쓴다고 생각했던 도자기가 서민들도 사용할 수 있는 것으로 넓혀졌다.

이러한 흐름은 하늘의 이치와 나의 관계를 다시 따져보는 계기가 되었다. 그래서 피지배 계층의 신체까지도 소유물처럼 억압하고 누르는 것은 시대적 요구와 맞지 않는다는 생각으로 나아갔고, 그렇다면 지배 질서를 유지하면서도 자신의 욕구를 내세우는 피지배 계층을 교화시킬 수 있는 방안이 무엇인지를 고민하게 되었다. 그리고 그 결과가 바로 모든 사람 속에 하늘의 이치가 들어 있다는 논리로 나온 것이다.

그렇다면 양명학이 나오게 된 사상적 연원과 배경은 무엇일까? 주자학이 공자, 맹자에서 연원을 찾듯이 왕수인의 학문 또한 그 연원은 공자와 맹자다. 특히 초기 유학에서는 맹자의 영향이 컸고, 송나라 이후로는 정호와 정이 형제 가운데 정이가 주희에게 영향을 끼친 것과 달리 정호의 영향을 많이 받았고, 특히 주희의 논적이었던 육상산으로부터 가장 많은 영향을 받았다. 그 가운데 먼저 맹자를 보자. 《맹자》에는 〈진심〉이라는 이름이 붙은 편이 있다. '진심'이란 마음을 다한다는 뜻이니 이 편은 제목부터 마음을 강조했던 왕수인의 생각과 비슷한 느낌을 준다. 맹자는 '마음을 다하면 본성을 알게 되고, 본성을 알면 하늘을 알게 된다'고 했다. 이 얼마나 거창한 말인가? 하늘을 생명뿐만 아니라 도덕까지 포함하여 모든 것의 근원이라고 보았던 맹자가 마음을 통해 바로 그 하늘을 알게 된다고 한 것이다. 더구나 맹자는 '만물이 모두 내게 갖추어져 있다'고 했다. 이 말은 내 마음에 모든 만물의 이치가 담겨 있다고 보았던 왕수인의 생각과 매우 흡사하다. 이런 입장에서 맹자는 사람을 감각기관을 쫓는 소인과 마음의 생각하는 능력을 따르는 대인으로 나누고 하늘로부터 받은 그 마음을 근본으로 삼아야 한다고 했다.

맹자의 영향은 마음에 대한 강조뿐 아니라 양지양능을 그대로 계승한 것에서도 잘 나타난다. 맹자는 배우지 않아도 할 줄 아는 것이 '양능'이고 따져보지 않아도 아는 것을 '양지'라고 했다. 여기서 '양'은 타고난 것이니 '타고난 능력'과 '타고난 앎'을 의미한다. 그런 점에서 우리가 잘 쓰는 양심이란 단어도 착한 마음이 아니라 타고난 마음을 뜻한다. 이 같은 맹자의 생각은 마음이 곧 이치이며 그 이치의 본모습이 양지양능이라고 하는 왕수인의 생각으로 이어졌다.

다음으로 정호의 영향을 보자. 그의 아우 정이가 이와 기를 엄격하게 구분 짓고, 형이상과 형이하를 분명하게 나눈 것과 달리 형이상과 형이하가 하나이며, 리와 기도 하나라고 하는 일원론을 주장했다. 이러한 생각은 왕수인에게로 그대로 이어진다. 그래서 왕수인 또한 리와 기, 본성과 감정, 형이상과 형이하, 이상과 현실이 모두 하나라는 입장을 보였다.

그리고 가장 직접적인 영향을 준 사람은 육구연이었다. 육구연은 호를 상산이라 했는데, 육상산은 우주 안에서 일어나는 모든 일이 내 안에서 일어나는 일이며, 내 안에서 일어나는 모든 일이 우주 안에서 일어나는 일이라고 했다. 그래서 우주가 내 마음이고 내 마음이 곧 우주라고 했으며, 마음이 곧 이치라고 했다. 마음이 곧 이치라는 '심즉리'는 양명학의 핵심 명제가 되었다. 그렇기 때문에 세부적으로는 두 학문을 상산학과 양명학으로 나누면서도, 큰 틀에서는 육왕학이라는 표현처럼 같은 계열의 학문으로 묶어서 본다.

이처럼 앞선 시대의 사상이 영향을 주었다면 또 다른 면에서는 당시 명나라 사상계에 일기 시작한 변화 또한 직접적인 영향을 주었다. 명대 사상계의 흐름을 큰 틀에서 본다면 리를 강조하던 학문 경향이 마음을 강조하는 학문 경향으로 바뀌기 시작했다. 사실 그 이전까지의 학문 경향은 관학이 된 주자학을 계승 답습하는 데 그쳐 있었다. 대부분의 유학자들은 주희가 이미 학문을 통해 깨달을 수 있는 모든 것을 다 이루었기 때문에 자신들은 주희의 이론을 철저히 따르기만 하면 된다고 생각했다. 그 결과 실천 중심주의와 교조주의적인 모습을 보였을 뿐 내적인 진지한 고민을 통한 학문적 발전은 기대하기 어려웠다.

하지만 그런 흐름 속에 진헌장과 담약수가 새바람을 불어넣기 시작했다. 두 사람은 도덕적 본성을 지키고 자신의 욕구를 없애라고 했던 일반 주자학자들과 달리 마음의 역할을 강조하기 시작했다. 사실 진헌장은 철저한 주자학자였던 오여필의 제자였다. 오여필은 조정에서 주는 벼슬에 두 달 정도 몸 담았을 뿐 비가 새는 집에 머물며 직접 농사를 지으면서 오직 성인이 되기 위한 공부에만 몰두하던 사람이었고, 자신의 제자들에게도 농사지을 것을 권했다. 이런 스승에게서 진헌장이 배운 것은 학문에 대한 열정이었다. 그리고 진헌장은 스승의 가르침과 달리 육구연의 학문 방법을 계승하면서 고요히 마음을 가라앉히는 수양법의 우수성을 깨닫게 되었다. 그래서 진흙탕 물도 가라앉으면 맑은 물이 되는 것처럼 마음 또한 가라앉히면 바깥 사물에 이끌리는 욕심으로부터 자유를 얻을 수 있다고 생각했다. 그는 특히 마음을 가라앉히고 내면의 자연스러운 모습을 보는 것이 도를 깨닫는 길이고, 그 결과 내 마음과 만물의 이치가 하나가 될 수 있다고 함으로써, 마음과 이치를 둘로 나누어보던 주자학과는 다른 생각을 끌어냈다. 이처럼 진헌장은 정해진 이치에 대한 깨달음을 강조하던 주자학의 폐쇄성을 깨뜨리고 마음의 역할을 강조함으로써 인간 주체를 중시하는 새로운 사상적 기반을 마련한 셈이다.

이러한 생각을 이어받은 사람이 진헌장의 제자 담약수였다. 담약수는 왕수인이 죽었을 때 비석 글을 지어줄 정도로 가까운 친구였기 때문에 당시 사람들은 두 사람을 하나로 묶어 '왕담'이라고도 불렀다. 담약수는 특히 모든 이치가 마음에 들어왔을 때 비로소 깨달음을 얻게 되는 것이며, 어떠한 깨달음도 마음을 벗어나 있는 것이 아니라고 보았다. 이처럼 명나라 중기의 사상계는 서서히 리 중심 학문에서 마음 중심 학문으로 바뀌어갔다.

모든 것이 내 마음 안에 있다

어느 날 왕수인은 친구들과 함께 아름다운 자연의 경치를 즐기고 있었다. 눈앞에 펼쳐진 계곡과 깎아지른 절벽에 핀 풀과 나무는 끊임없는 자연의 생명력을 잘 보여준다. 그때 문득 한 친구가 절벽 바위틈에 뿌리를 내린 채 꽃을 피운 나무를 가리키면서 물었다. "자네는 늘 이 세상 모든 것이 다 마음 안에 있을 뿐이라고 하지 않았는가? 그러나 저 꽃나무를 보시게. 깊은 산 속에 있으면서 제 스스로 피고 지는 저 꽃이 과연 내 마음과 무슨 상관이 있단 말인가?" 그러자 왕수인이 그 친구를 바라보며 답했다. "그대가 이 꽃나무를 보기 전에는 이 꽃이나 그대 마음이나 모두 고요할 뿐이었다네. 하지만 그대가 여기에 와서 이 꽃을 보는 순간 꽃 빛깔이 한순간에 또렷해졌을 것이네. 그러니 이 꽃이 그대 마음 밖에 있는 것이 아니라는 사실을 알 수 있지 않겠는가?"《전습록》에 실려 있는 이 일화는 '마음이 곧 이치'라는 왕수인의 생각을 잘 보여준다.

왕수인은 효도의 경우도 효의 이치가 어버이에게 있는 것이 아니라 내 마음속에 있다고 보았다. 그 까닭은 만일 효의 이치가 어버이에게 있다면 어버이가 돌아가시고 나면 효의 이치 또한 없어져야 할 터이지만, 오히려 돌아가시고 난 뒤에도 부모를 그리워하는 마음을 통해 효의 이치가 남아 있기 때문이다. 친구와의 사이에 있는 믿음 또한 마찬가지이다. 친구가 이 세상에 없거나 지금 내 곁에 없다고 해도 내가 살아 있는 한 그와의 믿음은 여전히 내 안에 존재하는 것과 같다. 왕수인은 사물 속에 들어 있는 각각의 서로 다른 이치를 깨달아가다 보면 마침내 그 모두를 포괄하는 궁극의 이치를 깨닫는다고 했던 주희의 이론과 달리 모든 이치를 포괄하는 궁극의 이치가 처음부터 마음 안에 담겨 있다고 보았다. 그래서 마음속에 믿음의 이치가 따로 있고 효의 이치가

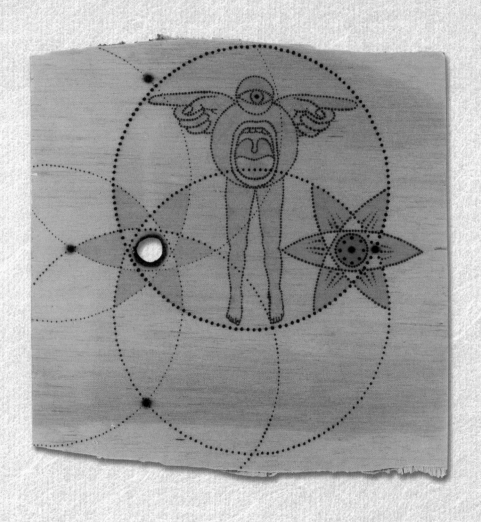

따로 있는 것은 아니라, 내 마음속에 들어 있는 만물의 존재 법칙이자 도덕법칙인 리가 부모에 대해 펼쳐지면 효가 되고 벗에 대해 펼쳐지면 믿음이 된다는 것이다.

사물 속에 하늘이 정한 이치가 있는 것이 아니라 그런 이치가 모두 내 마음에 있다는 생각은 매우 혁명적이었다. 유학이 본래 인간을 중심에 둔 사상이지만 왕수인의 이러한 생각은 인간 중심주의를 더 강화한 것으로써 인간 주체에 대한 전적인 신뢰를 담고 있다. 그 이전까지 학문의 중심은 성인의 말씀을 담은 경전이었다. 따라서 그 가르침이 내 마음에 와 닿지 않는 부분이 있어도 최고의 잣대로 여기고 받아들여야만 했다. 그런 점에서 중세 성리학이 모든 사람을 공자 왈 맹자 왈 하는 옛날 경전에 속박시키거나 이 세상에 이미 존재하지도 않는 옛 성현의 노예로 삼은 것이라는 비판도 가능하다. 모든 것이 내 마음에 달렸다는 왕수인의 생각은 바로 그런 속박으로부터의 해방이었고, 그보다 앞서 모든 경전 말씀이 내 마음을 풀어낸 것일 뿐이라고 했던 육구연의 생각과도 일치하는 것이었다.

'모든 것이 내 마음 안에 있다'고 할 때의 마음은 넓게는 모든 사람들의 마음을 의미하며 가까이는 바로 내 마음을 의미한다. 이러한 생각은 주자학에서 마음을 욕심 섞인 마음인 인심과 순수한 마음인 도심으로 나누고, 도심은 순수한 하늘의 이치 그대로이지만 인심은 구체적인 개개인의 마음으로써 그 안에 사사로움을 꾀하는 욕심이 담겨 있다고 보고 경계의 대상으로 삼았던 것과 달리, 인심과 도심이 다른 것이 아니라는 일원적 입장으로도 나타난다. 그렇기 때문에 왕수인과 그 제자들은 거리에 다니는 모든 사람이 다 성인이라고 했다.

그렇다면 마음은 어디에 있을까? 사람들은 대부분 마음이 가슴에 있다고 생각한다. 그런 점에서 한자의 마음 심(心)자는 심장을 그린 해부학적인 글자다. 하지만 서양 과학이 발달하면서 우리가 마음의 작용이라고 생각했던 여러 가지 의식 작용들이 모두 뇌의 활동 과정이라고 알게 되었다. 그럼에도 아직까지 우리는 마음이 아픈 것과 머리가 아픈 것을 구분한다. 그리고 마음이 아플 때면 실제 가슴의 통증을 호소하기도 한다.

그렇다면 내 마음에 만물이 담겨있다는 생각은 어떻게 가능할까? 《대학》에서는 '마음이 거기에 가 있지 않으면 들어도 듣지 못하고 보아도 보지 못하며 먹어도 그 맛을 모른다'고 했다. 이런 생각은 팝송 '침묵의 소리(The Sound Of Silence)' 가사에도 잘 나타나 있다. 그 노래 가사에서는 사람들이 자기 소리 없이 남이 한 이야기만 주절대고, 귀 기울여 듣지 않고 건성으로 들으며, 사람들이 결코 마음을 담은 목소리로 노래할 수 없는 그런 노래만 만든다고 했다.

우리는 어떤 일을 골똘히 생각하느라 차창 밖으로 무수히 많은 경치와 사물이 지나갔어도 뭘 봤는지 전혀 기억하지 못하는 경우가 얼마든지 있다. 마찬가지로 생각에 잠겨 옆에서 무슨 소리가 나도 듣지 못하는 경우도 있으며, 슬픔이 지나쳐 물 한 모금조차 넘기지 못하는 경우도 있다. 이것이 바로 마음이 거기에 가 있지 않은 경우들이다. 하지만 마음이 움직이면 전혀 다른 결과가 나온다. 이 같은 왕수인의 생각은 생텍쥐페리의 《어린 왕자》에 나오는 비유와 비슷하다. 사막에서 만난 여우는 어린 왕자에게 누군가와 인연을 맺는 것이 길들임이라고 설명한다. 자신은 닭을 쫓고, 사람들은 자신을 쫓지만 닭들은 서로 비슷하고, 사람 또한 모두 비슷하단다. 그러나 어린 왕자가 자신을 길들인다면 다른 발자국 소리에는 땅속으로 숨겠지만 어린 왕자의 발자국 소리는 자신을 굴 밖으로 불러내는 음악 소리가 될 것이라고 한다. 그리고 자신은 빵을 먹지도 않지만 어린 왕자의 머리 빛깔과 같은 밀밭만 보아도 어린 왕자를 생각하게 될 것이며 심지어 밀밭을 스치는 바람 소리까지 사랑하게 될 것이라고 했다. 왕수인은 바로 이러한 마음을 인간 주체의 중심을 넘어서 우주 만물의 중심으로 삼았다.

왕수인은 이 마음의 본체가 바로 맹자가 말한 양지라고 한다. 맹자는 양지를 "배우지 않아도 알고 연습하지 않았어도 할 수 있는" 도덕적 자각 능력으로 보았다. 왕수인은 모든 사람에게 이 같은 양지가 들어있다고 보고 양지를 만물의 근거이자 중심으로 삼았다. 왕수인의 이러한 생각은 《전습록》에 잘 나타나 있다. 어느 날 왕수인이 제자들과 큰 강당에 둘러앉아 늦은 시간까지 배움에 대한 이야기를 나누고 있었다. 때마침 도둑이 지붕을 타고 들어왔다가 사람들이 둘러 앉아 있는 모습을 보고 다시 나가지도 못한 채 대들보 위에 엎드려 사람들이 잠들기만 기다렸다. 그런데 공교롭게도 이야기를 나누던 제자 하나가 갑자기 고개를 들어 천장을 올려다보는 것이 아닌가? 그리고 그 제자는 소스라치게 놀라 왕수인에게 작은 목소리로 말했다. "선생님, 지금 저 대들보 위에 도둑놈이 숨어 있습니다" 그러자 힐끗 대들보를 올려다본 왕수인이 나무라며 말했다. "어허 도둑놈이라고 하면 안 되네. 저 사람도 군자가 아니겠는가?" 이 일화로부터 양상군자라는 표현이 나왔다. 양상군자는 '대들보 위의 군자'라는 뜻으로 도둑을 점잖게 이르는 말이다. 왕수인은 그 도둑에게 아래로 내려오라고 했다. 이미 자신의 위치가 드러난 것에 체념한 도둑이 아래로 내려와 왕수인 앞에 무릎을 꿇고 앉았다. 그러자 왕수인이 부드러운 목소리로 그에게 말했다. "날이 더운데 괜찮으니 윗도리를 벗으시게" "아 예 그럼 옷을 좀 벗겠습니다" "그래도 더울 텐데 바지도 벗으시게, 괜찮네" "아이고 그건 차마…" "다들 이 분을 보시게. 누가 가르쳐주지 않아도 바지를 벗는 것이 부끄럽다는 것을 알고 있지 않은가? 바로 이것이 모든 사람에게 양지가 있다는 증거일세" 왕수인의 이러한 생각은 길가는 사람 모두가 성인이라는 표현으로도 이어졌고, 양명 후학들을 통해 노동자와 귀족, 심지어 남자와 여자까지를 차별 없이 보는 근대적인 평등의식으로 나아갔다.

책상 앞 깨달음을 넘어선
실천 위의 깨달음

하지만 누구나 양지를 지닌다고 해서 그 자체만으로 성인이 되는 것은 아니다. 그것은 어디까지나 가능성일 뿐이다. 그래서 왕수인은 구체적인 실천을 통해 그 싹을 길러 나가는 '치양지'를 강조했다. '치양지'의 완성은 내 마음과 사물의 이치가 하나로 합일된 경지이며, 아울러 자신의 내면에 들어 있는 타고난 도덕적 자각을 완성한 상태다. 하지만 그 완성은 말로 설명될 수 있는 것이 아니며, 몸으로 직접 깨닫는 과정을 거쳐 얻게 된다. 뒷날 깨달음의 방법을 놓고 제자들 사이에 학파가 갈라지지만 몸으로 직접 깨닫는다는 것은 구체적인 상황에서의 구체적인 실천을 의미한다. 왕수인은 이 방법을 구체적인 일을 통해 자신을 닦아간다는 뜻으로 '사상마련'이라고 했다.

'치양지'와 '사상마련'은 49세부터 50세 무렵에 걸쳐 완성된 주장으로써 37세 때 '내 마음이 곧 이치'라는 '심즉리'를 깨닫고 난 뒤, 38세부터 생각을 깊어간 '지행합일론'과 직접적으로 연관되어 있다. 주희는 앎과 행함이 새의 두 날개나 수레의 두 바퀴와 같다고 하면서도 순서상 먼저 알고 나중에 행한다는 입장을 취했다. 하지만 왕수인은 앎과 행함은 하나라고 한다. 이러한 생각의 가장 기본 토대는 '심즉리'이다. 내 마음속에 만물의 이치가 들어 있다는 점에서 보면 사물과의 관계란 사물과의 만남을 통해 내 속에 들어 있는 이치를 자연스럽게 드러내는 것이 된다. 그 예로 왕수인은 《대학》에서 '나쁜 냄새를 싫어하고 예쁜 얼굴을 좋아하는 것과 같다'고 한 말을 들었다. 이 말은 '뜻을 성실히 한다는 것은 스스로를 속임이 없는 것'이라고 한 말에 대한 설명이었다. 하지만 왕수인은 더 구체적인 설명을 덧붙인다. 왕수인의 해석에

동양철학 에세이 2

따르면 나쁜 냄새를 맡고나서 한참 생각한 뒤 '아 나쁜 냄새가 나는구나'라고 하는 것이 아니라 자신도 모르게 얼굴을 찡그리며 코를 막게 되고, 미인을 보면 한참 생각한 뒤 '아 예쁘다'하는 것이 아니라 보자마자 예쁘다는 생각을 하게 된다는 것이다. 나쁜 냄새를 맡자마자 곧 바로 코를 틀어쥐고 얼굴을 찌푸리는 일이나 미인을 보자마자 예쁜 줄 아는 것은 모두 배우거나 연습하지 않아도 할 줄 아는 양지이며, 내 속에 들어 있는 그 양지가 그런 상황과 만나 자연스럽게 밖으로 드러난 것이다. 그렇기 때문에 앎과 행함은 하나라고 했다. 그래서 왕수인은 '앎이란 실천의 시작이며 실천이란 앎의 완성'이라고 한다.

이러한 생각들이 모여 왕수인의 만물일체론이 나온다. 왕수인은 양지양능설을 인간에 그치지 않고 만물로까지 넓혀갔다. 그래서 양지양능을 인간의 도덕 근거인 동시에 만물의 존재 근거로 삼았다. 구체적으로는 사람이 벌레에 물려 가려운 것이나 벌레가 사람을 무는 행위, 그리고 식물이 꽃을 피우고 잎을 무성하게 매다는 것까지 모든 자연의 행위가 양지양능 아닌 것이 없다. 그리고 그 중심에 내가 있고, 내 중심에 내 마음이 있다. 따라서 내 마음부터 만물까지 양지양능 하나로 꿰어질 수 있다. 이 같은 입장에서 보면 내 마음과 내 마음 밖에 있는 것처럼 보이는 만물 사이에는 조금의 틈도 없으며, 만물이 모두 내 마음속에 들어 있다는 것이 된다. 이것이 바로 인간 주체의 입장에서 본 만물일체론이다. 그렇기 때문에 왕수인은 아무리 작은 일이나 하찮은 물건이라도 마음을 다해 대해야 한다고 했다. 그러면 나는 내 마음속

양지를 완성하게 되고 사물은 각각의 이치를 얻게 되어 내 마음
과 사물의 이치가 하나가 된다는 것이다.

사랑으로 하나 되는 대동사회

심즉리에서 시작하여 만물일체론으로 발전한 왕수인의 생각은
두 가지 방향으로 나아갔다. 하나는 자연을 내 마음속에 끌어들
이는 철학적 심리적 일체론이었고 다른 하나는 인간 사회에서 나
를 중심으로 남을 포괄해가는 정치적 사회적 일체론이다. 전자
는 특히 주희의 방법적 이원론과 달리 일원론으로 나아갔다. 본
래 주희는 리와 기를 나누고, 성과 정을 나누며, 욕심 섞인 마음
과 순수한 마음을 나누고, 형이상과 형이하를 나누며, 추상과 구
체를 나누고, 이상과 현실을 나누며, 군자와 소인을 나누고, 본연
지성과 기질지성을 나누며, 천체로써의 태극과 부분으로써의 태
극을 나누고, 인간의 감정도 탁하고 맑은 것과 거칠고 순수한 것
으로 나누며, 인간과 인간 아닌 것을 나누고, 선과 악을 나누며,
공과 사를 나누고, 명분과 실질을 나누며, 덕으로 하는 정치와 힘
으로 하는 정치를 나누고, 앎과 행함을 나누었다. 하지만 왕수인
은 리와 기를 하나로 보고, 성과 정을 한 근원으로 삼으며, 욕심
섞인 마음과 순수한 마음의 구분을 두지 않고, 형이상과 형이하
가 하나라고 하며, 추상과 구체가 하나이고, 이상과 현실이 다르
지 않으며, 군자와 소인 모두가 성인이라고 하고, 본연지성과 기

질지성의 구분이 없으며, 만물과 내가 하나이고, 선악의 나뉨이 근본적으로 없으며, 앎과 행함이 하나라고 보았다.

그리고 후자의 정치사회적 일체론은 모두가 어우러지는 대동사회 추구로 나아갔다. 대동사회는 모든 유학자가 추구하는 이상 사회였다. 왕수인 또한 온 세상이 개인이나 한 집안 또는 일부 사람들의 소유가 아니라 모든 사람을 위한 것이라는 생각으로 나아갔다. 하지만 대동사회에 이르는 방법론에서 주희와 큰 차이를 보였다. 주희는 통치 계급이 자신들이 얻은 도덕성을 바탕으로 백성들이 새로워질 수 있도록 깨우쳐가야 한다고 했지만, 왕수인은 지배계급이 피지배계급을 '친'으로 대해야 한다고 했다. '친'은 부모를 모친, 부친, 또는 양친이라고 부르는 것처럼 부모와 자식 사이의 조건 없는 사랑 같은 관계를 뜻한다. 그런 점에서 볼 때 주희의 방법론이 이지적 측면이 강하다면 왕수인의 방법론은 정서적 측면이 강하다고 하겠다. 왕수인은 정서적 측면을 통해 내가 아닌 것과 하나 되는 정치 방법론을 제시한 셈이다. 왕수인은 내 아버지를 대하는 마음으로 남의 아버지를 대하면 마침내 나와 모든 사람의 아버지가 한 몸이 된다고 보았다. 마찬가지로 내 형을 대하는 마음을 가지고 남의 형을 대하면 마침내 나와 온 세상 사람들의 형이 한 몸이 된다는 것이다. 이처럼 왕수인은 사랑이야말로 나와 만물이 한 몸이 되는 방법이라고 보았다.

가시밭길을 간 양명의 후예들

왕수인 이후 그의 제자들은 여러 갈래로 갈라졌다. 지역으로 갈리기도 하고 이론으로 갈리기도 했다. 이론에서의 나뉨은 양지를 깨닫는 방법론의 차이에서 왔고, 크게 세 학파로 갈라졌다. 첫째는 누구에게나 양지가 언제나 이미 다 이루어져 있다고 보는 양지현성파이다. 현성파는 마음을 솔직하고 자연스럽게 열어놓을 것을 강조함으로써 개인의 욕망까지도 긍정했기 때문에 인륜이나 기강을 무시하는 경향이 강했다. 다음은 양지를 사물과 만나기 이전의 고요한 상태와 만난 이후의 상태를 나누고 그 가운데 고요한 본모습을 강조한 귀적파이다. 그리고 마지막은 양지를 깨닫기 위해서는 도덕법칙인 하늘의 이치를 깨닫는 것이 필요하다고 본 수증파이다. 이 셋 가운데 현성파를 양명좌파라 부르고, 나머지는 우파라 부르는데, 귀적파와 수증파는 뒷날 주자학에 흡수되었다.

이러한 분화는 왕수인이 살아 있을 때 제자들과 나눈 이야기에서 이미 그 싹을 보였다. 왕수인은 죽기 1년 전인 1527년 9월, 소수민족 반란을 진압하기 위하여 떠나기 전날 밤 으뜸 제자들인 왕기, 전덕홍과 함께 천천교(天泉橋)를 거닐며 이야기를 주고받았다. 이 문답은 사구교 논쟁, 사언교 논쟁, 또는 천천교 문답이라고 불린다.

왕수인은 일찍이 《전습록》에서 "마음의 본모습에는 선도 없고 악도 없지만, 뜻하는 것이 있어서 움직이면 선도 있고 악도 있

동양철학 에세이 2

게 된다. 그때 무엇이 선이고 무엇이 악인지 구분할 수 있는 능력이 양지이고, 선을 행하고 악을 없애는 것이 격물이다"라고 했다. 바로 이 말에 대한 해석을 놓고 마음의 본체 즉 양지에 중점을 둔 왕기의 주장과 양지를 온전히 깨닫기 위한 공부에 중점을 둔 전덕홍의 주장이 나뉘었다. 왕기는 마음의 본모습에 선악이 없다면 마음에서 시작되는 뜻이나 양지, 그리고 마음이 밖으로 드러나 사물과 관계를 맺는 격물까지도 모두 선악이 없어야 한다고 보았다. 왕기의 주장은 완전한 존재에서 나온 것은 모두 완전해야한다는 것이다. 하지만 전덕홍의 견해는 달랐다. 전덕홍은 마음의 본모습은 하늘로부터 받은 것이어서 선도 없고 악도 없지만, 현실적인 사람의 마음은 무엇인가를 하고자 하는 순간 선도 있고 악도 있게 된다는 것이다. 그래서 《대학》에서도 마음의 본모습으로 돌아가는 공부를 말한 것이며, 만일 마음이 무엇인가를 하고자 할 때 선도 없고 악도 없다면 따로 공부를 말할 필요가 없었을 것이라고 했다.

두 사람의 견해에 대해 왕수인은 서로 보완해야 할 견해일 뿐 어느 한쪽만을 고집해서는 안 된다고 했다. 타고난 자질이 뛰어난 사람은 마음의 본체를 한번 깨달으면 그것이 그대로 실천으로 드러나서 나와 남의 구별이 없게 되지만, 대부분의 사람들은 그렇지 못하기 때문에 공부를 통해 찌꺼기를 제거해야만 마음의 본모습이 밝아지게 된다는 것이다. 그리고 왕기의 주장은 보통 사람들로 하여금 함부로 단계를 뛰어넘는 병폐를 낳을 우려가 있으므로 결코 가볍게 사람들에게 이야기하지 말라고 충고했다. 바로 이 둘의 견해로부터 마음의 본모습을 중시하는 경향과 공부를 중시하는 경향으로 갈라졌다.

하지만 전덕홍의 입장에서 나온 귀적파와 수증파는 주자학으로 흡수되어갔으므로, 양명학의 입장을 극명하게 잘 드러낸 것은 왕기의 입장에서 나온 양지현성파였다. 특히 현성파는 왕기-왕간-하심은-이지로 이어지면서 명나라 시기의 서민문화에 많은 영향을 주었고, 강한 실천을 긍정하는 역동성 때문에 청나라 초기의 경세론 성립에도 상당한 선구적 역할을 했다. 양지현성파는 그들이 주로 활동했던 지역을 따서 태주학파라고 불렸으며 그 자유분방한 학문 경향 때문에 양명학파 안에서조차 '미친 중 같은 놈들' 또는 '요사스러운 반역의 무리'라는 비판을 받았다.

근대를 향한 실천과 좌절

양지현성파는 인간 내면의 문제에서 출발한 양명학을 사회적인 의미로 이끌어냈다는 점에서 주목된다. 특히 양지가 내 마음속에 언제나 완전한 모습으로 이루어져 있다는 생각을 바탕으로 이를 제대로 드러내기 위해서는 마음을 솔직하고 자연스럽게 열어놓을 것을 강조하는 과정에서 욕망을 긍정하기에 이르렀고, 이를 바탕으로 전통적으로 강조해온 인륜 도덕이나 사회 기강의 굴레로부터 인간 주체의 해방을 꾀했다는 점이 두드러진다.

왕기의 주장을 이어받아 현성파의 문을 연 사람은 왕간이었다. 왕간은 염전 노동자 출신으로 어린 시절 가난 때문에 전혀 공부할 기회를 얻지 못하다가 20대 장사를 통해 생활 기반을 마련한 다음 38세가 되어서야 뒤늦게 왕수인의 제자가 되었던 사람이다. 왕수인은 왕간과 만나서 이틀 동안 문답을 주고받았다. 그리고 자신이 민란 진압에 나섰다가 아주 어렵게 우두머리를 사로잡았을 때에도 조금도 마음이 움직이지 않았는데 이제 이 사람 때문에 감동을 받았다고 했다. 그러고는 본래 이름이었던 왕은을 왕간으로 고쳐주었다.

왕간의 학풍은 매우 서민적이었고 그의 가르침 또한 간단하고 직접적이어서 알아듣기 쉬웠기 때문에 나무꾼, 도자기 기술자, 농부 같은 가난한 민중들이 많이 따랐다. 뿐만 아니라 스승과 제자 모두가 하는 일은 달라도 같은 길을 간다는 강렬한 동지의식을 가지고 있었다. 그리고 그들은 벼슬을 재물을 위한 벼슬과 도의 실현을 위한 벼슬로 나누고, 자신들이말로 도를 실현하는 벼슬을 하고 있다고 자부했다.

이 같은 강한 사회의식의 밑바탕에는 왕간의 회남격물설이 깔려있다. 회남격물설은 왕수인이 강조했던 마음의 문제를 몸의 문제로 넓혀간 것이다. 왕간은 왕수인이 만물일체설의 중심에 마음을 놓았던 것과 달리 몸을 놓았다. 그리고 나와 천지만물이 하나이지만 내 몸이 본체이고 천지만물은 사소한 것이라고 함으로써 내 몸을 천하 만물의 척도로 삼았다. 이처럼 왕간은 왕수인과 마찬가지로 주체적 자아를 강조하면서도 관념적인 마음 대신 몸을 내세워 구체성을 확보했다. 따라서 몸에 깃든 개인의 생명을 중요하게 생각했고, 그 생명을 유지해가는 백성들의 일상생활이 곧 도라는 생각으로 나아갔다.

　이 같은 왕간의 생각은 새로운 방향으로 물꼬를 튼 여러 의미를 담고 있다. 그 첫째는 백성들의 일상생활이 곧 진리라는 것이다. 왕간의 생각에 따르면 누구나 자신의 몸이 만물의 중심에 있고 그 몸을 유지시키는 행위가 곧 진리이다. 다만 백성들은 그것을 깨닫지 못할 뿐이다. 이러한 생각 속에는 서민으로 살아온 자신의 경험과 함께 자신과 같은 생각 아래 이상 사회 실현에 몸 바치려는, 깨달은 민중들에 대한 신뢰가 담겨 있다. 둘째는 이론 중심에서 실천 중심으로의 전환이다. 실천 중심의 바탕은 왕수인이 구체적인 현실에서 깨달음을 얻는다고 했던 '사상마련'이다. 하지만 왕간은 한 걸음 더 나아가 그 구체성을 백성들의 일상생활에 두었다. 이 점은 셋째로 물질생활의 중요성에 대한 강조로 연결된다. 왕간의 입장에서 볼 때 몸은 세상의 중심이었다. 따라서 가난 때문에 얼어 죽거나 굶어 죽는다면 결국 근본을 잃은 것이므로 바른 학문이 아니라고 했다. 이러한 생각은 물질을 낮추어보던 기존의 생각과 정 반대의 모습을 보여준다. 그렇기 때문에 일부 학자들은 왕간의 사상을 명대 실학이라고도 불렀다.

　하지만 왕간의 생각이 여기에 머물렀다면 물질만능의 극단적 이기주의에 빠졌을 것이다. 왕간의 사상이 갖는 의미는 강한 사회 실천의식을 담은 '명철보신론'에 있다. 명철보신은 자신이 처한 상황을 잘 헤아려서 제 한 몸 잘 보존하는 것으로 이해되기 쉽다. 하지만 왕간은 내 몸을 보물처럼 아끼는 생각을 바탕으로 남의 몸도 내 몸처럼 아끼라고 했다. 그렇게 되면 덕을 지닌 사람들만 가득한 대동사회는 저절로 온다는 것이다. 이것이 왕간이 말한 명철보신론이었다. 이러한 생각을 거치면서 양지현성파는 강한 참여의식으로 나아갔다.

왕간의 사상을 이은 사람은 하심은이다. 하심은은 큰 장사꾼 집안 출신으로 왕간의 제자였던 안균에게서 배웠다. 당시는 명나라 말기로 대부분의 농촌은 폐쇄된 자연경제 상태에 머물러 있었다. 하지만 일부 지역에서는 자기 땅을 가지고 농사짓는 백성들이 생겨나면서 생산력이 발전하기 시작했고, 공업의 경우도 국가가 모든 분야를 장악하던 것으로부터 일반인의 운영이 허락되면서 면직물과 견직물의 생산이 늘었다. 그 결과 상업의 발전과 더불어 광업을 비롯한 다른 산업들도 상당히 발전된 모습을 보였다. 물론 이런 모습은 앞서부터 내륙과 다른 모습을 보여온 강남의 몇몇 도시가 중심이었다. 하지만 이 같은 상황은 여러 면에서 사람들을 스스로 깨닫게 했고, 이런 분위기를 바탕으로 고위 관료뿐만 아니라 서민들과 심지어는 죄인들까지도 참여하는 대규모 공부 모임들이 생겨났다. 당시 공부 모임들 가운데 가장 경계 대상이 된 것은 안균과 하심은이 이끄는 집단이었다. 이러한 전통은 명나라 말기 중앙정부에까지 큰 영향을 미치는 동림당으로 이어졌다.

하심은은 1553년 고향 마을에 '취화당'을 세우고 마을 자녀들의 교육과 관혼상제뿐 아니라 세금까지도 함께 힘을 모아 처리했다. 뿐만 아니라 점점 힘이 모아지자 새로 부과된 잡세 거부운동을 주도하다가 투옥되기도 했다. '취화'란 함께 모여 고르게 산다는 뜻으로 이상적 공동체에 대한 실험이었다. 그 뒤 하심은은 정부가 정치 비판을 금지시킬 목적으로 서원을 탄압하는 과정에서 반대 세력으로 지목되어 죽임을 당했다.

그는 함께 모여 가르치고 토론하는 강학의 전통이 공자에서 시작되었다고 보았다. 하지만 그는 이런 전통을 학문 연구나 교육에 머물게 하지 않았다. 그런 점에서 그가 생각한 공자 또한 단순한 과거의 성인이 아니라 유교의 이상을 세상에 드러내기 위해 온 몸을 던졌던 실천가였다. 그는 그러한 실천 공간으로 학문 공동체를 생각했고, 이 공동체는 왕수인이 강조한 마음을 왕간이 몸으로 넓혔던 것에서 다시 한 걸음 더 나아가 '집' 개념으로 발전시켰다.

이 같은 하심은의 사상은 공동체적 존재로써의 인간과 그 인간의 욕망을 긍정하는 생각에서 나왔다. 그는 주자학에서 부정된 인간의 욕망을 중시했을 뿐 아니라 오히려 욕망을 길러야 한다고까지 주장했다. 하지만 그가 말하는 욕망은 개인의 사적인 욕망이 아니라 공동체와 함께하는 욕망이었다. 이런 입장에서 하심은은 맹자가 '백성과 더불어 함께 즐긴다'고 했던 '여민동락'을 '백성과 더불어 함께 바란다'는 '여민동욕'으로 바꾸었으며 그 실현체가 바로 취화당이었다. 그는 특히 인간 사회의 문제가 욕망 때문에 생기는 것이 아니라 공동체와 함께 하지 않는 사사로움 때문에 일어난다고 보았다. 그리고 그런 입장에서 공동체와 함께 누리는 욕망을 긍정했다.

이러한 흐름을 더욱 극단적인 모습으로 전개시킨 사람이 이지(李贄, 1527~1602)이다. 이지는 이름보다도 '탁오(卓吾)'라는 호로 더 잘 알려져 있다. 이지는 중국 최대의 무역항 천주의 부유한 장사꾼 집안에서 태어나 왕간의 아들인 왕벽과 그의 제자 나여방에게 배웠다. 그는 인간을 속박하는 모든 것에서 탈피하여 자유와 평등을 실현하려고 노력했고, 그런 입장에서 뚜렷한 반전통적 자유주의 성향을 보였다. 그의 공부 모임에는 여자들도 참여했고 심지어 여승들도 함께했다. 그의 사상을 잘 보여주는 책으로는 《장서》와 《분서》라는 책이 있다. '장서'는 '창고에나 처박아 둘 책'이란 뜻이고 '분서'는 '태워버려야 할 책'이란 뜻이니 그 스스로도 자신의 사상이 받아들여지기 어렵다는 것을 알았던 모양이다. 그는 나중에 자유분방한 생각과 행동 때문에 옥에 갇힌 채 자살했다.

그의 생각을 가장 잘 보여주는 것이 동심설이다. 동심은 어린 아이의 마음을 가리키는데, 이지는 어린아이가 사람의 근본이며 어린 아이의 마음이 모든 인간 마음의 근본이라고 보았다. 그래서 동심이 곧 진심이라고 했고, 이러한 입장에서 거짓 도학을 부정했다. 이러한 생각은 갓난아이의 양심을 근본으로 삼아 이것을 잘 보존하면 천지만물과 하나가 될 수 있다고 한 나여방의 사상을 계승한 것이다. 이지는 꾸밈없고 순수한 어린 아이의 마음이 본심이며 동심을 잃으면 참된 인간다움을 잃게 된다고 보았다. 그리고 후천 경험을 통해 얻어진 지식은 오히려 인간의 동심을 잃게 만드는 경향이 있다고 보고 동심의 발현에 역점을 둔 인간 해방을 역설했다.

　따라서 인간의 선천적 욕망은 자연스러운 것이며 선이란 선천적 욕망을 외부의 관습이나 가치관으로 묵살하지 않는 것이라고 함으로써 인욕을 긍정하는 논리를 세웠다. 이는 왕기가 전덕홍과의 논쟁에서 주장했던 무선무악론의 연장에 서 있는 셈이다. 그는 이러한 입장에서 전통 도덕이나 신분적 계급처럼 인간을 속박하는 모든 제도로부터의 해방을 역설했고, 나아가 어떤 종교에도 얽매이지 않는 삼교일치론을 주장하기도 했다.

　이처럼 양지현성파의 사상은 서민 중심의 공동체 지향이 강했고, 실천적이면서 동시에 정감적이었다. 또한 개인 주체가 강조되었고 욕망도 긍정했으며 자유로운 행동과 생각을 강화했다. 이 같은 사상적 경향은 명나라 말기의 예술에도 많은 영향을 미쳤다. 중국의 4대 기서 가운데 하나로 꼽히는 《금병매》 같은 소설은 바로 이러한 분위기 속에서 나온다. 하지만 양명학은 마음을 중시함으로써 주체적인 사상의 바탕을 마련했고 이를 토대로 인간의 해방과 평등을 지향해 간 근대의식에도 불구하고, 제대로 싹을 틔우지 못한 채 명나라 말기의 정치적 혼란 속에서 더는 발전하지 못하고 쇠퇴했다.

『옛 임금은 온 세상 사람들을 주인으로 삼고

임금 자신은 손님이라고 생각했기 때문에

일생 동안의 노력이 모두 온 세상 사람들을 위한 것이었다.

그런데 지금은 임금이 주인이고

온 세상 사람들은 손님이라 여기니

세상이 어지러운 까닭은 모두 임금 때문이다.』

황종희

필부에게도 천하 흥망의 책임이 있다

어둠 속에서 새로운 시대를 기다리노라

공자는 《논어》에서 '나라에 질서가 잡혀 있을 때에는 말과 행동을 당당하게 하고, 나라에 질서가 잡혀 있지 않을 때에는 행동은 당당하게 하되 말은 겸손하게 하라'고 했다. 공자는 어떤 생각에서 이런 말을 한 것일까? 질서 잡힌 사회에 사는 지식인은 그 사회의 정치 경제 상황이나 사회제도를 비롯한 모든 삶이 정상적일 터이니 말이나 행동 모두 당당하게 하는 것이 크게 어려운 일은 아니다. 하지만 무질서한 사회에서는 행동은 마땅히 그 무질서를 바로잡기 위해 바르고 의연해야 하지만, 말만 앞세운 채 자신의 말대로 행동하지 못할까 봐, 또는 행동도 하지 못한 채 말 때문에 화를 입는 경우가 생길까 봐 말을 조심해야 한다.

그렇다면 자기가 사는 나라가 다른 민족의 침입으로 망했다면, 그래서 이제는 이민족의 지배를 받으며 치욕을 안은 채 살아가야 한다면 그런 상황에 처한 지식인은 어떤 마음가짐으로 어떤 행동을 하며 살아야 할까? 동서를 막론하고 그런 상황에 처한 많은 지식인들은 매우 다양한 모습을 보여주었다. 우리 경우도 일

동양철학 에세이 2

제의 침략으로 조선이 망했을 때 결연히 자신의 모든 것을 걸고 무장투쟁에 나선 사람들도 있고, 나라가 망한 것에 대한 지식인의 책무를 통감하고 스스로 목숨을 끊은 사람들도 있으며, 사회와 발을 끊고 숨어 지내면서 제자를 기르는 데 애쓴 사람도 있었다. 하지만 아쉽게도 제 한 몸과 제 가족을 위해 침략자들에게 빌붙어서 민족과 나라를 판 사람들도 있다.

중국 역사에서 그런 상황에 처한 대표적인 지식인 가운데 한 명이 바로 황종희(黃宗羲, 1610~1695)였다. 그는 명나라가 혼란에 빠진 상황에서 비밀결사에 가담하여 부패한 관료들과 맞서 싸웠고, 이민족인 청나라에 나라를 빼앗기자 의병을 일으켜 명나라 부흥 투쟁에 참여했다. 그리고 이 싸움이 실패로 돌아간 뒤 수배를 받아 도망 다니기도 했으며, 말년에는 청나라에서 주는 벼슬도 마다한 채 연구와 제자 교육에 힘쓰면서 명나라가 망한 원인에 대한 분석을 토대로 근대를 향한 새로운 전망을 내놓았다. 그런 점에서 황종희는 암담한 현실에 맞서 당당하고 의연하게 싸웠을 뿐 아니라 싸움에 진 뒤로도 깊은 연구를 통해 미래에 대한 전망을 보여줌으로써 일관되게 자신의 학문적 실천을 이어갔던 바람직한 지식인의 모델이었다.

특히 미래에 대한 그의 생각을 잘 보여주는 책이 《명이대방록(明夷待訪錄)》이다. '명이'는 《주역》 64괘 가운데 하나로 괘의 모양이 불을 뜻하는 리(離)가 밑에 있고 땅을 의미하는 곤(坤)이 위에 있기 때문에 태양이 땅속에 묻혀버린 암흑 상태를 뜻한다. 황종희는 '명이'괘를 가져다가 이민족에게 나라를 빼앗긴 중국의 상황을 비유했다. 《주역》에서는 이 괘를 '어진 사람이 못난 임금을 만나 해를 입는 괘'라고 풀면서 '어두운 세상에 처한 것은 괴로운 일이지만 마음을 바르게 가져야 이롭다'고 했다. 그리고 '대방'은 언제가 될 지 알 수 없지만 나를 찾아줄 사람을 기다린다는 뜻이다. 황종희는 '명이'와 같은 어둠을 참고 견디면서 먼 훗날 자신의 생각을 알아줄 사람을 기다리는 심정으로 이 책을 썼고, 이 책에 대한 후대의 평가를 통해 중국 역사에서 우뚝 선 인물이 되었다.

양계초(梁啓超, 량치차오, 1873~1929)는 《중국근삼백년학술사》에서 《명이대방록》을 루소의 《사회계약론》에 비유하면서 황종희를 '중국의 루소' 또는 '유교의 루소'라고 불렀다. 하지만 황종희의 《명이대방록》은 루소의 《사회계약론》보다 무려 100년 가까이 앞서 나온 책이다. 이처럼 이 책은 청나라 말부터 사회 개혁을 꿈꾸는 사상가들에게 많은 영향을 주었다. 손문(孫文, 쑨원, 1866~1925)은 일본 망명 시절 혁명 단체인 '흥중회'를 만들면서 이 책을 선전 유인물에 넣었고, 청나라 말 무술변법이 실패로 돌아가자 망명의 길을 택한 양계초, 강유위(康有爲, 캉유웨이, 1858~1927)와 달리 의연하게 죽음을 맞은 혁명 사상가 담사동은 이 책을 전제군주를 배격하고 인간의 기본 권리를 존중한 측면에서 가장 뛰어난 책으로 꼽았다. 이 책은 1971년 한국 사회에 문고본의 유행을 일으킨 삼성문화문고 100권 가운데 두 번째 책으로 선정되면서 우리 사회 지식인들에게도 널리 알려졌다.

고난의 세월 속에 우뚝 선 지식인의 삶

황종희의 호는 이주(梨洲)이며 신종황제가 다스리던 명나라 말 1610년 절강성 여요현에서 태어났다. 여요는 양명학을 만든 왕수인이 태어난 곳이고, 신종은 임진왜란 때 조선에 군대를 보내준 황제이다. 그는 많은 지식인들의 존경을 받던 황존소의 다섯 아들 가운데 첫째였다. 어머니가 그를 낳기 전 상서로운 기린의 기운을 꿈에 보았다고 해서 황종희의 어렸을 때 이름은 기린을 뜻하는 '린'이었고, 양쪽 관자놀이 주변에 붉은 점이 있었다고 한다.

당시 명나라는 안팎으로 큰 혼란에 빠져 있었다. 안으로는 잦은 농민 봉기로 매우 어지러운 상황이었다. 왕실부터 지방 관리들까지 온 나라에 걸친 광범위한 부패와 억압 속에서 농민들은 봉기 이외에 다른 선택의 길이 없었다. 게다가 밖으로는 여진의 여러 부족을 통일한 누르하치가 1616년 후금을 세우고 강력한 힘으로 명나라 변경을 압박하고 있었다. 여진족은 수나라와 당나라 때에는 말갈족이라고도 불렸던 부족으로 1636년 누르하치의 뒤를 이은 태종이 나라 이름을 청으로 고친 뒤로는 만주족이라고 불렸다. 본래 명나라의 외교정책은 오랑캐를 이용하여 오랑캐를 제압하는 정책이었다. 그래서 송나라 때 중국 북쪽을 장악하고 금나라를 세울 정도로 강성했던 여진이 다시 힘을 모으지 못하도록 부족들 사이를 이간시키면서도 그 가운데 일부를 지원하여 몽고족을 견제하도록 했다. 하지만 명나라가 임진왜란으로 어려움을 겪는 조선을 돕는 데 힘을 쏟는 사이에 가장 약한 부족의

지도자였던 누르하치가 다른 여진 부족을 통합하면서 엄청난 세력으로 커 버린 것이었다.

그런 상황에서도 명나라 조정은 여러 파벌로 나뉘어 세력 다툼을 벌이고 있었다. 특히 환관들이 중심이 된 엄당은 황제를 허수아비로 만든 채 온갖 부정과 부패를 저질렀다. 명나라는 건국 초기부터 승상제를 폐지하고 모든 권력을 황제에게 귀속시켰다. 그 결과 능력 있는 황제의 경우는 강화된 황제의 힘으로 강력한 전제정치를 펼칠 수 있었지만 반대로 무능한 황제의 경우는 환관이 황제를 등에 업고 권력을 휘둘러도 그 폐해를 막을 수 없었다. 엄당의 횡포에 맞선 양심적인 지식인들이 동림당이라는 조직을 만들어 망해가는 나라를 구하려 했지만 쉽지 않았다. 황종희의 아버지 황존소는 바로 그 동림당에 속해 있었다.

황존소는 황종희가 일곱 살 되던 해 진사 시험에 합격해 벼슬에 나아갔다. 그래서 황종희는 8세 때부터 지방 관리인 아버지를 따라 다녔다. 황존소는 성품이 강직한 사람이었고, 법 집행 또한 엄격해서 법을 어지럽히는 지역 세력가들까지도 조금의 틈을 주지 않고 규정대로 다스렸다. 황존소가 중앙 정부의 관리 선발 심사를 받기 위해 북경으로 떠날 때 수많은 백성들이 길에 늘어서서 전송했다는 기록은 그가 얼마나 백성들의 신임을 얻었는지를 잘 보여준다. 이런 모습이 아들 황종희에게는 좋은 교육이 되었겠지만 황존소 자신에게는 많은 적을 만드는 결과를 가져왔다.

북경에 도착한 황존소는 동림당 사람들의 도움을 얻어 감찰어사라는 상당히 높은 중앙 관리가 되었고, 그 결과 동림당에 맞선 있던 엄당과의 대결 구도 중심에 서게 되었다. 하지만 동림당 지식인들의 힘만으로는 기울어가는 명나라를 구하기 어려웠다. 더구나 엄당은 무고한 동림당 지식인들을 모함하여 감옥에 가두고 죽이는 사건을 여러 차례 일으켰다. 황종희가 15세 되던해 황존소 또한 엄당의 모략으로 벼슬에서 쫓겨나 고향에 돌아왔고, 2년 뒤에는 환관 위충현 등이 주동이 되어 억울한 누명을 씌워 사형을 시켰다. 그때 황존소는 43세였다. 아버지의 억울함을 씻겨드리기 위해 뛰어다니던 황종희가 19세 되던 해 숭정이 황제가 된 뒤 잠깐이나마 정치 개혁이 이루어지면서 엄당 대부분이 벼슬에서 쫓겨났고 황존소 또한 명예 회복이 되었다. 하지만 이미 기울기 시작한 나라의 운명을 바로잡기에는 힘이 부족했다.

이 무렵부터 황종희는 아버지의 유언대로 부친의 가까운 친구이자 뛰어난 양명학자였던 유종주로부터 본격적으로 학문을 배우기 시작했다. 그리고 평소 아버지가 경전과 역사를 함께 공부하도록 권했던 대로 역사책을 깊이 읽음으로써 절동사학의 창시자가 되는 토대를 만들어갔다. 절동사학이란 황종희와 그 제자들이 중심이 된 절강성 동쪽의 역사학파를 뜻한다. 이때부터 황종희의 사회 참여도 활발해져서 남경에 머물며 많은 지식인들을 만나고 여러 모임에도 참여했다. 하지만 두 동생이 과거 시험에 합격하는 동안 황종희는 33세가 될 때까지 네 번 응시했지만 모두 떨어지고 말았다.

황종희가 35세 되던 해 이자성의 농민반란군이 북경을 함락시켰고, 궁을 빠져 나온 숭정황제가 옷깃에 조상을 뵐 면목이 없다는 글을 남기고 산에 올라 목을 매어 자살하면서 명나라는 끝이 나고 말았다. 하지만 이자성이 이끈 반란군은 얼마 안 가 산해관을 넘어온 청나라 군대에게 무너지고 말았다. 그리고 이듬해 스승 유종주는 청나라가 남쪽으로 밀고 내려가 항주를 함락시키자 명나라에 대한 의리를 지키기 위해 오랜 단식 끝에 숨을 거두었다. 하지만 청나라가 명나라 땅을 대부분을 점령한 상황에서도 남쪽 일부 지역에는 명나라 왕족을 떠받든 저항 조직이 여럿 있었다. 황종희는 재산을 모두 처분한 뒤 그를 따르는 제자 300여 명으로 '세충영'이라는 무장 조직을 만들어 청나라에 대한 투쟁에 참여했다. 하지만 이미 기운 전세를 뒤집기는 어려웠다. 황종희는 청나라에 대한 무장 투쟁이 끝난 40세 무렵부터 지명수배를 받아 숨어 지내는 신세가 되었지만, 그런 상황에서도 틈틈이 저술 활동을 이어갔다.

그가 본격적으로 학문 활동을 펼치기 시작한 것은 53세 때였고 그로부터 86세로 세상을 떠날 때까지 33년 동안 많은 책을 썼다. 68세 되던 해 강희제가 명나라 선비들을 회유하기 위해 추천받은 큰 학자에게 벼슬을 주는 새로운 과거제도인 '박학홍유과'라는 과거제도를 만들고 황종희를 불렀지만, 거절하고 나가지 않았다. 그 뒤 다시 강희제가 명나라 역사 편찬 사업에 참여하도록 부르자 자신은 끝내 나가지 않으면서도 아들 황백가와 만사동을 비롯한 제자들을 보내 돕도록 했다.

황종희가 그의 대표작으로 꼽히는 《명이대방록》의 집필을 시작한 것은 53세 때였고, 이듬해 완성하여 출판한다. 《명이대방록》은 명나라가 청나라에 무너지는 충격적인 사건을 겪으면서 그 원인이 무엇인지를 꼼꼼히 따져보고, 이를 토대로 새로운 사회를 세우려는 열망을 담은 책으로, 경세치용을 중시하는 명말 청초의 사상적 흐름을 잘 반영한다. 황종희는 명나라 멸망의 원인을 전제군주제의 폐해에서 찾았고, 그 대안으로 백성이 주인 되는 사회를 제시했다. 이 같은 근대적 의식 때문에 이 책은 건륭제 시절 금서가 되기도 했다.

황종희는 강희제에 의해 청나라가 더 강해지던 무렵 86세의 나이로 세상을 떠났다. 황종희의 삶을 돌이켜 보면 집안으로나 국가적으로나 일생이 분노와 자책으로 가득 찼을 것이라 짐작된다. 하지만 그가 역사에 우뚝 솟은 인물로 남을 수 있었던 것은 분노와 자책을 넘어선 사회를 향한 끝없는 열정 때문이었다.

임금도 신하도
백성을 위해 존재할 뿐

명나라는 건국 초부터 이갑제를 실시했다. 이갑제는 백성들의 집을 열한 집씩 묶어 갑이라 하고 다시 열 갑을 묶어 리라고 부르는 제도였다. 그러니까 1리는 110가구가 사는 작은 마을이었다. 하지만 이갑제는 단순히 동네를 묶는 제도가 아니라 백성들을 통제하기 위한 수단이었다. 만일 어떤 집이 세금을 내지 못하면 그 책임을 리와 갑이 공동으로 져야했으며, 이갑제 안에 들어 있는 모든 젊은 남자는 부역 의무를 감당해야 했다. 그래서 명나라 초기의 이갑제는 강력한 나라를 만드는 좋은 토대였다.

그러나 명나라 중기 이후 생산력이 빠른 속도로 늘어나면서 경제가 매우 활성화되었다. 그에 따라 상공업이 발전하고 화폐 사용이 활발해졌고 대토지를 지닌 지주들이 나타나기 시작했다. 그에 따라 땅을 잃은 백성들이 많아졌고, 그들 대부분은 남의 땅을 빌려 농사를 짓거나 아니면 아예 노예 같은 신분으로 떨어져갔다. 이러한 상황은 토지를 가진 농민이 기본이었던 이갑제를 무너뜨렸고, 이갑제의 붕괴는 명나라 몰락의 중요 원인이 된 농민반란을 가져왔다. 당시 의식 있는 명나라 지식인들은 명나라 몰락의 중요한 책임이 자신들에게 있다고 생각했고, 그 같은 반성의 결과로 경세치용의 방책을 마련하는 데 힘썼다. 그 가운데 역사에 남은 가장 뛰어난 경세치용론이 바로 황종희의 《명이대방록》이다.

《명이대방록》은 모두 21장으로 구성되어 있다. 황종희는 요임금과 순임금, 순임금으로부터 왕위를 전해 받은 우임금의 하나라, 하나라의 폭군 걸왕을 몰아내고 나라를 세운 탕 임금의 은나라, 은나라의 폭군 주왕을 물리치고 문왕, 무왕, 주공이 토대를 다진 주나라를 이상적인 국가로 생각했다. 그리고 이를 토대로 명말청초의 정치 현실을 비판한다.

《명이대방록》의 첫 번째 장은 〈임금이란 무엇인가?〉이다. 황종희는 "옛 임금들은 온 세상 사람들을 주인으로 삼고 임금 자신은 손님이라고 생각했기 때문에 일생의 노력이 모두 온 세상 사

동양철학 에세이 2

람들을 위한 것이었다. 그런데 지금은 임금이 주인이고 온 세상 사람들은 손님이라 여기니 세상이 어지러운 까닭은 모두 임금 때문이다"라고 했다. 우리는 역사를 나눌 때 임금, 즉 군주가 주인인 사회를 군주사회라 하고 백성, 즉 민이 주인인 사회를 민주사회라고 한다. 그런 점에서 본다면 오늘날 민주 개념에 미치지는 못하지만 황종희는 분명히 온 세상 사람들이 주인이 되는 민주사회를 만들고자 했다. 그리고 그런 입장에서 군주사회의 모든 혼란은 바로 군주가 주인 행세를 하기 때문이라고 보았다.

황종희는 한 걸음 더 나아가 옛 임금들은 수고로움이 온 세상 사람들의 천배 만배이면서도 그 이득을 누리지 못했다고 한다. 그래서 세상 사람들은 고생만하는 임금이 되는 것을 기꺼워하지 않았으며, 그런 고생을 무릅쓰고 온 세상을 위해 임금 노릇하는 사람을 어버이처럼 받들었던 것이라고 한다. 그러나 후대의 군주는 세상을 위해 힘을 다하지 않는다. 나라를 세울 때에는 전쟁을 통해 백성들을 혹독하게 부리고 심지어 가족이 함께 살 수 없도록 만들면서도, 백성을 위해서가 아니라 자신의 자손을 위해 나라를 세운다고 한다는 것이다. 그리고 나라를 세운 뒤에도 자신의 즐거움을 위해 백성들을 힘들게 하고 부모 자식을 갈라놓으면서 이것이 모두 자기 재산에서 나온 이윤이라고 한다. 그래서 온 세상 사람들이 임금을 원망하고 증오하게 된다는 것이다. 이러한 언급은 군주가 온 세상과 백성을 자신의 사유재산으로 보고 있음을 잘 간파한 것이다. 그래서 학자들은 군주제 국가를 세상 모든 것을 자기 집안 재산처럼 본다는 뜻에서 가산제국가라고도 부른다. 이 같은 인식 위에서 황종희는 세상을 해치는 것은 오직 임금일 뿐이라고 했다.

황종희의 입장에서 볼 때 세상이 임금을 위해 존재하는 것이 아니라 임금이 세상을 위해 존재하는 것이었다. 따라서 임금의 존재 근거는 하늘로부터 왕이 될 사명을 부여받았다거나 도덕적으로 훌륭하다거나 해서가 아니라 백성들에게 얼마나 이로운가에 달려 있다. 그래서 황종희는 세상이 잘 다스려지느냐 그렇지 못하느냐는 임금 한 개인의 흥망에 달려 있는 것이 아니라 백성들이 근심하느냐 즐거워하느냐에 달려 있다고 한다. 그리고 백성을 위하는 임금은 당연히 존경 받아야 하지만 그렇지 못한 임금은 쫓겨나는 것이 당연하다고 했다. 이러한 생각은 명나라 말기 여러 차례 계속된 농민 봉기의 교훈에서 온 것이며, 맹자가 주장한 민본사상을 더 강화한 것이었다. 맹자는 일찍이 임금이 여자를 좋아하거나 재물을 좋아하는 것을 탓하지 않고 그런 욕망을 백성과 함께 하지 않는 것을 탓했다. 그리고 〈진심〉 편에서는 '백성이 가장 귀하고 국가가 그 다음이며 임금이 가장 가볍다'고 했다. 이 같은 생각을 구체적으로 실현시키려 한 사람이 바로 황종희이다.

황종희의 생각은 〈신하란 무엇인가?〉에도 잘 나타나 있다. 황종희는 신하의 역할은 세상을 위해 일하는 것일 뿐 임금을 위해 일하는 것이 아니라는 입장을 분명히 했다. 따라서 무조건 임금의 뜻에 따르거나 임금을 위하여 죽는 일은 옳지 않다고 보았다. 도리에 어긋난 군주에게는 신하가 반드시 복종할 필요가 없

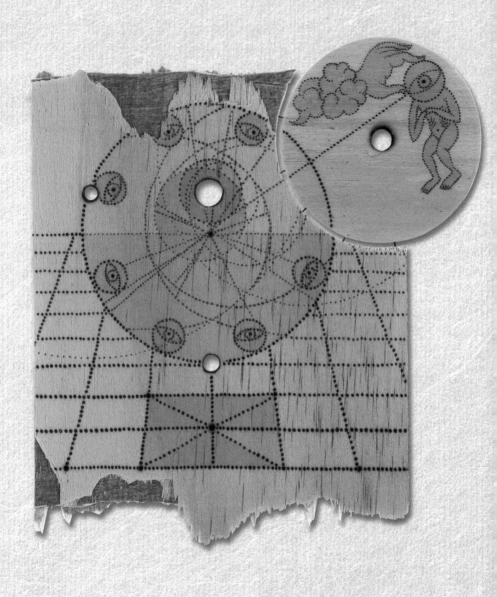

으며, 군주라도 법도에 맞지 않은 주장을 한다면 받아들이지 말아야 한다고 보았다. 도리에 어긋난 군주의 명령까지 복종하고 따르는 것은 환관이나 궁녀의 마음을 지닌 사람일 뿐이라는 것이다. 황종희는 임금과 신하의 관계는 함께 힘을 합쳐 커다란 나무를 끌고 가는 것처럼 세상을 나누어 다스리는 협력 관계에 있다고 생각했다. 황종희는 황제의 전제 권력을 부정한 토대 위에서 벼슬하는 사람들이 임금을 위해서가 아니라 백성을 위해 존재하는 것임을 분명히 함으로써, 한쪽으로는 벼슬아치들의 횡포와 월권을 막고 다른 한쪽으로는 권력의 분산을 통한 효율적인 통치를 기대한 것이다. 신하에 대한 황종희의 생각은 〈재상을 어떻게 둘 것인가?〉와 〈인재 선발법〉, 〈환관론〉 등에 더 구체적으로 나타난다.

황종희는 임금이든 신하든 백성을 위해 일하게 하는 구체적인 방법은 제도의 확립에 있다고 생각했다. 이러한 관점은 사회 모든 현상을 통치자의 도덕성과 관련지어 설명하던 주자학적 사고와 다른 것이었다. 주자학적 사고가 통치 이데올로기였던 전통 사회에서 임금이 자신을 낮추어 부르는 '과인'이라는 표현은 '과덕지인'을 줄인 말로써 '덕이 부족한 이 사람'이란 뜻이다. 이처럼 전통 유교에서는 사회 혼란의 모든 원인을 임금의 덕 문제로 돌렸다. 하지만 황종희는 제도에 주목했다. 그래서 명나라 건국 이래 왕권 강화를 위해 유명무실하게 만들어버린 재상 제도의 부활과 임금이 평소 거처하는 편전에서 정치를 의논할 것, 그리고 조정에 감찰 기구를 둘 것과 학교에도 교육 기능만이 아니라 비판 기능을 두어야 한다고 주장했다. 이 같은 제안들은 사람이 다스리는 사회 대신 제도가 다스리는 사회여야 한다는 인식에서 나왔다.

제도의 중요성에 대한 황종희의 생각은 《명이대방록》 세 번째 편인 〈법이란 무엇인가?〉에 잘 나타나 있다. 황종희는 "하나라, 은나라, 주나라 이전에는 법이 있었지만 그 이후로는 법이 없다"고 했다. 그 이유는 그 세 나라 이전의 법은 백성을 위한 것이었지만 그 이후는 통치자 한 사람의 이익을 위한 것이 되어버렸기 때문이다. 세 나라 이후의 법은 임금이 자신이 세운 나라가 오래 가지 못할 것을 걱정해서 만들어놓은 군주 국가의 법일 뿐이다. 그렇기 때문에 한 집안의 법일 뿐 온 세상의 법이 아니라는 것이다. 그래서 귀한 것이 다 조정에 있는 것이 아니고 천한 것이 다 재야에 있는 것이 아님에도, 군현제를 비롯한 역대 왕조의 모든 제도가 오로지 임금 집안에 이로우냐 해로우냐를 따져서 만든 것이라고 비판한다. 그리고 법이 후대로 오면서 점점 더 정밀해지는 까닭은 천하의 이익이 자신에게 다 돌아오지 못할까 걱정해서 그런 것이니 이런 법은 법다운 법이 아니라고 했다. 그래서 온 세상의 혼란은 법으로부터 일어난다고까지 했다.

황종희는 또 학교 제도를 강조했다. 그는 군주가 옳다고 하는 것이 다 옳은 것이 아니며 군주가 그르다고 하는 것이 다 잘못된 것이 아니기 때문에, 옳고 그름을 따지는 일은 학교의 공론에 맡기라고 했다. 이는 조정 밖에서의 감찰 기능을 학교에 맡기라고 한 셈이다. 그리고 학교의 책임자는 국가가 임명하는 것이 아니라 훌륭한 학자를 모셔다 맡겨야 하며, 가르치는 교사들의 임명권을 책임자에게 주어서 자율을 보장해야 한다고 보았다. 특히 최고 학부인 태학의 책임자는 가장 덕망 있는 학자를 모셔야 하며, 그의 지위를 재상과 같게 하고 임금에게 직언을 할 수 있게 해야 한다고 보았다. 이 같은 주장은 학교에 교육 기능과 함께 비판 기능을 둔 것이다.

또한 토지제도에 대해서는 예전 하나라, 은나라, 주나라까지는 토지가 천자의 소유여서 천자가 정전제를 통해 백성들에게 토지를 나누어주고 먹고 살 수 있게 했다고 보았다. 그런데 진나라 이후로는 천자가 백성들을 먹여 살리는 것이 아니라 백성들 스스로가 먹고 사는 데도, 백성들이 사사로이 가진 토지에 세금을 매길 뿐 아니라 심지어 법으로 빼앗기까지 한다고 비판한다. 그러고는 가장 이상적인 토지제도인 정전제를 부활하자는 입장에 섰고, 이의 실행을 위해 당시 경지 면적의 삼분의 일에 해당하는 황실과 국가 소유의 토지를 백성들에게 나누어줄 것을 주장했다. 이밖에도 황종희는 군사제도, 재정 정책 등에 대해서도 많은 관심을 가지고 논의했다.

큰 틀에서 볼 때 황종희는 분명 전통 군주제를 부정한 것은 아니다. 하지만 군주가 주인이 아니라 백성이 주인이라고 봄으로써 군주 전제를 비판하는 입장에 섰고, 맹자의 민본사상을 민주사상으로 발전시키는 계기를 마련했다. 비록 근대의 시민권처럼 백성들의 권리를 인정하는 데까지 나아간 것은 아니었지만, 군주의 전제가 없다면 세상 사람들이 자신의 개성과 권리를 완전히 누릴 수 있을 것으로 보았다. 그리고 무엇보다도 세상이 임금의 사유재산이 아니라고 함으로써 전통적으로 임금이 하늘로부터 사명을 부여받아서 세상을 다스린다고 했던 유교의 왕권신수설을 정면으로 부정했다.

또한 황종희 생각의 강점은 백성이 주인이라는 생각을 선언적으로 끝낸 것이 아니라는 점이다. 황종희는 국가가 흥하느냐 망하느냐 하는 문제는 하찮은 일반 사람들에게도 책임이 있고, 천하의 일을 결정하는 것은 일반 백성에게도 달려 있다고 함으로써 백성들의 각성을 불러일으켰다. 황종희의 경세치용론은 백성들을 왕권으로부터 독립시켜놓는 역할과 동시에 세상에 대한 책임을 나누어지게 함으로써 역사의 주역으로 나아가게 한 견인차였다.

현실을 담는 철학으로

주희가 사망한 뒤 후대의 성리학자들은 현실에 대한 치열한 고민이나 실천 없이 주희의 말을 달달 외워서 과거 시험을 거쳐 벼슬로 나아가는 철저한 세속화의 길을 걸었다. 이 같은 학문에 대한 반성에서 명나라 중기에 나온 새로운 학문이 양명학이다. 하지만 주자학의 문제점을 지적하면서 내 마음에 대한 자각을 바탕으로 강한 실천을 강조했던 양명학도 감정에 치우쳐서 욕구대로 나아가는 양명좌파의 극단적 성향 때문에 명나라를 망하게 만든 원인 가운데 하나라는 지적을 받았다. 그래서 명말 청초의 학자들은 성리학과 양명학 모두를 비판하는 경향이 강했다. 청나라 초기 학자인 안원은 주자학과 양명학 모두를 '사람 죽이는 학문'으로 규정했고, 대진 또한 "사람이 법을 어겨 벌을 받고 죽으면 그 죽음을 동정하는 사람이라도 있지만, 리에 걸려서 죽으면 아무도 불쌍히 여기는 자가 없다"고 비판했다. 이 같은 비판은 성리학이든 양명학이든 유교의 도덕지향 논리가 현실은 도외시 한 채 사람들을 옭아매는 도구로 작용했음을 지적한 것이다.

따라서 의식 있는 학자들은 성리학과 양명학 양자의 문제점을 넘어선 대안으로 현실을 읽고 현실을 담아낼 수 있는 경세치용의 학문으로 나아갔다. 경세치용의 학문은 마음이니 본성이니 하는 문제를 놓고 공리공담을 일삼는 학문이 아니라 현실에서 정당성을 확보하는 학문이다. 황종희를 비롯한 뜻 있는 학자들은 비생산적인 공리공담이 안으로는 자신의 사상에 아무 도움이 되지 않으며, 밖으로는 나라 경제와 백성들의 삶에 재앙이 될 수 있다고 생각했다.

하지만 황종희의 경세치용 학문도 그 밑에 세 가지 철학적 배경을 가지고 있다. 그 가운데 첫째는 실학이었다. 실학이란 현실의 입장에서 사물을 보고 현실에 유용한 결과를 끌어내는 학문으로써 이 무렵 들어온 서양 과학기술로부터 많은 영향을 받았다. 서양 과학기술은 사물의 실상을 관찰하고 분석하는 방법론이 강했다. 이러한 분위기 속에서 이시진의 《본초강목》, 송응성의 《천공개물》, 서광계의 《농정전서》 같은 책들이 나온다. 《본초강목》은 1800여 종의 약재를 조류, 어류, 과일, 곡식, 채소, 돌 등으로 크게 나누고 다시 각각을 세분하여 정리한 책이다. 특히 약재마다 주산지, 모습, 성질, 적용 증상, 치료 효과, 제조 방법 등을 자세히 설명한다. 다음으로 《천공개물》은 세계 최초로 농업과 수공업의 여러 분야를 정리한 종합 기술서적이다. 곡식과 의복 만드는 법, 돌과 쇠 등을 다루는 법, 종이와 기름 만드는 법 등 생활에 필요한 온갖 기술을 정리한 백과사전 같은 책으로, 당시 생산 수준을 알 수 있는 중요 자료로 평가된다. 다음으로 《농정전서》는 농사만이 아니라 물 대기, 나무 기르기, 누에치기 등 농사와 관련된 다양한 이론들을 모은 책이다. 특히 서광계는 마테오 리치와 교류가 많았기 때문에 서양 과학의 영향을 많이 받은 것으로 평가된다. 이런 분위기는 객관성과 과학성, 실용성을 특징으로 한 학문 경향으로 나아갔고, 이 같은 분위기 속에서 황종희 또한 우주론과 철학 방법론에 힘쓰면서도 당시 중국이 도달한 과학적 성과를 자신의 사상 속에 담으려 노력했다.

다음은 기철학이다. 명나라 중기에 나온 양명학이 리를 중심으로 한 학문에서 마음을 중심으로 한 학문으로의 변화였다면 명말 청초에는 기를 중심으로 한 학문 경향으로 바뀌기 시작했다. 이 같은 변화는 이민족의 침입에조차 제대로 대응하지 못한 학문에 대한 반성에서 나왔다. 기가 새로운 개념으로 등장한 배경에는 리와 기를 하나로 이해한 양명학의 영향도 컸지만, 세속화한 주자학에 대해 현실을 중시하는 입장에서의 반론이라는 의미도 컸다. 그 같은 기철학의 대표자는 왕부지이다. 왕부지는 청년

시절 청나라에 맞서 싸우다가 싸움에서 진 뒤 40여 년 동안 은둔하면서 많은 저작을 남긴 학자다. 그는 북송 시대 철학자 장재의 사상을 이어받아 기철학을 발전시켰다. 그는 현상보다 도를 중시했던 주자학과는 달리 구체적인 현실 위에서 도를 설명함으로써 정신적인 것보다 구체적인 사물이 먼저라는 입장을 취했다. 그리하여 리의 독자성을 인정하지 않고 기에 종속시키는 기일원론을 펼쳤다. 기를 강조한 왕부지의 사상은 청나라 말에 이르러 그 속에 강한 민족주의가 담겨있다고 평가되면서 학자들로부터 많은 호응을 얻었고, 현대 중국에 이르러서는 기일원론이 유물론적 사유라는 이유로 새로운 시각에서 조명되고 있다.

왕부지의 기철학은 안원과 대진으로 이어졌다. 특히 대진은 주자학의 리를 부정하고 오직 기만을 본질적인 것으로 보았다. 이러한 입장에서 대진은 도를 끊임없는 기의 변화라고 보았고, 본래 도는 일상생활에서의 가장 일반적인 실천을 말한 것인데 성리학자들이 그 도를 형이상학적인 리로 규정함으로써 일상적인 것에서 벗어났고 비판했다. 그리고 기가 우주 만물의 본체이며 리는 사물의 조리 정도에 불과하다고 했다. 대진은 기철학을 바탕으로 기가 드러난 결과인 욕망 긍정으로 나아갔다. 그는 세상의 큰 근심이 '사사로움'과 '폐단'인데, '사사로움'은 욕구가 바르게 이루어지지 않는 데서 생겨나고, '폐단'은 지혜가 제대로 움직이지 않는 데서 생긴다고 했다. 따라서 올바른 정치는 백성들의 욕구를 완성시키는 것이라고 했다. 그런데 지금의 정치는 높은 자리에 있는 자와 나이 많은 자와 귀한 자가 윤리 도덕을 등

동양철학 에세이 2

에 업고 낮은 자리에 있는 자와 나이 적은 자와 천한 자를 억누른다고 비판했다. 이 같은 비판은 리의 이름으로 규제하고 벌주는 기성 질서에 대한 기철학의 도전이었던 셈이다. 이처럼 기철학은 주자학의 최고 원리였던 리의 절대성을 부정함으로써 리에 의해 부정되었던 인간의 욕구를 고유하고 불변적인 본질로 끌어올렸다. 그리고 리철학이 갖는 주관적이고 관념적인 틀을 벗어나 실체적이고 객관적인 학문의 틀을 제시한 점이 특징이다. 아울러 인간에 대해서도 초자연적이고 이성적인 인간보다는 자연적이고 감성적인 인간에 주목했다. 이 같은 측면은 중국 근대사상으로의 이행에 중요한 밑받침이 되었다.

세 번째는 양명학이다. 명말 청초의 새로운 학문 경향은 양명좌파에 대한 반동에서 시작되었다. 특히 동림당은 양명좌파의 욕망 긍정을 반대하고 지식인들의 도덕적 자각과 사회적 실천을 강조했다. 하지만 그들이 양명학을 폐기한 것은 아니었다. 그들은 대부분 주자학과 양명학을 조화시키거나 양명우파의 이론을 중심으로 현실에서의 사회적 실천을 강화하는 방향으로 나아갔다. 그래서 동림당의 경우는 자신들의 철학을 바탕으로 정치적으로는 정권을 주무르던 환관의 횡포에 맞서서 도덕주의적 경세론을 제기했고, 경제적으로는 명나라 초기부터 시행되던 이갑제의 틀에 대지주들까지 포함시켜서 부역과 세금을 공평하게 해야 한다는 주장을 제기하기도 했다.

황종희의 철학은 위에서 언급한 실학, 기철학, 양명학 세 가지 모두의 연장선에 있다. 무엇보다도 황종희는 주자학과 양명학 모두에 대해 비판적인 태도를 취하면서도 기본적으로는 스승 유종주의 영향 아래 양명학을 계승하는 입장에 서 있었다. 황종희는 주자학이 사물의 이치만을 강조하는 과정에서 종래 지녔던 도덕에 근거를 둔 강한 사회적 실천성을 상실하고 알맹이 없는 빈 논의에 빠져버렸다고 비판한다. 또한 실천보다는 앎을 강조함으로써 실천을 낮춰보는 폐단을 가졌다고 보았다. 그리고 양명학 또한 마음을 모든 것의 중심에 놓는 인간 주체 중심의 역동적 능동성을 잃어버린 채 감정이 가는대로 욕망에 맡겨버리는 무책임한 방종에 떨어졌다고 비판한다. 그 결과 참된 도덕 주체인 나를 상실하고 허무주의로 떨어졌다. 양명학이 이렇게 된 까닭은 양명학에서 말하는 앎이 참다운 앎이 되지 못했기 때문이며, 근본적으로는 만물의 본질인 양지가 현실을 벗어나 있는 것이라고 생각했기 때문이라고 보았다. 황종희는 주자학과 양명학의 위와 같은 폐단이 명나라 멸망의 주요 원인이라고 보고 새로운 시대적 요구에 부응하고자 하는 과정에서 자신의 철학사상을 만들어갔다.

그럼에도 황종희 철학의 중심 토대는 양명학이다. 그는 천지에 가득한 것이 마음이며, 마음과 본성은 같은 것이라고 했다. 이러한 생각은 양명학을 기본으로 주자학을 절충한 논리인 셈이다. 하지만 마음은 초월적인 존재가 아니라 현실에 있는 구체적인 존재이다. 그리고 마음에 따로 본체가 있는 것이 아니며 공부를 통해 이르는 곳이 곧 본체라고 했다. 이 같은 생각은 진리의 가치가 현실을 떠난 초월적인 자리에 있는 것이 아니라 현실에서 진리를 진지하게 추구하는 자체에 있다고 본 것이다. 이처럼 현실에서 내 마음을 실현해가는 것, 즉 현실을 중심으로 진리를 추구하는 실천 방식과 과정을 중요하게 여긴 것이 곧 경세치용론의 이론적 바탕이었다.

다음으로 황종희는 양명학을 비판적으로 계승하는 과정에서 마음에 모든 이치가 들어있다는 도덕적 자각을 현실에서 그 마음을 실현시켜가는 도덕 실천에 대한 자각으로 끌어내려 했다. 그가 도덕 주체를 도덕 실천 주체로 끌어내는 데 쓴 연결 고리가 기일원론적 세계관이었다. 그는 양명우파의 입장에서 오직 마음을 본체로 삼았으면서도 마음을 기로 규정했다. 그런 입장에서 황종희는 하늘의 본질이 기이듯이 사람의 본질인 마음도 기라고 했다. 그는 온 세상에 가득한 것은 하나의 기일 뿐이며 이 기에서 사람과 사물이 생겨난다고 보았다. 그 기가 사람에게 부여되어 마음이 생겨나기 때문에 마음은 곧 기라는 것이다. 이 같은 생각은 주자학의 리 중심주의에 대한 비판이기도 했다. 황종희는 온 세상에 가득한 것이 기이고 하늘과 땅 사이에서 운동하고 변화하는 본체도 기라고 생각했다. 따라서 형체가 없는 것이든 있는 것이든 모두 기의 변화에 불과하다. 그리고 장횡거와 마찬가지로 태허에는 기가 가득하고 그 기가 모여 만물이 되며 만물이 흩어져 다시 태허로 돌아간다는 순환론을 주장했다. 황종희가 이처럼 마음을 기로 규정한 것은 마음의 구체적인 활동을 강조하기 위한 것이었고 이 또한 경세치용론의 이론적 바탕이 되었다.

나라가 망해도 역사는 남는다

황종희는 경세치용뿐 아니라 역사학에도 관심이 많았다. 그의 역사 탐구는 아버지 황존소의 유언에 따라 역사책을 읽기 시작한 20세 전후부터 세상을 떠나기 전까지 거의 반세기에 걸쳐 진행되었다. 그리고 그가 이룩한 역사학은 제자 만사동과 전조망을 거쳐 장학성에 이르는 큰 맥을 형성했고, 후대 사람들은 이들의 학문을 절동사학이라 불렀다.

절동사학파는 사실에 입각해서 옳고 그름을 구분 짓는 실사구시를 연구 방법으로 삼았고, 고증을 거쳐 역사적 사건에 대해 분명한 평가를 내리는 것을 연구의 원칙을 삼았다. 그들은 경전과 역사는 따로 나눌 수 없다는 전제 아래 구체적 현실의 연속인 역사가 경전에 우선할 뿐 아니라 역사가 경전을 포괄한다고 했다. 그래서 역사 사료를 통해 그 안에 숨어 있는 의미를 찾아 그 핵심을 기술하고 기존의 역사적 기록까지도 잘못 서술된 것을 찾아내고 여러 가지를 참조하여 증명해야 한다고 생각했다.

절동사학파의 이러한 관점은 모두 황종희로부터 시작되었다. 황종희는 경전만 강조하던 다른 선비들과 달리 경전과 역사를 모두 중시하는 입장이다. 그는 경전을 통해 근본을 추구하고 역사를 참조하여 구체적인 일들을 살펴야 한다고 했다. 물론 학자라면 성인의 말씀을 모아놓은 경전을 먼저 연구해야 한다. 하지만 경학에만 얽매이면 실용에 적용할 수 없기 때문에 세상 물정을 제대로 알려면 역사도 겸해서 읽어야 한다. 그런 점에서 황종희는 역사가 경전을 해석하는 바른 길이라고 보았고, 경전이 출발점이라면 역사는 귀결점이라고 했다. 경전이 출발점이 되는 이유는 경학이 세상 다스리기 위한 근본 학문이기 때문이지만, 구체적인 활용의 증거들을 역사서에서 찾아야 비로소 현실의 일들을 처리할 수 있다고 생각했다. 황종희는 이것이 바로 경세치용의 원칙이라고 했다.

　당시 대부분의 선비들은 과거 시험만 중요하게 생각해서 시험과 상관이 없었던 역사에 대한 공부는 소홀히 하는 경향이 많았다. 하지만 황종희는 경전마저 역사로 간주해서 '육경이 모두 역사'라고 생각했다. 이 같은 그의 생각은 역사학의 범위를 확대시키고 그 결과 역사학의 사회적 가치를 높였지만, 상대적으로 우상에 가까웠던 육경의 지위를 흔들어놓았다. 사실 황종희는 현실에 적용할 수 있는 학문만이 가치 있는 학문이라고 생각했다. 그런 입장에서 학문적으로는 경학을 중심에 두고 사학을 그 보조 수단으로 삼아 학문의 현실적 효용을 정치를 통해 실현하고자 했다. 그는 지나간 역사를 거울삼아 현재를 반성함으로써 어지러운 사회를 바로잡고 바람직한 사회를 건설하려는 사회적 실천을 이끌어내려 했다.

　그의 이러한 생각은 역사 편찬으로 나타났다. 황종희는 나라가 망해도 역사는 남는다는 생각을 가지고 명나라 역사를 정리했다. 그가 편찬한 《명사안》이 남아 있지 않지만 부분적으로 다른 책에 남아 있는 것들을 살피면 단순한 역사 기록이 아니라 평가가 더해진 역사서였음을 알 수 있다. 역사에 대한 그의 적극적인 관심은 청나라 정부가 주도한 명나라 역사 편찬에 대한 그의 태도에도 잘 나타나 있다. 청나라의 명사 편찬은 순치 2년(1645년)에 시작되었지만 본격적인 작업이 이루어지기 시작한 것은 강희 17년(1678년)에 이르러서였다. 그는 명나라가 망한 뒤 동림당의 후예로서, 그리고 유종주의 제자로서 절개를 지켜 결코 벼슬에 나아가지 않았다. 하지만 명사 편찬에는 아들 황백가와 제자 만사동 등을 보내 돕게 했고, 편찬을 맡은 관리들과 관계를 유지하면서 자신의 생각과 의견을 끊임없이 제공했고, 자신이 수집한 자료들을 수록할 수 있도록 도왔다. 이 같은 황종희의 처신에 대해 만년에 절개를 꺾었다고 보는 부정적 평가와 명사 편찬에 공이 크다는 긍정적 평가가 있다. 하지만 그의 조언과 제자들의 참여가 없었더라면 균형 잡힌 명사 편찬은 쉬운 일이 아니었을 것이다.

역사에 대한 그의 애착은 매우 강했다. 그는 사료와 문헌의 수집 및 정리를 중요하게 생각했고, 그런 입장에서 많은 인물들의 전기, 행장, 묘지명 등을 기록하여 남겼다. 황종희는 이런 작업들도 역사 연구의 한 방법이라고 이해했다. 이 같은 생각은 문학에 대해서도 마찬가지로 나타난다. 그는 시도 역사에서 빠진 부분을 보충할 수 있다고 보아서 역사는 없어져도 진심에서 우러나온 시는 남는다고 했다.

그런 까닭에 황종희의 저술에는 역사학 방면 저작이 많다. 그 첫째는 제도사 분야의 저술로《유서》,《명이대방록》,《파사론》등이다.《유서》는 역대 정치제도의 득실을 분석한 책으로 명나라가 망하게 된 역사적 교훈을 종합한 책이다. 황종희는 이 책에서 천하가 다스려지느냐 어지러워지느냐는 봉건이냐 아니냐에 달려 있다고 본다. 다음으로 황종희의 대표작인 《명이대방록》은 《유서》의 생각을 기초로 자신의 생각을 더 다듬은 책으로 《유서》보다 10년 정도 뒤에 나왔다. 그리고 《파사론》 또한 봉건제의 폐단을 비판한 책이다.

역사학 관련 저술의 두 번째는 학술사 분야의 저술로 《송원학안》과 《명유학안》이 해당한다. 이 두 책은 각각 명나라, 그리고 송나라와 원나라의 뛰어난 철학자와 그들이 속한 학파의 사상을 잘 보여주는 원전 자료를 소개하고 그에 대한 지은이의 견해와 평가를 덧붙임으로써, '학안체'라는 독특한 형식을 만들었다. 따라서 《명유학안》과 《송원학안》은 중국 최초의 체계적인 철학사인 셈이다. 뒷날 이 방식을 본 딴 책으로는 청나라 학자들을 다룬 《청유학안》과 조선의 유학자들을 다룬 《동유학안》이 있다.

《명유학안》은 명대 사상가들을 19개 학파로 나누어 모두 210여 명의 명대 학자들의 평전을 서술한 책이고, 《송원학안》은 송나라와 원나라 때 사상가들을 91개 학파로 나누어 모두 2000여 명의 송·원대 학자들의 평전을 서술한 책이다. 《명유학안》은 황종희가 살아 있을 때 완성되었지만 《송원학안》은 황종희가 죽은 뒤 아들 황백가와 제자 전조망이 등이 이어받아 완성시켰다. 특히 이 두 책은 사상가들을 학파별로 나누어 정리함으로써 그 시대 철학 발전의 역사적 맥락을 쉽게 파악할 수 있도록 했으며, 춘추필법을 사상가들의 평가에 끌어들인 것이 돋보인다.

하찮은 보통 사람에게도
천하 흥망의 책임이 있다

여러 해 전 중국인들에게 서민 총리로 떠받들어지던 온가보(溫家寶, 원자바오, 1942~) 전 총리가 황종희에 매료되어 있다는 소식을 중국 언론이 보도한 적이 있다. 그 보도들은 온가보 총리가 황종희의 사상에서 민주주의와 법치에 대한 많은 시사점을 얻었다고 말했다. 그리고 어떤 친구에게서 《황종희 전집》을 선물로 받고는 황종희의 사상에 과학성과 민주성이 깃들어 있다고 평했다는 말도 전했다. 온가보는 그보다 앞 선 2003년 전국인민대표대회 기자회견에서도 농촌 문제를 거론하면서 황종희의 교훈을 언급했다. 황종희가 역대 중국 토지제도를 설명하면서 개혁 뒤에 오히려 상황이 더 악화되는 현상을 지적했던 사실을 인용하면서 섣부른 개혁의 함정을 경계해야 한다고 했다. 무려 400년이 지난 지금까지 황종희가 중국에 또 다른 열풍을 이어가고 있는 셈이다.

황종희는 왕부지, 고염무와 함께 명말 청초를 대표하는 3대 학자의 한 사람으로 꼽히는 인물이다. 이 세 사람은 큰 틀에서는 주자학이나 양명학을 완전히 뛰어 넘은 것은 아니었지만, 형이상학적인 헛된 논의에 머문 주자학과 극단적인 욕망 긍정을 통해 사회 도덕·윤리의 뿌리를 흔들 가능성을 보인 양명좌파 등의 학문 경향이 명나라의 멸망을 가져왔다는 판단에서 새로운 학문 경향을 일으켰다. 세 사람의 학문은 서로 겹쳐지는 부분도 많았다. 하지만 독자적인 특징을 꼽는다면 황종희는 경세론을, 고염무는 고증학을, 왕부지는 기철학을 중심으로 자신들의 사상을 펼쳤다. 그 가운데서도 황종희는 17세기 중국이 낳은 위대한 사상가이자 계몽주의자였고, 교육자였으며 뛰어난 역사학자였다.

오늘날 우리가 황종희의 철학에서 가장 큰 의미를 찾는다면 무엇일까? 황종희는 임금이 최고 권력이며 주인이던 군주사회에서 임금은 손님이며 백성, 즉 민이 주인이라는 민주사회를 대안으로 내놓은 사람이다. 그래서 중국의 민주사상을 대표하는 사상가라고 평가된다. 하지만 황종희 사상의 더 큰 의미는 '천하의 일을 결정하는 것이 하찮은 일반 백성들에게도 달려 있고 국가가 흥하느냐 망하느냐 하는 문제에 일반 사람들도 책임이 있다'고 한 데 있다. 이 같은 생각은 백성이 주인이라는 생각에서 권리가 백성에게 있지만 그에 따른 책임 또한 백성에게 있다고 본 것이다. 하지만 엄청난 희생을 치르면서 싸워 얻은 오늘날 민주사회에서도 모든 권력이 국민으로부터 나온다는 말은 선언적일 뿐 시민은 선거 때 한 표를 행사하는 미세한 부품에 지나지 않으며 중요한 정책이나 결정은 모두 정치가나 파워 엘리트들이 하는 것이라고 생각하기 쉽다. 과학기술의 발달에 따라 누구나 주체로 참여할 수 있다는 전자 민주주의를 이야기하면서도 천하의 일을 결정하는 것이 일반 시민에게 달려 있다고 생각하는 사람은 별로 없을 것이다.

황종희는 명나라가 망하는 것을 보았고, 다시 청나라가 공자와 주희를 높이면서 《강희자전》과 《고금도서집성》 같은 엄청난 규모의 문화 사업을 통해 지식인들을 회유하는 것을 보았다. 이와 비슷한 역사가 우리에게도 있었다. 조선이 망한 뒤 일제강점기뿐 아니라 외세에 의한 분단의 세월이 오늘까지 이어지는 것이 우리 현실이다. 그 안에는 조선이 망하는 데 한 역할을 했을 뿐 아니라 일제에 빌붙어 개인과 집안의 안녕을 누렸고, 해방 이후로도 카멜레온처럼 변신을 거듭하면서 분단의 격차를 벌리는 데 힘을 보탠 사람들도 적지 않다. 물론 어려운 시대일수록 높은 지위에 있거나 중요한 일을 맡은 사람이 져야 할 책임은 당연히 더 클 것이다. 하지만 그 시대를 사는 사람들 모두가 시대에 대한 책임에서 자유로울 수 없으며, 그 같은 시대의식을 지녔을 때 우리는 참다운 민주를 이야기 할 수 있다. 황종희는 군주전제가 당연시되던 사회에서 백성이 주인임을 선언했고 그에 따른 백성의 자각을 강조함으로써 시대에 대한 지식인의 책무를 다하고자 한 사람이었다.

『모든 나라의 변법은

피 흘림 없이 성공한 적이 없었다.

오늘날 중국에서는 변법 때문에

피 흘린 사람이 있다는 말을 들어보지 못했으니

이것이 나라가 발전하지 못한 이유이다.

변법 때문에 죽는 사람이 있다면

나로부터 시작되기를 바란다』

담사동

변법을 위해 피를 뿌리는 사람이 되겠노라

103일 만에 끝난 변법의 꿈

1898년 9월 어느 날 이제 곧 관군이 들이닥칠 상황이었다. 함께 개혁을 꿈꾸었던 강유위(康有爲, 캉유웨이, 1858~1927)는 영국의 도움을 받아 홍콩으로 피신했고, 양계초(梁啓超, 량치차오, 1873~1929)는 일본 공사관으로 숨었고, 변법 개혁의 중심인 광서제는 연금 상태였다. 가까운 사람들이 도와줄 테니 어서 몸을 피하라고 재촉하고, 양계초도 함께 일본으로 가자고 했지만 담사동(譚嗣同, 1865~1898)은 의연했다. 그러고는 "모든 나라의 변법은 피 흘림 없이 성공한 적이 없었다. 오늘날 중국에서는 변법 때문에 피 흘린 사람이 있다는 말을 들어보지 못했으니 이것이 나라가 발전하지 못한 이유이다. 변법 때문에 죽는 사람이 있다면 나로부터 시작되기를 바란다"고 하면서 순교자처럼 죽음을 기다리고 있었다. 무술년 6월 온갖 꿈을 안고 기세 좋게 시작했던 개혁은 103일 만에 그렇게 막이 내렸다.

당시 청나라는 혼란의 막바지로 치달았다. 안으로는 서태후가 전권을 휘두르는 상황에서 지배 계층의 부패와 무기력으로 스

동양철학 에세이 2

스로 무너져내리고 있었고, 밖으로는 아편전쟁 이후 서구 열강이 무차별로 침탈해왔다. 그나마 아편전쟁에서 겪은 서구의 엄청난 군사력에 놀라서 서양의 우수한 문물과 기술을 받아들여 중국을 강한 나라로 만들어보자는 양무운동이 일어났다. 그러나 군대와 무기의 혁신이 중심이 된 양무운동은 프랑스, 일본과의 전쟁에 연거푸 지면서 실패한 개혁으로 인식되었고, 그에 대한 대안으로 나온 것이 변법운동이었다. 양무운동이 국방을 중심으로 한 서구 과학기술의 도입과 경제발전이 중심이었다면, 변법운동은 정치 사회 제도의 근본적인 개혁이 중심이었다.

변법운동을 앞장서서 끌어간 인물은 강유위였다. 강유위는 여러 차례 광서제에게 상소를 올리기도 하고 직접 만나 의견을 펼치기도 했지만 번번이 보수파들의 반대에 부딪혔다. 그러나 마침내 1898년 6월 11일 광서제가 변법을 국시로 한다는 '명정국시'를 발표하고 얼마 안 가 강유위를 총리아문 장경에 임명했다. 나라를 강하게 만들기 위한 본격적인 개혁이 시작된 것이다. 광서제는 변법파들의 의견을 받아들여 변법의 중심 기구로 제도국을 만들고 일본의 메이지유신을 모델로 삼아 입헌군주제를 목표로 과거제도, 학교 제도, 관리 임용, 상업 진흥책 등 다양한 개혁을 추진했다. 그리고 8월에는 강유위가 담사동, 임욱, 양예, 유광제 등을 황제에게 추천하여 개혁을 주도하는 군기장경을 맡게 했다.

하지만 청일전쟁의 패배로 어쩔 수 없이 정치 일선에서 물러나 이화원으로 들어간 서태후와 그 추종자들이 그냥 지켜만 보지는 않았다. 서태후는 17세에 궁녀가 되어 미모와 노래 솜씨로 황제의 눈길을 끌었고, 함풍제의 아들을 낳으면서 두 번째 부인으로 올랐던 인물이다. 함풍제가 31세의 나이로 죽어 26세에 과부가 된 서태후는 황제에 오른 6세 아들 동치제의 수렴청정을 시작으로 무려 47년 동안 전권을 휘둘렀다. 당시는 동치제가 18세의 젊은 나이로 죽고 뒤를 이어 네 살 때 서태후의 양아들이 되어 황제에 오른 광서제가 27세가 되면서 이제 막 서태후로부터 통치권을 넘겨받은 상황이었다. 하지만 변법을 가로막기 위한 서태후의 움직임이 시작되었다. 서태후는 보수파를 동원하여 변법을 주도하는 강유위가 쓴 책들을 비난하게 했고, 강유위를 광서제에게 추천했던 호부상서 옹동화를 파직했다. 뒤로 물러나기는 했지만 2품 이상의 관리 임명권은 여전히 서태후가 쥐고 있었다. 더구나 서태후는 북양대신 이홍장의 군대를 북경 시내에 배치시켰고, 10월 천진에서 열리는 열병식을 틈타서 구테타를 일으킬 것이라는 소문이 퍼져 있었다.

하지만 변법파에게는 군대가 없었다. 기댈 수 있는 곳은 변법들의 모임인 강학회에 찬성 의사를 보인 원세개(袁世凱, 위안스카이, 1959~1916)뿐이었다. 원세개는 광동의 명문 집안 출신이었지만 과거 시험에 여러 차례 떨어진 뒤 군대에 들어가 이홍장 밑에서 기반을 닦았고, 새로운 군대 건설의 임무를 잘 수행한 공으로 탄탄대로를 걷고 있었다. 광서제는 원세개에게 시랑 벼슬을 내렸고, 강유위는 원세개에게 군대를 일으켜 서태후를 제거하라는 편지를 보냈다. 원세개가 죽음을 무릅쓰더라도 임무를 수행하겠다는 답장을 보내오자 담사동은 원세개를 찾아가 마지막 확인을 했다. 하지만 원세개는 군대를 일으키는 대신 총독을 찾아가 변법파의 계획을 알렸고, 이화원에 머물던 서태후는 군대를 몰아 자금성으로 들이닥쳐서 광서제를 연금시키고 정치 일선으로의 복귀를 선언했다.

변법파는 벼랑 끝에 몰렸다. 강유위와 양계초는 몸을 피했고 담사동은 동지들 다섯 명과 함께 9월 25일 붙잡혀 옥에 갇혔다. 그리고는 4일 뒤 북경 시내 형장에서 서른넷의 젊은 나이로 동지들과 함께 목이 잘렸다. 그날 처형된 양예, 양심수, 임욱, 유광제, 강광인, 그리고 담사동 이 여섯 명을 '무술년에 희생된 여섯 명의 군자'라고 부른다. 담사동은 처형을 앞두고 "도적들을 죽이려고 마음먹었으나 상황을 바꿀 힘이 없구나. 죽을 자리를 제대로 얻었으니 기쁘고 기쁘도다"라고 했다. 무술변법은 이렇게 끝이 났지만 담사동의 의연한 죽음은 뒷날 역사를 바꾸는 작은 디딤돌이 되었다.

아편전쟁으로 시작된 중국의 근대

아편전쟁의 포성으로 시작된 중국의 근대는 처절했다. 그것은 중국 스스로가 만들어간 것이 아니라 제국주의 침략에 따른 강제적인 과정이었기 때문이다. 이러한 상황은 근대라는 용어 속에 잘 담겨 있다. 서양 용어로 근대와 현대는 모두 '모던(Modern)'이다.

그것은 서양의 역사가 중세를 넘어서서 오늘날까지 자연스럽게 이어지고 있기 때문이다. 하지만 동양은 거의 모든 국가가 근대와 현대를 구분한다. 그 이유는 중세 이후 오늘까지 우리 힘으로 역사를 만들어간 것이 아니라 서구의 힘에 의해 강제적으로 중세를 끝내고 근대로 들어왔고, 다시 그 서구에 의한 근대를 넘어서는 과정이 오늘 우리의 모습이기 때문이다. 그래서 동아시아 대부분의 국가들은 전근대와 근대와 현대가 뒤죽박죽으로 섞여 있다.

19세기 이후 중국 사회는 안으로부터 서서히 무너져내리고 있었다. 여진의 여러 부족을 통합하고 1616년 후금을 세운 누르하치를 이어 1636년 태종이 국호를 청이라 고쳤고, 4대 황제인 강희제에 이르러 중국 전체를 장악했다. 하지만 중국을 지배한지 200여 년 만에 체제 내부의 부패로 내리막길을 걷기 시작했다. 특히 1796년에 일어나 10년을 끈 백련교를 앞세운 농민반란은 청나라 정부군의 힘으로 진압되기는 했지만 청나라 지배력이 얼마나 약해졌는지를 잘 보여주는 사건이었다. 그런 가운데 청나라 지배의 뿌리를 흔든 아편전쟁은 중국 근대의 개막인 동시에 동아시아의 중심이었던 중국적 세계의 붕괴였다.

1840년에 터진 아편전쟁은 영국과의 무역 마찰이 빚은 전쟁으로 인류 역사상 가장 부도덕한 전쟁으로 평가된다. 당시 영국과의 무역은 광동 지역으로 제한되어 있었고 청나라는 영국을 조공 바치는 나라 정도로 취급했다. 특히 청나라는 영국에 차, 비단, 도자기, 면포 등을 수출하고 그 대금으로 스페인과 멕시코의 은을 받았다. 하지만 영국으로부터의 수입은 거의 없다시피 한 상황이었다. 이 같은 무역 적자는 영국 정부와 자본가들의 불만을 샀고 그에 대한 비상수단으로 영국은 인도에서 재배한 아편 판매를 강화하기 시작했다. 그래서 1800년대 초 연 평균 4000상자를 팔던 것이 1850년대에는 10배 이상 늘어났다.

중국 정부는 임칙서를 특사로 파견하여 아편 밀매를 막게 했다. 임칙서는 매우 올곧은 관리였다. 그는 영국 상인들이 가지고 있던 아편을 몰수하여 일부는 불태우고 일부는 석회를 섞어 물에 흘려보냈으며 아편 상인들을 국외로 내쫓았다. 그러자 영국은 상인들을 보호한다는 명분을 내걸고 20척의 함선과 4000여 명의 군대로 싸움을 걸어왔다. 그 결과 전쟁에 진 청나라는 임칙서를 파면하고 몰수한 아편 대금을 배상하고, 홍콩을 영국에 넘겨주고 전쟁 배상금을 지불하며, 광동만이 아니라 5개의 항구를 열어준다는 엄청난 불평등을 내용으로 한 남경조약(난징 조약)을 맺었다.

하지만 이것은 시작일 뿐이었다. 이어서 미국과 프랑스에도 개방을 약속했고, 중국 상선에 매달린 영국 국기를 끌어내린 일을 트집 잡아 벌어진 2차 아편전쟁(애로호 사건)의 해결 과정에서는 천진조약(톈진 조약)으로 아편 무역이 아예 합법화되었다. 그리고 청나라가 천진조약의 비준을 거부하자 영국과 프랑스의 연합군이 북경을 함락시켰고, 함풍제는 열하로 피신했다가 사망했다. 그 결과 영국에는 구룡반도를 내주었고, 강화조약을 중재한 러시아에는 연해주를 내주게 된다. 그 과정에서 동치제가 6세의 나이로 황제에 오르면서 서태후의 집권이 시작되었다. 1885년에는 프랑스와의 전쟁에 져서 베트남에 대한 지배권을 잃었고, 1894년에는 일본과의 전쟁에서 지면서 굴욕적인 마관조약(시모노세키 조약)을 맺고 일본에 2억 냥의 전쟁 배상금과 함께 요동반도와 대만 등을 주었고, 조선에 대한 지배권을 내놓았다. 그 뒤 러시아, 프랑스, 독일 등이 개입하여 요동반도를 돌려받기는 했지만 그 대가로 3000만 냥을 지불했다.

이 같은 상황이 중국을 서구 열강의 원료 공급지 겸 상품 시장으로 만들었고, 주권, 영토, 경제 등 모든 면에서 반식민지 상태가 되게 했다. 따라서 중국은 자신의 힘으로 근대를 열어갈 길을 잃으면서 서구 제국주의에 의해 강제로 세계 자본주의 시장에 끌려들어갔다. 스스로의 힘이 아니라 외부의 힘에 의해 맞게 된 근대는 전통의 긍정적인 부분마저 부정하는 상황에서 이질적인 문화를 걸러내는 과정 없이 받아들임으로써 충격을 완화시킬 수 있는 기회를 잃게 했고, 서구 문화 또한 주체적으로 수용하지 못함으로써 자연스러운 이질 문화 수용의 길이 막혔다.

이 무렵 중국 안에서 벌어진 또 하나의 큰 사건은 태평천국 운동이다. 태평천국 운동은 중국 사회 모순이 커지면서 나온 자연스러운 현상이었지만 청나라의 몰락을 재촉한 획기적인 사건이었다. 태평천국 운동의 밑바닥에는 다양한 원인들이 깔려 있었다. 무엇보다도 이민족이 세운 청나라에 대한 경멸과 그에 따른 저항이 자리 잡았고, 외세에 대한 반감이 담겨 있었으며, 세금과 물가 폭등에 따른 경제적인 불안도 있었다. 그런 점에서는 반제국주의와 반봉건 두 가지 축을 지녔던 셈이다.

태평천국 운동을 일으킨 홍수전은 광동성 중농 집안 출신이었다. 몇 차례 과거 시험에 떨어진 뒤 기독교 서적을 얻어보고는 그 이론을 응용해 비밀 종교 조직인 배상제회를 만들고, 하느님의 둘째 아들인 자신이 상제로부터 중국을 혼란에서 구하라는 명령을 받았다고 했다. 그는 공자와 유교를 비판했고, 한족이 일어나 만주족을 물리치자고 했다. 배상제회는 고리대금과 세금에 시달리던 농민과 실업자들이 대거 들어오면서 엄청난 힘을 갖기 시작했다. 마침내 홍수전은 신도들을 모아 1850년 7월 광서성에서 봉기했고 3년 뒤에는 남경을 수도로 정하고 새로운 국가 건설에 나섰다.

　　태평천국은 부패 관료와 지주, 부유한 장사꾼을 공격하여 전리품을 가난한 백성들에게 나누고 3년 동안 토지세를 면제하겠다고 했다. 또한 토지의 공유와 남녀평등, 소외된 사람들의 보호, 청나라 타도 등을 내걸었다. 그밖에도 아편, 노름, 음주 금지, 여성의 발을 묶는 전족 금지와 외세 반대 등을 주장하면서 대동의 이상세계를 지향하는 엄청난 세력으로 성장했다. 하지만 태평천국 지도부가 왕조 체제로 바뀌어가면서 권위를 내세우기 시작했고 마침내 내분이 일어났다. 그래서 한때 청나라의 힘만으로는 진압이 어려울 정도로 강했지만 마침내 서구 여러 나라의 지원을 받은 증국번의 군대에 의해 무너지고 말았다. 하지만 태평천국 운동은 청나라 통치 계층에게 많은 깨달음을 주었다. 그래서 서양의 방법을 빌려서 봉건통치를 유지 강화하기 위한 방법으로 양무운동이 시작되었다.

사회 변혁의 열정으로 살아간 짧은 생애

담사동은 호남성 유양에서 태어났다. 아버지는 진보적인 생각을 지닌 지방 관리로 상당히 높은 지위에 있었다. 담사동은 열 살 때 집안 식구들과 함께 디프테리아에 걸려서 어머니와 형, 누나는 사망했지만 본인은 겨우 목숨을 건질 수 있었다. 그래서 계모의 손에 자라야 했다. 어려서부터 유양 지역 학자들에게 배웠는데 글짓기가 뛰어나서 많은 시문을 지었다. 특히 공부를 하면서는 북송오자 가운데 한 명인 장재, 명말 청초의 학자인 황종희와 왕부지의 사상을 흠모했다. 이 사람들의 사상이 지닌 공통점은 기(氣)를 기반으로 한 사상이라는 점이다. 담사동은 이들의 사상을 이어받아 기를 바탕으로 민족의식과 민본사상을 중심에 둔 개혁 사상을 만들고 그 사상을 실천해간 특징을 지닌다. 바로 이런 공부가 뒷날 변법유신 사상의 이론적 기초가 되었다.

담사동은 스무 살 무렵부터 여섯 차례나 과거 시험에 떨어진 뒤 관리가 되겠다는 생각을 접었다. 그 뒤 사회 변혁에 관심을 두었고, 견문을 넓히기 위해 하북, 하남, 호북, 호남 등 중국 각지를 다니면서 청나라 관리들의 부패한 모습과 백성들의 고통을 본 뒤로 나라와 백성을 구하겠다는 뜻을 세웠다. 그리고 그러한 뜻을 담아 자신의 호를 '장비'라고 했다. 그는 의협심이 강하고 무술 익히기를 좋아했고 비밀결사와도 교류했다.

담사동은 특히 1894년 청일전쟁에서 진 뒤 굴욕적인 마관조약을 맺는 것을 보고 더욱 맹렬하게 변법을 주장했다. 1896년에는 남경에서 양문회를 만나 불교를 익혔으며 이 무렵 대표작인 《인학》을 완성했다. 그리고 상해, 천진 등으로 서양 선교사들을 찾아다니면서 기독교와 서양의 자연과학 지식도 쌓았고, 그 과정에서 기선, 기차, 광산, 엑스선 촬영기 같은 과학 기구를 보고 자본주의 생산방식과 자연과학에 깊은 관심을 두었다.

1898년 초에는 고향으로 돌아와 지역의 진보적인 관리들의 후원 속에 고향 친구 당재상과 함께 '시무학당'을 만들어 양계초를 초청하기도 했다. 남학회를 만들고 잡지 《상보》를 발행하면서 호남 지역 혁신 운동을 이끌어갔다. 구체적으로는 하천을 운항하는 기선을 만드는 일과 광산 개발, 철로 건설 등에 참가함으로써 새로운 문물을 들여와 중국의 전통 제도와 중국인들의 삶 전체를 바꾸기 위해 노력했다. 그리고 이런 활동이 보수파의 반발에 부딪히자 그들과 단호하게 맞서면서, "지금 중국은 개혁파와 보수파의 피가 온 세상을 적셔야만 비로소 되살아 날 희망을 갖게 될 것"이라고 했다. 그는 이미 중국의 변혁을 위해서는 오랜 동안의 처절한 싸움이 있어야 한다는 것을 예견했다. 그와 함께 호남 지역 개혁에 앞장섰던 당재상은 무술변법 운동이 실패로 돌아간 뒤 일본으로 망명했다가 뒷날 무한에서 군대를 일으키려 했지만 장지동에게 진압되어 처형되었다.

1898년 6월, 무술변법이 시작되자 광서제는 담사동을 불러올려 군기장경을 삼았다. 이로써 담사동은 변법운동의 핵심에 섰다. 하지만 서태후를 중심으로 한 보수파의 쿠데타로 체포되어 처형되었다. 그는 호남성 변법운동의 중심인물이었고 강유위보다도 더 진보적인 사상가였다. 뒷날 모택동은 '담사동의 영혼이 천지간에 가득해서 없어지지 않는다'고까지 극찬했다. 그만큼 그의 사상은 혁명주의에 가까웠던 셈이다.

담사동은 삶을 통해 얻은 많은 생각을 《인학》에 담았다. 그의 저술은 장재, 황종희, 왕부지 등의 전통사상에다 불교, 공양학, 서양 과학과 기독교 사상까지를 담고 있는 데다가, 사는 내내 실천적인 삶을 살았고 자신의 사상을 더 깊게 할 시간도 없이 젊은 나이에 세상을 떴기 때문에, 번잡하면서도 완전한 철학 체계를 이루지 못했다는 평을 받는다. 하지만 그는 그의 저술을 통해 청나라와 청나라 통치의 기반인 봉건사상을 부정했으며, 그런 점에서는 강유위나 양계초보다 훨씬 급진적이라는 평가를 받는다. 그는 특히 만물 평등의 관점에서 봉건 군주제를 반대하고, 하늘과 도가 모두 변하지 않는다는 전통사상의 입장을 부정하면서 이를 토대로 사회 변혁 이론을 끌어냈다. 그의 사상을 망라한 《담사동 전집》은 1954년에 이르러서야 세상에 나온다.

중체서용에서 동도서기로

아편전쟁 이후 서양의 충격에 대한 중국의 대응은 양무운동과 변법운동으로 나타났다. 이 두 가지는 모두 전쟁을 통해 서양의 힘을 확인한 상황에서 어쩔 수 없이 서양문명을 받아들일 수밖에 없다고 인식한 뒤부터 어디까지 어떻게 받아들일 것인가를 고민한 결과였다. 첫 단계 대응인 양무운동은 서'양'의 실'무'를 받아들이자는 것이었다. '서양의 실무'는 서양의 물질문명을 가리킨다. 따라서 군수 공업 위주로 서양 과학기술을 도입해서 안으로는 봉건왕조를 유지하고 밖으로는 외세를 막는 것이 목적이었다. 양무파는 양무의 논리로 체용론을 내세웠다. 체용론은 성리학 용어로서 본체인 중국의 정신문명을 지키면서 응용에 해당하는 서양 물질문명을 받아들인다는 논리였다. 그래서 '중체서용'이라는 말로 표현되었다.

중체서용이란 "중국 학문을 본체로 삼고, 서양 학문을 응용으로 삼는다"는 뜻이다. 경우에 따라서는 중국 학문이 옛 학문으로, 서양 학문이 새로운 학문으로 표현되기도 했다. 이러한 주장을 한 사람은 청나라의 고위 관료였던 장지동(張之洞, 1837~1909)이다. 그는 두 문명의 만남과 시대적 전환의 요구를 '중체서용'으로 담아내려 했다. 사실 이러한 주장이 장지동에게서 처음 나온 것은 아니었다. 아편전쟁 때 이미 임칙서는 서양과의 피할 수 없는 전쟁을 예견하면서 서양 무기를 본 따 군비를 확충하는 과정에서 "오랑캐를 배워서 오랑캐를 제압하자"고 했다. 이러한 생각은 서양 문물의 수용을 인정한 모든 사람이 공통적으로 지닌 의식이었다. 그 가운데서도 양무운동을 현실에 적용한 사람들은 이홍장과 증국번 같은 관료들이었다. 하지만 초기에는 이러한 주장조차도 보수파의 반대에 부딪혔다. 그런 점에서 초기에는 보수파와 양무파의 대립이었다면 나중에는 양무파와 변법파의 대립으로 바뀌어갔다.

체용론은 구체적으로 어떤 내용일까? 체용론에서 체는 본체 또는 본질을 뜻하며, 용은 응용 또는 현상을 뜻한다. 체·용 개념은 춘추전국시대에도 있었지만 체계적인 철학 개념으로 자리 잡은 것은 성리학에서였다. 성리학에서는 체·용을 바닷물처럼 이해했다. 이 경우 바닷물이 체라면 파도나 물거품은 용에 해당한다. 그렇다면 바닷물과 파도는 다른 것인가? 바닷물과 파도는 하나이다. 다만 바닷물이 매번 다른 모습으로 바뀌는 파도로 나타날 뿐이다. 그런 점에서 체용론이 지닌 첫 번째 특징은 체와 용은 하나라는 것이고, 두 번째 특징은 체가 본질이고 용은 현상이라는 점이다. 본질은 바뀌지 않으나 현상은 늘 변한다. 즉 바닷물은 변함이 없지만 그것이 겉으로 드러난 파도는 늘 바뀐다. 그렇기 때문에 체, 즉 본질은 불변이며 용, 즉 현상은 변한다. 그리고 변하지 않는 것은 선이지만 변하는 것은 악으로 나타날 수도 있다. 그렇기 때문에 체, 즉 본질이 용, 즉 현상보다 중요하며 우월하다.

그런데 장지동은 중체서용을 설명하면서 "중국 학문은 내면 공부이고 서양 학문은 외면 공부이며, 중국 학문은 몸과 마음을 닦는 것이고 서양 학문은 세상일을 처리하는 것"이라고 했다. 이 말은 중국 학문은 정신 공부이고 서양 학문은 물질 공부이며, 중국 학문이 심신을 닦아가는 수양 공부라면 서양 학문은 자질구레한 일 처리 학문이라고 한 것이다. 이 같은 주장은 중국 학문과 서양 학문이 모두 필요하지만 중국 학문이 서양 학문보다 중요하고 우월하며, 중국 학문이 본질을 닦는 공부인 것과 달리 서양 학문은 기술적인 것일 뿐이라고 본 것이다. 그렇기 때문에 서양 과학기술의 우수성을 인정하면서도 부국강병을 위해 이용하기만 하면 될 뿐이라고 함으로써 전통 유교에 대한 믿음 또한 포기하지 않았다.

이 같은 장지동의 논리는 근본적인 모순을 지니고 있다. 그 모순은 무엇보다도 체·용이 서로 나눌 수 없는 개념임을 알면서도 중국에서는 체만 떼어내고 서양에서는 용만 떼어내어 서로 붙이려고 한 점이다. 체용론에 따르면 서양 학문에도 체용이 있고 중국 학문에도 체용이 있게 된다. 그런데 장지동은 그것을 인위적으로 분리해서 중국의 체와 서양의 용을 결합하려 했다. 그렇기 때문에 엄복(嚴復, 옌푸, 1854~1927)은 "소의 몸뚱이인 체가 있으면 무거운 것을 질 수 있는 쓰임새로써의 용이 있고, 말의 몸뚱이인 체가 있으면 멀리까지 갈 수 있는 쓰임새로써의 용이 있다. 그런데 소를 본체로 삼고 거기에 말의 쓰임새를 붙인다는 얘기는 들어본 적도 없다"고 비판했다. 엄복의 비판처럼 장지동의 논리는 소에다 말을 붙이고, 말에다 소를 붙이는 절충주의였다. 정신문명으로써의 중국 문화는 변할 수 없으며 부족한 부분만 서양 문화를 받아들여 결합시키자고 한 것이다. 그래서 결국 양무파는 서양의 근대를 가져온 정신문화와 사회 체제를 빼놓은 채 과학기술만 받아들여 서양 수준의 근대 군사 공업을 이루고자 했으며, 외국어 교육기관을 만들고 선교사들을 불러다가 과학기술 관련 책들을 번역하도록 했다.

사실 장지동의 논리는 중국 전통과 함께 청나라의 왕조 지배 체제를 유지하려는 논리였다. 그는 삼강오륜, 성인의 진리, 마음을 수련하는 유학 등은 변할 수 없는 것이고, 물질적인 것들은 변하는 것이라고 보았다. 이처럼 중체서용의 중체는 몸과 마음을 닦는 유학인 동시에 봉건 신분 질서였다. 하지만 서양 학문을 받아들이기 시작하자 수용 범위를 국방 중심의 기술 측면에만 제한했던 중체서용론의 모순이 드러나기 시작했다. 더구나 청불전쟁과 청일전쟁의 패배는 곧 양무운동의 실패로 받아들여졌다. 청일전쟁은 과학기술만이 아니라 근본적인 제도까지도 바꾼 일본과 과학기술만 받아들인 중국의 전쟁이었다. 그 결과 체제의 개혁까지를 요구하는 변법파가 등장한다. 서양 열강이 강한 원인을 군사력에서 찾을 것이 아니라 그것을 지탱하는 정치제도에서 찾아야 한다는 주장이 나오기 시작한 것이다. 그래서 변법파들은 기술 측면을 넘어서 민권, 의회제도, 입헌 군주제 등과 함께 상공업을 발전시켜서 민족 자본을 기르겠다는 생각까지 나아갔으며, 그 결과 이제까지 보수파와 양무파의 대립이 이제는 양무파와 변법파의 대립으로 바뀌기 시작했다.

변법파 이론가는 강유위, 엄복, 담사동, 양계초 등이다. 더구나 강유위, 담사동, 양계초 세 사람은 무술변법 시기 직접 정치활동에 참여했고, 네 사람 모두 각자의 사상 체계를 가지고 있었다. 강유위는 《신학위경고》와 《공자개제고》를 통해 공자의 개혁 정신을 바탕으로 한 변법을 주장했고, 담사동은 《인학》을 통해 만물 평등의 개혁론을 주장했으며, 엄복은 사회진화론 등의 서양 과학 방법론을 알렸다. 그 가운데 양무파의 중체서용론에 맞서 변법파의 논리를 대표한 것은 담사동의 동도서기론이었다.

동도서기론은 유학의 도기론(道器論)을 빌려온 것으로 본래 '도'는 길을 뜻하고 '기'는 그릇을 뜻한다. '도'와 '기'가 함께 사용된 가장 오래된 표현은 《주역》, 〈계사전〉에서 "형이상을 도라고 하고, 형이하를 기라고 한다"는 말이었다. 이러한 구분이 점점 발전하면서 '도'는 형이상학에 해당하는 추상적인 법칙이나 도리, 이치, 본체 같은 개념이 되었고, '기'는 형이하학에 해당하는 다양한 물질 현상을 가리키는 개념이 되었다. 하지만 도기론의 첫 번째 의미는 체용론에서 '체'와 '용'이 통일체이듯이 '도'와 '기'도 하나의 사물 속에 통일적으로 존재한다는 것이었다. 그런데 성리학을 완성시킨 주희는 '도'의 입장에서 '도'가 곧 '체'이고 '기'는 '용'이라고 보았지만, 명말 청초의 사상가 왕부지는 '기'의 입장에서 도기론을 전개했다. 그리고 변법파의 담사동은 왕부지의 도기론을 서양 학문 수용에 적용했다. 담사동은 '기'를 중시하는 입장에서 '도'와 '기'가 하나이므로 '기'가 바뀌면 당연히 '도'도 바뀌어야 한다고 주장했다. 이 같은 주장이 '중국의 윤리 질서를 도'로 보는 '동도(東道)'와 '서양 과학기술을 기'로 보는 '서기(西器)'의 결합으로 나타났다.

담사동은 도기론의 기본 전제인 도와 기가 통일되어 있다는 것을 그대로 인정한다. 하지만 주희가 도는 변하지 않는다고 본 것과 달리 왕부지의 입장을 따라서 기가 변하면 도가 변해야 한다고 보았다. 따라서 '기'가 본체이고 '도'는 응용이라는 입장으로의 전환이었다. 사실 '도'를 중심으로 세계를 보면 '도'는 변하지 않는 원칙이기 때문에 '기'로 표현되는 현실이 달라질수록 '도'와 '기'의 간격은 점점 더 커진다. 노인들이 자신의 생각을 고정시킨 채 젊은이들이 하는 짓을 보면서 혀를 끌끌 차는 것과 같다. 따라서 담사동은 '도'와 '기'가 진정한 통일을 이루려면 '기'가 변하면 '도'도 변해야 한다고 본다.

철학사에서는 도를 중심으로 세계를 이해하는 것이 주류였다. 동중서, 송대 성리학, 그리고 중체서용이 그 흐름이다. 하지만 여기에 맞서는 세계관이 없었던 것은 아니다. 그 흐름은 동중서를 비판한 왕충, 주자학을 비판한 왕부지, 그리고 동도서기론 등이다. 그런 점에서 담사동의 도기론은 주류적 세계관에 대한 저항이었으며 변화를 적극적으로 끌어안으려는 사유였다. 그리고 이러한 차이는 신분 질서의 고수와 부정의 차이로 나타났다. 그런 점에서 담사동의 동도서기론은 중체서용론보다 한 걸음 나아간 역사의식을 확보할 수 있었다.

그렇다면 도가 변해야한다면서도 '변도'가 아니라 '변법'이라고 하는 이유는 무엇일까? 법은 본래 오늘날의 법률 같은 의미가 아니라 넓은 의미에서 문물제도 모두를 가리키는 용어였다. 춘추전국 시기의 법가가 바로 그런 의미이다. 담사동은 법을 세 가지로 나누었다. 그 세 가지는 지금 중국의 문물제도인 법과 과거의 문물제도인 법, 그리고 새로운 문물제도로써 서양의 법이다. 담사동은 지금의 법을 바꾸자는 것이며 그 경우 예전의 법은 이상으로 존재할 뿐 대안은 서양의 법이 될 수밖에 없다고 한다. 그런 의미에서 서양 문물제도를 전폭적으로 수용하자는 것이 담사동의 변법이었고, 변도는 변법의 이론 근거였다. 따라서 변법은 서양 문물의 적극적인 수용인 동시에 전근대에서 근대로의 전환이었다.

이 같은 변화는 봉건 신분 질서를 옹호한 중체서용론과 달리 봉건 신분 질서에 대한 부정을 의미한다. 담사동은 봉건 윤리를 비판하면서 봉건 윤리의 그물을 찢어버리라고 했다. 이처럼 담사동은 봉건적 사회구조 자체를 문제 삼았던 것이며, 그 정점에 서 있는 군주제 비판으로까지 나아갔다. 그 결과는 봉건 구조에 맞선 자기희생이었다.

만물 변통의 평등 사회를 향하여

청나라 말기의 사상계는 주자학, 고증학, 공양학, 민중 지향의 태평천국 사상, 그리고 새로 들어오기 시작한 서양 사상 등이 뒤섞여 존재했다. 이 사상들은 각기 시대 변화에 따른 다른 대응의 모습을 보이기도 하고 서로 영향을 주고받기도 했다. 그 가운데 여전히 주류를 이룬 철학은 성리학이었다. 삼강오륜을 중심으로 한 성리학의 윤리 체계는 군주와 신하와 백성 사이의 통치 질서, 지주와 소작인의 상하 질서, 부모 자식과 부부 및 형제 사이의 가족 질서를 유지케 하는 가장 큰 틀이었다. 그런 점에서 성리학은 정치적으로는 군주제를, 사회적으로는 가부장제를, 경제적으로는 토지를 놓고 지주와 소작인이 만나는 봉건적 생산양식을 유지하는 데 가장 적합한 이데올로기였다. 따라서 봉건 사회가 바뀌지 않는 한 봉건적인 틀을 지지하는 성리학의 지배력 또한 끝나지 않았다. 청나라는 중국을 지배하기 시작할 때부터 이민족이 중국을 지배하기 쉽지 않다는 사실을 잘 알고 있었다. 그래서 중국인들이 받드는 공자와 주자를 높임으로써 한쪽으로는 중국 지식인들을 회유할 수 있었고, 다른 한쪽으로는 성리학을 통치 질서 유지에 활용할 수 있었다. 공자를 높이는 호칭 가운데 '대성지성문선왕'이라는 가장 화려한 표현이 이민족이 다스리던 원나라와 청나라 때 널리 쓰였다는 사실은 바로 그런 정황을 잘 보여준다. '대성지성문선왕'이란 표현은 '크게 이루었고, 지극히 성스러우며, 문화를 떨친 임금'이란 뜻이다. 임금이 아니었음에도 임금이 되고도 남을 덕을 지닌 사람이라고 극찬한 것이다. 이런 배경 때문에 성리학은 청나라 말기까지 가장 지배적인 사상으로 자리를 잡았고, 역설적으로 바로 그 점 때문에 중국의 근대 지향을 가로막는 가장 큰 걸림돌이 되었다.

두 번째 사조인 고증학은 청나라의 학문 경향을 잘 보여주는 흐름이다. 고증학을 이끌어낸 주체는 청나라 지배 계층이었다. 그들은 앞에서 본 것처럼 지배 질서 유지에 도움이 되는 성리학을 지원하면서 한쪽으로는 지배 질서에 도전하는 학자들과 책들을 탄압했고, 다른 한쪽으로는 대규모 편찬 사업을 벌여 학자들의 학문적 호기심을 충족시키는 대신 문화 사업에 파묻혀 사회적 관심을 갖지 못하게 했다. 강희제 때의 《강희자전》, 옹정제 때의 《고금도서집성》, 건륭제 때의 《사고전서》가 모두 그러한 결과들이다. 그 과정에서 글의 진위 문제를 포함한 고증 작업들이 경전만이 아니라 역사학, 천문학, 금석학, 음운학 등 여러 방면에서 이루어졌다. 하지만 고증학이 객관성을 확보한 근대적 학문이었음에도 불구하고 학문의 또 다른 의무인 사회 정치에 대해 무관심했다는 치명적인 지적을 받았다. 그래서 사상의 흐름에서 볼 때 말만 앞세운 채 관념의 유희에 빠진 성리학에 대한 반동이었다고 평가되면서도 청나라 말기 사회적 관심을 강하게 내세운 공양학파로부터 정치사회적 무관심이라는 비판을 받았다.

세 번째 사조인 공양학은 바로 고증학의 정치사회적 무관심을 지적하면서 나온 흐름이다. 공양학파라는 이름은 공자가 쓴 역사책 《춘추》의 해설서 가운데 《공양전》의 해석을 높이는 학자들이라는 점에서 왔다. 대표적인 공양학자들은 공자진, 위원, 강유위 등이었고, 이들은 학문과 실천이 달라서는 안 된다는 입장에서 고증학의 사회적 실천이 없는 점을 비판하면서 나름대로 청나라 말기의 혼란에 대한 대안을 만들려고 노력했다. 하지만 공양학파 역시 남녀 차별, 군주제, 신분 질서, 중화와 오랑캐의 구분 같은 봉건적 한계를 벗어나지 못했다. 하지만 공양학파의 연장선에서 나와 그러한 한계를 넘어선 것이 바로 변법파였다.

큰 틀에서 본다면 근대는 정치적으로는 군주에서 민주로, 경제적으로는 지주-전호 중심의 봉건적 생산양식에서 자본주의적 생산양식으로, 사회적으로는 차별적 신분 질서에서 평등으로, 국제적으로는 민족의식의 성립으로 나타난다. 따라서 봉건 군주 중심의 신분 질서의 해체였으며, 자연 경제 중심의 봉건적 생산양식의 해체였다. 하지만 그 뒤에는 가장 근본적으로 이러한 사회 질서를 지탱해준 주자학적 관념체계의 해체가 있었고, 그 해체의 동력은 아이러니하게도 중국 지식인들이 넘어서기 위해 고민했던 서양문명에서 왔다. 이것이 바로 중국 근대 지식인이 짊어진 사상적 빚이었다.

이런 사상적 지형에서 담사동이 내놓은 해답이 《인학》이었다. 담사동은 사회 역사의 발전을 어지러운 세상에서 소강상태로, 소강상태에서 모두가 어우러지는 대동 세상으로 발전해간다고 보았다. 이러한 역사의식은 공양학파의 일반적인 역사의식이기도 하다. 담사동은 공자 이후 지금의 청나라까지를 혼란기로 보았다. 특히 내부의 부패와 외부의 침략이 온 백성을 어려움에 빠뜨린 상황은 변화와 소통이 필요한 꽉 막힌 사회라고 판단했다. 그래서 '인(仁)'이 실현된 대동사회로 가지 못하는 이유를 소통하지 못하기 때문이라고 보고, 소통하지 못하는 현실을 바꾸어서 평등으로 어우러지는 '변통'의 철학을 내놓았다.

담사동은 '인'을 서로 대립하는 두 요소가 대등하게 어우러진 상태로 보았다. 그런 점에서 '인'은 평등 개념을 담고 있다. 아울러 이 세상이 존재하고 발전 변화하는 원인이 모두 '인'의 작용에 따른 것이며 그 '인'이 완전하게 구현된 것이 대동 세상이었다. 담사동은 무엇보다도 자연 법칙과 인간의 도덕법칙을 불변이라고 보는 전통 관념을 부정한다. 이 같은 생각이 소통과 변통을 가로막는 근본 원인이라는 것이다. 이런 입장에서 담사동은 어떤 사물이든 막힘을 거부했으며 일체의 구속을 타파하고자 했다.

담사동은 '인'의 첫 번째 원리가 소통이라고 생각했다. 이 경우 소통은 서로 대립하는 두 요소 사이의 평등을 의미한다. 담사동이 생각한 소통 대상은 남녀 관계, 임금과 신하나 아버지와 아들의 관계 같은 상하 관계, 중국과 외국의 관계, 나와 남의 관계의 네 가지다. 그 각각의 지향점은 남녀평등, 상하 평등, 국가들 간 자유통상으로써의 평등, 모든 인간의 평등이었다. 따라서 이같은 평등을 가로막는 어떠한 윤리의 그물도 찢어버릴 것을 주장했다. 담사동에게는 평등이 가장 기본적인 사회 결합의 원리였다. 특히 그런 입장에서 전통 유교의 도덕 윤리와 군주제는 모든 평등을 가로막는 질곡의 그물이었으며 따라서 첫 번째 부정의 대상이었다. 그래서 평등 개념은 인권과 민권으로 확장되었다. 그 결과 담사동은 전제군주제를 비판하면서 임금은 말단이고 백성이 근본이라고 했고, 역대 전제군주는 포악한 독재자이며 군주제를 유지하기 위한 삼강오륜은 참혹한 재앙의 독초라고 비판했다. 이 같은 관점은 명말 청초의 사상가 황종희를 이은 것이다.

담사동은 '인'이란 묵자의 겸애, 불교의 자비, 기독교의 사랑과 같은 것이며, 자연과학에서 말하는 에테르가 그 본체라고 했다. 에테르는 서구 자연과학 용어를 가져온 것으로 전통철학의 기(氣)를 대체한 것이었다. 심지어 담사동은 '인'이 곧 에테르라고 함으로써 소통을 에테르의 작용이라고 이해했다. 하지만 용어만 달라졌을 뿐 담사동은 왕부지의 기 개념을 그대로 가져왔으며 이를 바탕으로 모든 대립하는 존재들 사이의 소통을 주장했다.

담사동은 소통을 사물의 존재, 인간의 윤리, 정치와 경제 분

동양철학 에세이 2

야까지 적용해갔다. 따라서 소통은 근대로 들어가기 위한 가장 중심 개념이었고 그런 점에서 전근대적인 막힘을 변혁하여 소통시키는 변통을 주장한 것이었다. 담사동의 사상은 공양학파의 사상과 화엄종을 중심으로 한 불교, 그리고 기독교와 서양 근대과학까지를 결합한 것이어서 복잡하면서도 완결된 철학으로 나아가기에는 문제가 많았다. 하지만 사회 실천의 측면에서는 강유위나 양계초보다 한 걸음 앞서 있었다.

역사는 언제나 바른 방향으로 흐른다

담사동이 죽음으로 지키고자 했던 무술개혁은 비록 103일 만에 끝이 났지만 더 나은 세상을 위한 인류의 노력은 멈추지 않았다. 중국에서 가장 긴 장강의 물이 6300킬로미터를 흘러가는 동안 어떤 곳에서는 남으로 흐르기도 하고 또 어떤 곳에서는 북으로 흐르기도 하며 심지어는 거꾸로 흐르는 듯하면서도 크게는 반드시 동쪽을 향해 가듯이, 양무운동은 변법운동으로, 그리고 변법운동은 다시 혁명으로 이어졌다. 그런 점에서 변법운동은 혁명으로 나아가는 전 단계였고, 담사동의 죽음이 곧 혁명을 알리는 서막이었다.

물론 변법운동은 비록 양무운동에 비해 근대적이었음에도 많은 문제점을 지녔다. 그 첫 번째는 급격한 정치 변혁을 희망했으면서도 제대로 된 힘을 갖추지 못했다는 점이다. 더구나 강유위는 개혁의 필요성을 광서제에게만 역설하고 그 추진 또한 황제에게만 의존했다. 따라서 무장하지 못한 예언자는 실패한다고 했던 마키아벨리의 말처럼 꿈에 불과한 개혁이 되고 말았다.

변법운동이 지닌 두 번째 문제점은 민족 시민계급의 역량이 아직 무르익지 못했다는 점이다. 이는 시대적 상황을 정확하게 파악하지 못했다는 말이 될 수도 있다. 그래서 변법운동의 주축이 오직 관료 지식인들에 그침으로써 광범위한 일반 민중의 지지를 끌어내지 못했다. 그 결과 보수파의 반대 운동을 넘어설 수 없었다.

그리고 가장 큰 문제점은 장지동의 중체서용론을 넘어서기는 했지만 담사동의 도기론 또한 봉건체제를 제대로 탈피했다고 보기 어렵다는 점이다. 물론 근대로의 전환기에서 토대가 바뀌면 그 위에 놓인 체제도 바뀌어야 한다는 사유는 매우 진보적인 생각이다. 더구나 담사동의 경우 남녀평등, 상하 평등, 국가 간 평등, 모든 사람의 평등을 주장한 것은 매우 획기적이었다. 하지만 여전히 양무파와 마찬가지로 서양과 동양, 물질과 정신, 전통과 근대라는 도식에서 벗어나지 못했다.

19세기 후반의 중국 지식인들이 가졌던 문제의식은 중국이 변해야한다는 것이고, 변화의 방향은 봉건에서 근대로의 이행이었다. 특히 이러한 이행을 촉발한 것은 새로 들어오기 시작한 서구 문명이었다. 따라서 문제의 핵심은 서양 문물을 어떤 방식으로 어떻게 받아들일 것인가였고, 동시에 중국 전통을 어떻게 처리할 것인가의 문제였다. 그런 점에서 당시의 고민을 '동서고금

의 문제'라고도 부른다. 하지만 시대적 한계가 곧 사상적 한계로
나타났다. 그런 점에서 변법운동 사상가들이 차지하는 사상사적
위치는 근대의 완성에 있는 것이 아니라 근대의 시작에 있었다.

홍군은 장정 길 어려움 두려워 않나니
겹겹이 둘러싼 산과 물도 대수롭지 않다네
끝없이 이어진 다섯 봉우리는 잔잔한 물결 같고
거대한 오몽산도 발아래 흙덩일세
금사강물 출렁대는 깎아지른 절벽은 따스하고
대도하 가로지른 쇠사슬 다리는 차갑도다
반갑구나 민산 천리 길 뒤덮는 눈발이여
삼군은 행군 끝에 웃음꽃 피우네

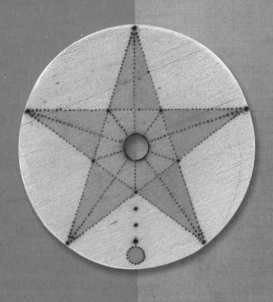

모 택 동

중국의 영원한 붉은 별

중국 공산당의 영원한 전설 – 대장정

1935년 2월 27일 새로운 근거지 건설을 위해 끊임없이 이동 중인 홍군이 귀주성을 지날 때 모택동(毛澤東, 마오쩌둥, 1893~1976)의 부인 하자진(賀子珍, 허쯔전)이 아이를 낳았다. 병원은커녕 변변한 집조차 없는 산골 마을인데다 주민들이 숨어버린 탓에 몇 안 되는 토굴집마저 텅 빈 상태였다. 더구나 추격해오는 국민당 군대의 대포와 기관총 소리가 바로 뒤 멀지 않은 곳으로부터 요란스럽게 들려왔다. 최악의 상황에서도 하자진은 여자 아이를 순산했다. 하지만 출산의 고통과 생명 탄생의 기쁨이 교차하는 순간 속에서 하자진은 핏덩이 딸을 한 번 안아보는 것으로 만족해야 했다. 언제 어떻게 될지 모르는 위급 상황에서는 아이를 현지인에게 맡기고 가는 것이 홍군의 규칙이었기 때문이다. 하자진은 허름한 포대기에 아이를 싸서 토굴 움막 한 구석 불 옆에 놓았다. 그리고 자신들은 노동자와 농민의 해방을 위해 싸우는 홍군이며 이 아이를 잘 보살펴주면 나중에 데리러 와서 다시 사례하겠다는 내용의 편지와 함께 아편 두 덩이와 은전 30냥을 아이 곁에 놓았다. 그것이 갓 태어난 핏덩이 딸과의 마지막이었다.

하자진은 모택동의 세 번째 부인이었고 정강산(井岡山)에서 결혼한 뒤 아이 셋을 낳았다. 첫 아이는 돌도 지나지 않아 죽었고 두 번째 딸아이는 유격전 시기 행군 중에 태어났기 때문에 가까운 민가에 맡겨졌다. 그리고 셋째 아이는 세 살 될 때까지 직접 키웠으나 대장정을 떠나면서 유격전을 위해 뒤에 남는 모택동의 동생과 자신의 동생 부부에게 맡겨졌다. 하지만 그 아이들 또한 모택동 부부와의 인연은 거기까지였다. 아무리 모든 것을 바칠 각오로 참여한 혁명 과정이었지만 주민이 돌아와 거두어줄지 모른다는 막연한 희망만 가지고 갓 태어난 넷째 아이마저 아무도 없는 동굴에 두고 떠나야 하는 하자진의 마음은 어떠했을까? 하지만 이런 아픔은 모택동 부부에게만 있는 것이 아니었다. 혁명 대열에 참가한 많은 사람들이 1년이 넘는 행군 동안 총에 맞아 죽고, 물에 빠져 죽고, 병들어 죽고, 얼어 죽고, 굶어 죽어갔다. 역사는 처절한 패배처럼 보이는 이 고난의 행군을 '대장정'이라고 부른다.

대장정은 국민당 군대의 포위 공격을 받던 중국 공산당이 강서성 서금의 중앙 근거지를 버리고 새로운 근거지 확보를 위해 시작했던 고난의 행군을 가리킨다. 대장정은 1934년 10월 15일 8만여 명의 홍군이 길을 떠나면서 시작되었다. 그리고 1방면군과 중앙군이 섬서성에 도착한 것이 행군 시작 368일째 되는 1935년 10월이었고, 그 뒤로도 2방면군이 합류한 것까지 따지면 1936년 10월까지 계속되었다. 그 동안 홍군은 끈질기게 따라붙는 국민당

군의 포위망을 벗어나기 위해 때로는 싸우고, 때로는 추격을 따돌리면서 11개 성을 지나고, 18개의 산맥을 넘었으며, 24개의 강을 건넜다. 그래서 1만 2000킬로미터를 지난 뒤에야 겨우 섬서성 연안에 교두보를 확보할 수 있었다. 그들은 국민당군의 계속되는 추격과 포위, 끊임없이 쏟아지는 폭격, 배고픔과 질병, 추위와 졸음을 견디면서 하루 평균 26킬로미터를 걸었다. 대장정 끝에 연안에 도착했을 때는 함께 떠난 사람들 가운데 십분의 일이 채 안 되는 7000여 명만이 살아남았고 30만이 넘던 중국 공산당원 숫자 또한 몇 만으로 줄어 있었다. 하지만 수십만의 국민당 군대가 몇 만의 홍군을 상대로 끈질기게 추격전을 펼치고 다섯 차례나 대규모 포위 섬멸 작전을 펼치는 동안 농민들은 국민당군의 횡포에 치를 떨면서 장개석(蔣介石, 장제스, 1887~1975) 정부로부터 멀어져갔고, 반대로 잠시 머물다 쫓겨가는 홍군을 이해하고 나아가서는 협력자가 되기에 이르렀다. 그렇기 때문에 대장정은 11개 성을 지나면서 만난 2억 이상의 중국인민들에게 혁명이 무엇인지 공산주의가 무엇인지를 알리는 역할을 했고, 이것이 바로 사회주의 승리의 중요한 원인이 되었다. 뒷날《중국의 붉은 별》을 지은 에드거 스노는 이 대장정을 가리켜 '근대의 그 무엇과도 견줄 수 없는 오디세이'라고 했고, 미국의 역사학자 조너선 스펜스는 '중국 공산당 역사에서 가장 영웅적인 서사시'라고 했다. 그리고 모택동은 대장정을 가리켜 '제국주의자들과 장개석 무리의 추격과 포위가 끝장났음을 알리는 선언이며, 11개성 2억 인민에게 홍군이 걷는 길만이 해방을 향한 유일한 길임을 알리는 일이었고, 그래서 수많은 혁명의 씨앗을 뿌린 일'이라고 했다.

　대장정을 거쳐 사회주의 중국이 성립되기까지 중국 공산당이 걸어온 과정은 하나의 거대한 드라마였다. 1919년 손문(孫文, 쑨원, 1866~1925)은 5·4운동을 발판 삼아 국민당을 창당했다. 그리고 1921년 공산당이 만들어졌다. 이 두 세력은 서로 대립하기도 했지만 1924년 공동의 적이 북쪽 지방을 장악하고 있는 군벌들이라는 데 뜻을 같이 하면서 힘을 합쳐 노동자와 농민을 위한 정책을 추진했고, 군벌과 자본가 계급에 맞서 싸웠다. 그러나 1925년 손문이 사망하면서 상황은 완전히 달라졌다. 손문의 개혁 정책을 달갑게 여기지 않던 서구 열강과 자본가, 지주 계급은 장개석을 앞세워 공산당을 탄압하기 시작했고, 쿠데타를 통해 정권을 장악한 장개석은 무한에 있는 통일정부에 맞서 남경에 자신들만의 정부를 세웠다.

　당시 중국 공산당은 코민테른의 지도 아래 노동자가 혁명의 주축이라는 이론에 따라 공장이 밀집된 중국 내 주요 도시를 거점으로 삼아 활동 범위를 넓혀갔다. 하지만 아직 산업시설이 미비하여 노동자 세력이 약한 데다 거세지는 국민당 군대의 공격 때문에 중국 공산당은 점점 위기에 몰렸다. 그러자 중국의 대부분을 차지하는 농촌을 먼저 포섭한 다음 도시로 넓혀가자는 모택동의 주장이 힘을 얻기 시작했다. 모택동은 국민당 군대의 공격에서 살아남은 홍군을 이끌고 정강산에 들어가 조직을 정비한 뒤 유격전을 펼쳐 갔다. 그래서 세력이 극도로 위축된 상황에서도 1931년 강서성에 중화 소비에트 정부를 수립하는 등 활동을 멈

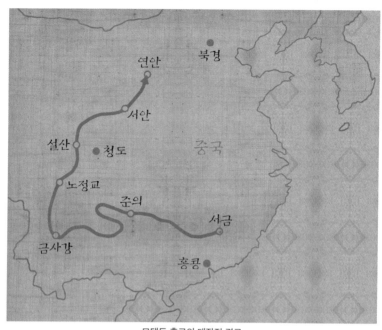

모택동 홍군의 대장정 경로

추지 않았다.

　하지만 장개석은 공산당을 섬멸한다는 목표를 세우고 1930년 부터 공산당 근거지에 대한 대대적인 공격을 감행했다. 이러한 공세는 1934년까지 계속되었지만 모택동의 군사 전략을 채택한 공산당은 국민당의 공세를 성공적으로 막아낼 수 있었다. 그러자 장개석은 70만 대군을 동원해 최후 공략에 나섰고, 여기에 맞선 공산당은 그때까지의 중심 전략이던 모택동의 유격전 전략을 버리고 정규전과 참호전을 선택했다. 결과는 참혹한 패배였으며 그 결과 홍군은 1934년 10월 15일 국민당 군대의 포위망 가운데 가장 허약한 부분을 뚫은 뒤 8만 5000명의 전투원과 1만 5000명의 후방 요원을 이끌고 서쪽을 향해 후퇴에 나서야만 했다.

홍군은 쫓겨가면서도 가는 곳 마다 선전전을 펼쳤고 많은 젊은이들이 홍군을 따라 길을 나서기도 했다. 그리고 1935년 1월 준의에서 열린 중국 공산당 중앙정치확대회의에서는 그동안의 극좌노선에 대한 문제점이 지적되면서 군대를 이끌던 주은래(周恩來, 저우언라이, 1898~1976)가 물러나고 모택동의 노선이 다시 받아들여졌다. 그 뒤 모택동은 홍군을 한층 더 기민하게 움직이면서 엄청난 화력을 갖춘 4방면군과 사천성에서 만났다. 하지만 4방면군을 맡은 장국도(張國燾, 장궈타오, 1897~1979)가 중앙당의 북상 항일 대신 남하를 주장하면서 사천에 주저앉는 바람에 홍군이 둘로 나뉘는 어려움을 겪기도 했다. 장국도는 오래지 않아 국민당으로 넘어가는 변절자가 되었다.

홍군은 장정 길 어려움 두려워 않나니
겹겹이 둘러 싼 산과 물도 대수롭지 않다네
끝없이 이어진 다섯 봉우리는 잔잔한 물결 같고
거대한 오몽산(烏蒙山)도 발아래 흙덩일세
금사강물 출렁대는 깎아지른 절벽은 따스하고
대도하(大渡河) 가로지른 쇠사슬 다리는 차갑도다
반갑구나 민산(岷山) 천리 길 뒤덮는 눈발이여
삼군(三軍)은 행군 끝에 웃음꽃 피우네

위 시는 1935년 10월 모택동이 지은 〈칠률 장정(七律 長征)〉

이다. '민산'은 사천성, 청해성, 감숙성, 섬서성 사이를 지나는 4500여 미터 높이의 산맥으로 늘 눈이 덮여 있어 대설산(大雪山)이라 부른다. 홍군은 이 산을 넘음으로써 비로소 국민당 군대의 포위를 벗어나 섬서성 북부에 자리 잡았던 다른 홍군과 만나 연안에 새로운 혁명 근거지를 마련할 수 있었다. 그 뒤 전열을 재정비하여 1년 후 3만 명 정도의 병력을 회복할 수 있었고, 고난의 장정에서 살아남은 병력은 공산 혁명의 최정예 중심 세력이 되었다. 그 뒤 공산당은 그 힘을 바탕으로 밖으로는 일본과의 전쟁에서 이길 수 있었고, 안으로는 국민당과의 전쟁에서 승리할 수 있었다. 그리고 1949년 10월 1일, 모택동은 북경의 천안문 광장에서 100만 명이 지켜보는 가운데 중화인민공화국의 성립을 선언함으로써 기적의 드라마를 완성했다.

정치가나 사상가가 아니라
교육자로 불리고 싶었던 삶

모택동은 호남성 장사(長沙) 남서쪽 소산(韶山)에서 가난한 농민의 아들로 태어났다. 형제가 모두 일곱 명이었지만 네 명이 일찍 죽고 아들 삼형제만 살아남은 가운데 모택동이 맏이였다. 그는 여섯 살부터 농사일을 도왔고 8세 때 서당에 입학한 뒤 5년 동안 《논어》 등 고전을 배웠다. 그리고 15세 되던 1907년, 이웃 마을 나(羅) 씨 집 딸을 아내로 맞았지만 첫 부인은 몇 년 뒤 스물한 살의 나이로 죽고 말았다. 모택동은 아버지의 반대로 학업을 계속하지 못하자 농사일을 도우며 틈틈이 책을 읽다가 1909년에 동산(東山)고등소학교에 들어갔고, 그 뒤 장사의 상향(湘鄉)중학으로 옮겼다. 이 무렵부터 그는 중국혁명동맹회가 발행하는《민립보(民立報)》의 열렬한 독자가 되어 그 신문에 실린 반청론(反淸論)이나 혁명론에 많은 감동을 받았다. 그런 과정에서 세계정세에 대해 알았고, 손문이 혁명당을 조직했다는 사실도 알게 되었다.

1911년 10월 신해혁명이 일어나자 혁명군에 입대했고, 1912년 2월 청나라가 멸망한 뒤 혁명군에서 나와 제1중학에 입학했다가 제1사범학교로 옮겼다. 이 무렵 모택동은 밀, 루소, 몽테스키외 등이 쓴 서구의 정치 이론을 비롯해 애덤 스미스의《국부론》, 다윈의《진화론》등을 닥치는 대로 읽었다. 그리고 자신의 삶에 가장 큰 영향을 준 스승 양창제(楊昌濟, 양창지)를 제1사범학교에서 만났다. 양창제는 외국 유학을 마친 뒤 고국으로 돌아와 정부에서 제시한 높은 자리도 마다하고 제1사범학교 교사로 있으면서 젊은이들에게 세상을 보는 눈과 함께 새로운 중국 건설의 꿈을 심어준 교육자였다. 양창제의 영향 아래 모택동은 1917년 제1사범학교 학생들을 주축으로 뒷날 호남성 혁명 지식인들의 산실이 된 신민학회(新民學會)를 조직했다.

1918년 사범학교를 졸업한 모택동은 북경대학교 교수가 된 양창제의 도움으로 북경대학교 도서관 주임 이대조(李大釗, 리다자오, 1889~1927) 아래에서 사서 보조로 일하며 많은 것을 배우게 된다. 이대조는 북경대학 교수들과 함께《신청년》이라는 잡지를 만들어 세계 각국의 정치 정세를 널리 알렸고, '마르크스주의 연구회'라는 토론 모임도 이끌었다. 모택동은 이러한 지식인 그룹에 끼지는 못했지만《신청년》1918년 10월 호에 실린 이대조의 '볼셰비즘의 승리'라는 글을 읽고 1917년에 일어난 러시아혁명을 알게 되었다. 그리고 비밀 학생 단체들과 접촉하면서 무정부주의에 관한 책을 읽기 시작했다. 이 무렵이 그가 본격적으로 마르크스주의에 뜻을 두게 된 시기였다.

1919년 어머니가 위독하다는 소식을 듣고 고향으로 돌아온 모택동은 장사소학교와 중학교의 역사 교사를 맡았다. 그리고 5·4운동이 일어나자 호남학생연합회를 설립하고《상강평론(湘江評論)》을 펴냈다.《상강평론》은 거의 모든 글을 모택동 혼자서 쓰다시피 한 잡지였다. 그는 창간 선언문에서 "바야흐로 인류 해방 운동이 시작되었다. 모든 낡은 편견에 대해 의문을 품어야 한다"고 했다. 그는 창간호에 스물여섯 편의 글을 썼고, 2000부를 인쇄해 거리에서 직접 팔았다. 하지만《상강평론》은 7월 14일부터 8월 14일까지 주간으로 네 차례 발행되었을 뿐 지역 군벌에 의해 곧 폐간됐다. 그리고 얼마 지나지 않아 위험을 느낀 모택동은 북경으로 가서 몸을 피해 지내면서 러시아혁명에 관한 책을 읽었다.

1919년 10월 어머니가 죽었고, 두 달 뒤 존경하던 양창제 교수가 세상을 떠났으며, 며칠 뒤 아버지가 사망했다. 하지만 모택동은 아버지의 장례를 치르러 고향으로 가는 대신 북경에 머물면서 공산당 창당에 참여했다. 1920년 11월 중국 공산당이 창당

되었고, 1921년 7월 23일 상해에서 중국 공산당 제1차 당 대회가 열렸을 때 모택동은 호남성 대표로 참여했다. 이 대회에서 호남에 당을 건설하라는 책임을 받고 장사로 돌아온 모택동은 1924년까지 제1사범학교 부속소학교의 교장 겸 사범부의 어문(語文) 교사로 지내면서 당 건설에 적극 참여했고, 1920년 겨울 양창제 교수의 딸 양개혜(楊開慧, 양카이후이)와 결혼생활을 시작했다. 둘 사이에서는 모두 세 명의 아들이 태어났다. 모택동은 1924년 국민당과 공산당이 손을 잡은 뒤 호남성의 군벌을 물리치고 장사를 장악하기도 했지만, 국민당과의 연합이 깨진 뒤로는 농민 홍군 3000명을 이끌고 정강산을 근거지로 삼아 국민당 군대와 대치했다. 그리고 1930년 10월 모택동이 장사를 공격했다가 실패하자 국민당군은 양개혜와 세 아들을 잡아들였고, 모택동과의 이혼 선언을 하라는 요구를 받아들이지 않자 얼마 지나지 않아 양개혜를 총살에 처했다. 이 무렵 막내아들도 죽었고 다른 두 아들은 러시아로 보내졌다. 그 가운데 큰 아들은 뒷날 한국전쟁에 참전했다가 평양에서 미군의 폭격으로 죽게 된다.

공산당의 기세에 위기감을 느낀 국민당은 1927년부터 대대적인 공세를 시작했고, 국민당의 공세에 밀린 공산당은 1934년 10월부터 대장정을 시작했다. 장정 도중 귀주성에서 열린 준의(遵義) 회의에서 모택동은 당 지도권을 장악했다. 1935년 연안에 도착한 홍군은 모택동의 지도 아래 전열을 가다듬고 힘을 기를 수 있었다. 장개석을 포로로 잡은 서안 사건 이후 다시 한 번 국민당과 손을 잡은 공산당은 공동으로 항일 민족통일전선을 수립하고, 홍군을 국민 혁명 제8로군으로 개편하여 일본군과 싸웠다. 이 무렵 모택동은《지구전론(持久戰論)》,《신민주주의론》등을 발표했고, 그 가운데《신민주주의론》은 중국 공산당 강령으로 채택되었다. 점차 자신의 입지를 굳혀 가던 모택동은 1943년 공산당 중앙위원회 주석과 정치국 의장을 겸하게 됨으로써 완전한 지도자로 떠올랐다.

1945년 2차 세계대전이 끝난 뒤 4년여의 전투 끝에 중국 대륙에서 국민당 군대를 완전히 몰아낸 모택동은 1949년 10월 중화인민공화국을 세우고 국가 주석과 혁명 군사위원회 주석을 맡았다. 그리고 1953년 한국전쟁이 끝나면서 국가 재건 사업인 대약진 운동을 시작했다. 1958년까지 이어진 이 운동을 통해 전국적인 토지개혁 운동, 협동농장 사업 등이 실시되었다. 모택동은 국유화한 토지 위에 대규모 협동농장을 세워 모든 인민이 평등하게 살 수 있는 유토피아를 건설하려 했다. 그 과정에서도 1957년 반우파(反右派) 투쟁 과정에서의 경험을 바탕으로《인민 내부의 모순을 바로잡는 문제에 대하여》를 발표했고, 1958년부터는 제2차 5개년 계획의 개시와 더불어 '총노선', '대약진', '인민공사'를 내건 삼면홍기(三面紅旗)운동을 펼쳤다. 하지만 1960년부터 2년여 동안 대기근이 중국 전역을 휩쓸면서 이 운동은 실패로 끝났고 모택동 또한 국가 주석에서 물러났다. 그러자 유소기(劉少奇, 류사오치, 1898~1969)와 등소평(鄧小平, 덩샤오핑, 1904~1997)을 중심으로 한 실용 수정주의 노선이 당의 주도권을 쥐었고, 새롭게 당 주석을 맡은 유소기는 애써 자리 잡은 인민공사를 해체하고 자작

농을 부활시키려 했다. 그러자 위기의식을 느낀 모택동과 그 주변 세력들이 1967년 1월 8일 문화대혁명을 일으키면서 당권을 쥐었던 유소기, 팽덕회(彭德懷, 펑더화이, 1898~1974), 등소평 등을 몰아내고 다시 실권을 장악했다.

1976년 9월 9일 모택동은 83세의 나이로 세상을 떠났다. 하지만 그가 사망하기 직전인 1976년 4월 천안문(天安門) 사건이 일어났다. 이 사건은 주은래 총리의 사망을 애도하는 민중들이 모택동 절대화를 공개적으로 반대하고 나선 사건이었다. 비록 시위 군중에 대한 탄압으로 끝이 났지만 중국의 위대한 영웅 모택동은 민중과 유리된 채 죽음을 맞이했다. 그의 삶은 많은 어려움에도 불구하고 노동자 농민을 계몽시켜 계급 해방의 길로 나서게 했고, 이를 통해 나라를 제국주의의 침략으로부터 지켜냈다는 평가를 받는다. 하지만 1981년 등소평이 다시 실권을 장악한 뒤 중국 정부는 문화대혁명을 내란으로 규정했다.

모택동의 일생은 참으로 파란만장한 삶이었다. 공식적으로 네 명의 부인이 있었지만 첫 부인 나 씨는 젊은 나이로 죽었고, 둘째 부인 양개혜는 국민당 군대에게 처형당했으며, 셋째 부인 하자진은 연안에서 여자 문제로 다툰 뒤 러시아로 떠났고, 넷째 부인 강청(江靑, 장칭, 1914~1991)은 모택동이 죽은 직후 문화대혁명의 주범으로 몰려 감옥에서 죽었다. 그리고 동생들도 모택동을 따라 혁명에 참여했다가 젊은 나이에 목숨을 잃었다. 자녀들 또한 대부분 혁명 과정에서 남에게 맡겨진 뒤 찾지 못했고, 큰 아들은 한국전쟁에서 죽었으며, 둘째 아들은 형의 죽음에 충격을 받아서 병을 앓다가 얼마 안 가 죽었다.

이 같은 개인적인 불행에도 불구하고 모택동은 대장정을 이끌어 낸 뛰어난 전략가였고, 마르크스주의를 중국화한 모택동 사상의 창시자이며, 10억이 넘는 인민을 규합하여 사회주의 국가를 이끌어간 대단한 정치가였다. 그러나 그는 늘 자신이 정치가나 혁명가, 사상가로 불리기보다는 교육자로 기억되기를 바랐다. 그가 실제 교단에 선 것은 4~5년에 지나지 않는다. 그런데도 교육자로 불리기를 바랐던 것은 왜일까?

그가 교육자로 불리기를 바랐던 이유 가운데에는 그가 가장 존경했던 스승이자 장인이었던 양창제의 영향이 컸을 것이다. 그는 양창제가 자신에게 했듯이 젊은이들을 깨우쳐주고 싶었고, 공산당원들을 좌나 우로 치우치지 않도록 바른 길로 이끌고 싶었으며, 나아가서는 10억의 중국 민족을 사회주의 이상국가의 주체로 만들고자 했다. 그것이 바로 혁명을 위해 자신의 모든 것을 희생할 수 있었던 원동력이었다. 하지만 바로 그런 바람 때문에 자신은 옳고 다른 사람은 그르다는 독선에 빠져 영원한 스승처럼 군림하려 했던 것은 아닐까?

중국을 바꾼 마르크스주의

현대 철학자 이택후(李澤厚, 리쩌허우, 1930~)는 《중국현대사상사론》에서 "모든 것은 5·4운동으로부터 시작된다. 중국 현대사의 중요한 문제는 모두 5·4운동까지 거슬러 올라간다"고 했다. 5·4운동은 1919년 5월 4일 학생들이 천안문 광장에서 일으켰던 반제국주의 반봉건주의 시위를 가리킨다. 하지만 시위가 여기에서 끝나지 않고 문화 전반에 대한 반성과 개혁으로 이어짐으로써 중국 현대사에 획을 긋는 중요한 계기가 되었다.

5·4운동 시기를 전후해서 중국은 엄청난 격동기에 놓여 있었다. 안으로는 1911년 손문이 중심이 된 신해혁명(辛亥革命)으로 청나라가 무너졌지만 얼마 안 가 원세개와 군벌들이 새로운 지배층으로 올라서면서 혁명은 실패로 끝이 났다. 그리고 밖에서는 1914년 1차 세계대전이 일어났고 뒤이어 1917년 러시아의 10월 혁명이 일어났다. 이러한 시대의 흐름 속에서 중국 지식인들은 본격적으로 문화 전반에 대한 반성을 시작했다. 그 결과 진독수(陳獨秀, 천두슈, 1879~1942), 호적(胡適, 후스, 1891~1962), 노신(魯迅, 루쉰, 1881~1936) 등은 중국의 뒤떨어진 현실이 낡은 전통문화 때문이라고 보고 한편으로는 봉건 전통문화를 비판했고, 다른 한편으로는 문어체를 구어체로 바꾸는 백화운동을 통해 의식 혁명을 이끌었다.

그들의 전통문화 비판 구호는 '타도! 공가점(打倒孔家店)'이었고, 그를 대신할 새로운 문화의 구호는 '과학'과 '민주'였다. '공가점'이란 공자 학설을 파는 상점이라는 뜻으로 공자를 타도해야 할 봉건 문화의 상징으로 본 것이다. 그 까닭은 당시 반혁명의 중심이었던 원세개를 비롯한 군벌들이 공자를 통치 수단으로 이용했던 것도 중요한 원인이었다. 그리고 '과학'과 '민주'는 진독수가《신청년》창간호 〈청년에게 고함〉이라는 글에서 제시한 것이었다. 그 뒤부터 '민주'는 '덕선생(德先生)'으로, '과학'은 '새선생(賽先生)'으로 불렸는데, 덕선생은 민주를 뜻하는 데모크라시(Democracy)의, 그리고 새선생은 과학을 뜻하는 사이언스(Science)의 중국식 발음 첫머리를 딴 것이었다. 이 같은 구호 속에는 전통 학문에 대한 새로운 학문, 중국 학문에 대한 서양 학문의 대결 의식이 담겨 있다.

초기의 '민주'는 서양 근대의 민주공화정과 천부인권을 의미했지만 마르크스주의가 들어온 뒤로는 사회주의를 뜻하는 용어가 된다. 그리고 '과학'은 과학정신과 과학지식 두 가지를 함께 의미했다. 과학정신이란 근대 서양의 실험과학적 관점과 이상주의적 경향을 말하며, 과학지식이란 서양의 고전역학과 19세기 후반에 나온 다윈의 진화론, 아인슈타인의 상대성이론 등을 가리킨다.

당시 서구 사상은 여러 가지 모습으로 중국 지식인들에게 받아들여졌다. 니체의 허무주의가 전통과 권위에 대한 부정의 도구로 쓰였고, 무정부주의 또한 국가와 군주의 권위를 부정하는 역할을 했다. 그런 점에서는 모든 것을 의심하되 그 대안을 실제적인 데서 찾으려 한 실용주의도 마찬가지였다. 그리고 진보적 지식인들이 주목한 또 다른 사상은 진화론이었다. 진화론은 무술변법 시기 엄복이 헉슬리(T. H. Huxley, 1825~1895)의《진화와 윤리》를《천연론(天然論)》이라는 제목으로 번역하면서 알려지기 시작했다. 엄복은 다윈의 '생존경쟁', '자연도태', '적자생존' 등을 가지고

민족 스스로 자신을 강화시켜 갈 수 있다는 '자강(自强)'이론을 만들어 중국의 변화 발전 논리로 사용했다. 엄복은 다윈의 진화론을 가지고 뒤떨어진 민족의 자연도태를 합리화함으로써 제국주의 지배를 정당화시켰던 헉슬리와는 정 반대 논리를 끌어낸 셈이다. 그 뒤 손문이 중심이 된 혁명파도 진화론을 가지고 민주혁명의 역사적 필연성을 논증했고, 5·4 신문화운동 지도자들 또한 낡은 도덕을 반대하고 새로운 도덕을 주장하는 무기로 삼았다.

이런 가운데 1차 세계대전이 서구 자본주의의 모순과 병폐를 심각하게 드러냄에 따라 그동안 쌓였던 서구의 과학과 민주에 대한 믿음에 금이 갔다. 그러자 양계초와 양수명(梁漱溟, 량수밍, 1893~1988) 등이 유학이 중심이 된 동양문명을 가지고 중국을 구하고 세계를 구하자는 주장을 하기 시작했다. 그 결과 전통문화를 옹호하는 '동방문화본위파'와 전통문화를 절대적으로 부정하는 '전반서화파' 사이에 '동서문화논전'이라는 10여 년에 걸친 논쟁이 일어난다. 이들은 동양문화와 서양문화, 전통문화와 현대문화의 문제를 놓고 서로 다른 입장에서 중국이 나아가야 할 방향을 제시하려 했다.

이 무렵 전통 도덕 윤리에 비과학적 형이상학을 결합한 인본주의와 과학을 이데올로기적 형태로 만들 것을 주장한 과학주의 사이에 '과학과 인생관 논쟁'도 있었다. 이 논쟁은 정신문명으로서의 동양문명을 강조한 인생관파와 물질문명으로서의 서양문명을 강조한 과학파간의 논쟁이기도 했다. 그 속에는 1차 세계대전에 대한 과학의 책임 문제, 물질문명과 정신문명의 정의와 관계 문제, 과학과 가치의 문제, 과학과 철학의 관계, 전통과 현대의 문제 등 많은 문제가 담겨 있다. 이러한 논쟁 또한 중국이 처한 현실의 문제점과 그에 따른 해결점을 문화 문제에서 찾으려는 노력들이었다.

이러한 과정을 거치면서 대부분의 신문화운동 지도자들은 서양 사상에 대한 긍정을 바탕으로 점점 마르크스 - 레닌주의로 기울기 시작했다. 특히 1917년 레닌이 이끈 러시아 10월 혁명의 성공은 전 세계 수많은 진보적 지식인들을 고무시켰고, 그 점에서는 중국 지식인들도 예외가 아니었다. 그 가운데서도 5·4운동 시기를 전후해서 마르크스주의를 받아들이는 데 많은 역할을 한 사람은 이대조와 진독수였다. 특히 일본에 유학하면서 마르크스주의를 알게 된 이대조는 귀국하여 신문화운동에 적극 참가하면서 당시 유행하던 과학과 민주를 사회주의적으로 재해석했다. 그가 말한 민주는 인민 대중과 노동자의 민주였고, 과학은 진화론이 아니라 유물사관과 계급투쟁이었다.

1918년 이대조는 《신청년》에 러시아혁명의 성공을 알리면서 혁명의 불길이 전 세계로 퍼져나갈 것이라는 뜻에서 "가을을 알리는 떨어지는 오동잎"에 비유했다. 그리고 1919년 5월에는 다시 《신청년》을 〈마르크스 연구〉라는 특집호로 펴내면서 마르크스의 삶과 사상을 소개했고, 그 뒤로 엥겔스와 레닌의 글을 소개하기도 했다. 하지만 이 글들은 대부분 《자본론》 같은 중요 원전에 근거한 것이 아니라 일본어로 쓰인 간단한 해설서를 인용하는 수준이었다. 그럼에도 러시아혁명의 성공에 고무된 중국 지식인들에게는 체계적이지 못한 단편적인 소개 글조차 당면한 행동을 지도하는 직접적인 지침으로 받아들여졌다. 그 결과 급박한 현실 정치 투쟁에 유용한 이론들이 먼저 소개되면서 혁명 과정에서 체험한 구체적인 실천들을 통해 중국 현실에 맞는 중국적 마르크스주의가 만들어진다.

예를 든다면 본래 이대조는 《자본론》의 핵심 이론인 잉여가치론을 먼저 소개하려 했다. 잉여가치론은 노동자의 노동에 대해 자본가가 임금을 주면서 임금보다 더 많이 만들어진 잉여가치를 부당하게 차지한다는 점을 지적한 것이므로 자본주의의 문제점과 공산주의의 정당성을 설명하는 중요한 이론이었다. 하지만 아직 중국의 현실은 이러한 설명이 설득력을 가질 정도의 발전 단계에 이르지 못했다. 대규모 공장이 중심이 된 2차 산업이 겨우 걸음마 단계에 머물렀기 때문에 중국 경제는 여전히 전근대적인 소생산 농업에 기반을 두었다. 따라서 유물사관, 그 가운데에서 계급투쟁설이 훨씬 더 설득력이 있었고, 그 결과 현실 실천의 구심체인 중국 공산당 또한 매우 짧은 시기에 설립되었다.

중국의 마르크스주의 수용에서 이대조 다음으로 큰 역할을 한 사람은 구추백(瞿秋白, 취추바이, 1899~1935)이다. 러시아에서 유학한 구추백은 이대조나 진독수가 역사유물론을 강조했던 것과 달리 변증유물론을 강조했다. 그는 변증유물론으로 우주, 자연, 사회의 각종 현상을 설명했을 뿐 아니라 민중이 중심이 된 무장폭동을 통해 소비에트 정부를 수립해야만 노동자와 농민을 해방시킬 수 있고, 군벌과 제국주의를 타도할 수 있다고 했다.

하지만 중요한 것은 마르크스주의와 중국 현실의 만남이었다. 중국 현실이란 중국이 처한 정치, 경제, 사회의 발전 수준과 중국인들의 의식 수준 및 기존의 다양한 전통사상을 포함한 문화 심리 구조였다. 중국 지식인들이 마르크스주의 이론대로만 중국 현실을 끌고 가려 했다면 중국 혁명은 성공할 수 없었을 것이다. 모택동을 중심으로 한 중국 공산당 지도부는 오히려 소농 경제 중심의 중국 농촌 현실과 풍부한 자양분을 지닌 중국 전통 사상에 마르크스주의를 결합시킴으로써 인민 대중을 혁명 대열에 참여시키고 마침내는 불씨 하나가 광야를 다 태워버리는 성과를 얻을 수 있었다.

중국 현실과 마르크스주의 만남을 몇 가지로 정리하면 다음과 같다. 첫째는 농민에 기반을 둔 인민주의다. 중국은 문화의 뿌리가 황하 유역에 자리 잡은 농업이었다. 남자는 밭 갈고 여자는 옷감 짜는 역할 분담과 농경문화에서 자연스럽게 만들어진 대가족제, 그리고 소생산 구조 등이 오랜 역사를 이어왔고, 이 같은 상황은 1900년대 초기에도 마찬가지였다. 따라서 산업사회의 발전에 따른 고도의 자본주의 단계에서 사회주의 단계로 넘어간다는 마르크스의 역사유물론은 중국 현실에 적용하기 어려웠다. 그렇기 때문에 자본주의 단계를 뛰어넘거나 우회해서 사회주의 이상 사회를 건설할 수밖에 없었고, 그 경우 혁명의 원동력은 공장과 노동자가 아니라 농촌과 농민일 수밖에 없었다. 모택동이 농촌과 농민에 주목한 것은 여러 면에서 중국 현실과 맞아 떨어졌고, 중국에서의 마르크스주의의 승리에도 결정적으로 기여했다.

다음은 중국 전통사상 속에 끝없이 이어온 유토피아에 대한 갈망이다. 불교는 극락을, 도가는 무하유지향이나 무릉도원을, 그리고 유교는 공산사회의 모습과 비슷한 대동세계를 말해왔다. 이러한 지향은 황건의 난 같은 농민반란이나 홍수전의 태평천국에도 그대로 드러나 있다. 근대에 들어와 직접 혁명을 이끌었던 강유위와 손문도 대동세계에 대한 전망을 갖고 있었다. 홍군이 그 험난한 대장정을 성공시킬 수 있었던 것도, 중국 공산당이 불가능처럼 보였던 중국 혁명을 완수할 수 있었던 것도 중국인의 사유구조에 굳건하게 자리 잡은 유토피아에 대한 믿음 때문이었다.

마지막으로는 도덕주의를 들 수 있다. 도덕주의는 전통 유교의 가장 중요한 덕목이었다. 유교 도덕주의는 개인의 도덕성에 기초하지만 그 지향은 사적 이익을 배제한 사회적 헌신이었다. 마찬가지로 사회주의 도덕 또한 혁명을 위한 자기희생을 중요하게 여긴다. 대장정의 급박한 상황에서조차도 노동자 농민을 위한 자기희생과 엄숙주의는 인민 대다수의 믿음을 가져오기에 충분했다. 이대조가 인도주의로 사람들의 정신을 바꾸고, 사회주의로 경제조직을 바꾸자고 했던 것처럼 사회주의 혁명과 계급투쟁에 도덕적 내용을 담아내려 한 밑바탕에는 전통사상의 흐름이 큰 영향을 주었다. 물론 이러한 도덕주의가 긍정적으로 작용한 것만은 아니다. 도덕주의적 요소는 당연히 관념적 성격을 가진다. 그런 점에서 특히 문화대혁명 과정에서 강조된 주관능동성은 전통사상의 주관주의가 또 다른 형태로 작용한 것이라 평가된다.

모순론과 실천론

중국 사회주의 형성 과정에서 이대조를 비롯한 초기 이론가들로부터 마르크스주의를 배우고 이것을 중국 현실에 적용하여 중국적 사회주의라는 새로운 사상 체계를 만든 사람이 모택동이다. 하지만 모택동 사상에는 마르크스주의만 있는 것이 아니다. 모택동은 어려서부터 중국 고전을 읽었고 나이 들어서도 방대한 중국의 역사 기록인 '25사'나 여러 학자들의 문집에 자신이 직접 주석을 달아가며 읽을 정도로 깊이가 있었다. 특히 그는 공자와 맹자, 노자와 장자, 그리고 손자 같은 선진 제자의 사상들과 명말 청초 학자였던 왕부지와 안원, 근대의 강유위와 양계초와 담사동, 그리고 손문에 이르기까지 다양한 사상들을 두루 익혔다. 뿐만 아니라 서양 사상으로는 칸트 등의 독일 고전철학뿐 아니라 진화론, 실용주의, 무정부주의 등 다양한 사상을 받아들였다. 그런 점에서 모택동의 사상 속에는 유물론적 요소와 관념론적 요소가 뒤섞여 있으며, 중국 사회의 특수성과 역사발전의 보편성이 함께 들어 있다.

다른 한편으로 모택동 사상은 철저히 현실에 기반을 둔 강한 실천의식을 담고 있다. 이런 점은 당시 대다수 민중이 농민인 상황에서 어떻게 하면 농민을 해방시켜 혁명의 길에 나서게 할 것인가를 고민한 것에 잘 나타나 있다. 그래서 모택동은 도시보다 농촌에 근거지를 만들고 농촌을 해방시켜서 해방된 농촌들이 도시를 포위하는 전략을 썼다. 그는 이 같은 방식을 중국 전통사상에서 가져온 '실사구시(實事求是)'라는 말로 표현했다. '실사구시'는 청나라 때 고증학파의 학문 방법론으로 구체적인 일 속에서 진리를 찾는다는 뜻이다. 하지만 모택동은 한 걸음 더 나아가 '실사구시'를 '구체적인 문제에 대한 구체적인 분석'의 의미로 썼고, 아울러 그 같은 분석에 바탕을 둔 실천까지 의미를 넓혔다. 이러한 생각이 잘 드러난 글은 모택동이 초기에 발표한《중국 사회 각 계급의 분석》이나《호남농민운동 고찰보고》, 정강산에서의 경험을 바탕으로 쓴《어떻게 중국에 붉은 정권을 세울 것인가?》,《작은 불씨가 요원의 불길이 되어》,《정강산 전투》,《서책주의(書冊主義)를 반대하자》, 항일 유격전과 관련해서 쓴《중국 혁명전쟁의 전략 문제》와《지구전을 논함》등이다. 이 글들은 모두 유물변증법을 중국 현실문제에 적용한 것이고, 충분한 조사와 풍부한 경험을 근거로 나온 글이다.

하지만 모택동의 사상을 가장 잘 드러낸 저작은《모순론》과《실천론》이다. 이 글들은 사회의 기본 모순이 역사 발전을 밀고 간다는 생각을 역사유물론의 입장에서 체계적으로 정리한 이론이다. 모택동이《모순론》과《실천론》을 지은 까닭은 중국 공산당 안에 나타난 기회주의 경향을 경계하기 위해서였다. 1921년 창당한 중국 공산당은 기반이 굳지 못한 상황에서 기회주의에 휘둘리는 경우가 많았다. 특히 1930년대에 초반에는 왕명(王明, 왕밍, 1904~1974)을 대표로 하는 좌경 교조주의가 약 4년 동안 당의 주도권을 잡았다. 왕명의 본래 이름은 진소우(陳紹禹, 천사오위)였는데, 모스크바에서 공부를 마치고 돌아온 뒤 1931년 당 중앙 총서기로 선출되어 실권을 잡았다가 준의회의로 밀려난 뒤 1942년 모택동으로부터 신투항주의, 교조주의라고 비판 받았던 인물이다. 그들은 중국 사회가 지닌 모순의 특수성을 이해하지 못한 채 마르크스의 저작에서 몇 구절씩만 따다가 자신들을 합리화하면서 중국 혁명에 엄청난 손실을 가져다주었기 때문에 교조주의라고 비판받았다. 그래서 모택동은 준의회의로 실권을 잡은 이후 《일본제국주의를 반대하는 책략론》,《중국 혁명전쟁의 책략 문제》등을 지어 왕명의 기회주의 노선을 군사전략 측면에서 비판했다. 하지만 그 뒤 근본적으로 정치와 군사 전략의 사상적 기초가 되는 철학에서의 이론 정립이 필요하다는 입장에서《모순론》과《실천론》을 썼다.

《모순론》과《실천론》은 모두 1937년 연안 항일군정대학 철학과에서 강의한 것을 정리한 책이다. 그 가운데《모순론》은 1951년 4월 1일 모택동이 직접 교정하여《인민일보》에 실렸고, 그 내용 그대로 1986년 8월에 출판한《모택동 선집》에 실려 있다. 그리고 《실천론》은 '변증법적 유물론'이라는 제목으로 강의한 내용인데, 본래는 100여 시간에 걸쳐 강의할 예정이었지만 중일전쟁이 일어나면서 강의가 중단되고 말았다. 그 뒤 중국 공산당 총정치부 선전부가 주관이 되어 강의 내용을 정리하여 기록해둔 것을 여러 출판사에서 나름대로 출판을 했고, 다시 모택동이 새로운 경험과 인식을 바탕으로 약간의 수정을 거쳐 1950년 12월 19일 자《인민일보》에 발표했고, 1951년 10월《모택동 선집》에 수록되었다.

모순에 대한 정확한 인식이 제대로 된 실천을 이끌어낸다는 점에서 먼저 《모순론》을 살펴보자. 모든 사물 속에는 모순이 있으며 모순이 없다면 변화 발전도 없다. 그리고 그러한 현실을 보는 눈은 두 가지다. 하나는 관념적이고 형이상학적인 관점이며 다른 하나는 유물변증법적 관점이다. 예를 들어 19세기 말이나 20세기 초에 나온 러시아 농촌을 그린 그림이 있다고 하자. 커다란 나무와 흔들리는 풀, 따사로운 햇볕과 양산을 들고 거니는 숙녀들, 그리고 멀리 들판에서 일하는 농부들 몇이 보인다. 이 그림을 보면서 어떤 생각이 드는가? 목가적이다. 그리고 참 평화로워 보인다. 이런 반응은 관념적이며 형이상학적인 반응이다. 하지만 이와 달리 땡볕에서 일하는 농부들의 땀과 그 위에 서 있는 숙녀들의 우아함이 보인다면 이는 유물변증법적 관점이다. 그 경우 농부들의 땀과 숙녀들의 우아함이 곧 모순이며 이 때문에 러시아 혁명이 일어났고 인류 역사는 발전한 것이다. 이처럼 형이상학적 세계관은 고립적이며 사물의 정지된 모습만 보는 단편적 관점이지만, 유물변증법적 세계관은 구체적인 현실 속에서 구체적인 문제를 찾아낼 수 있는 세계관이다.

그런데 모순에는 보편성의 원리와 특수성의 원리가 있다. 보편성의 원리란 자연이나 인간 사회나 그 안에 들어있는 모순 때문에 변화 발전이 일어난다는 점이다. 인간 사회의 모순은 생산력은 발전했는데 거기에서 나오는 생산물을 나누고 관리하는 생산 관계가 못 쫓아가면서 생기는 모순, 자본가와 노동자의 모순, 지나 간 낡은 것과 새로운 것 사이의 모순 등이 모두 여기에 해당한다. 그리고 그러한 모순이 사회가 바뀌어도 또 다른 형태로 여전히 존재한다는 점 또한 모순의 보편성에 들어간다. 하지만 그러한 모순이 현실에 나타나는 모습은 모두 특수한 형태일 뿐이다. 그것은 물질의 운동 형태가 다르고 발전 과정 또한 다르기 때문이다. 예를 들어 사회 발전 과정에는 노예제, 봉건제, 자본제 같은 몇 단계가 있고, 그 단계들은 저마다 다른 생산양식을 지니기 때문에 거기에서 나오는 모순 또한 다른 모습으로 존재한다. 심지어 같은 자본주의라도 자유주의 시대의 자본주의와 제국주의 시대의 자본주의는 또 다른 단계가 된다. 그리고 하나의 단계가 끝나기 전까지는 모순의 근본적인 성질이 바뀌지 않는다. 예를 들어 노예제 사회는 노예주와 예속 노예의 모순이, 봉건제 사회에서는 지주와 농노의 모순이, 그리고 자본주의 사회에서는 부르주아와 프롤레타리아의 모순이 사회체제의 본질을 규정하는 근본적 모순이며, 그 사회가 다음 단계로 바뀌지 않는 한 그 모순은 없어지지 않는다. 그리고 한 단계에서 다른 단계로의 변화는 낡은 과정 안에 있던 모순이 해결되는 대신 새로운 과정과 그 속에 담긴 새로운 모순이 생겨났음을 의미한다. 이런 것들이 모두 모순의 특수성에 대한 논의이다.

사실 사회에는 다양한 모순이 존재한다. 많은 사람들은 이러한 모순을 인식하지 못한 채 살아가지만 또 다른 사람들은 모순을 인식하면서도 각 모순들의 관계와 구조를 제대로 알지 못하기 때문에 어떻게 하는 것이 옳은지를 알 수 없게 된다. 그래서 모택동은 중국이 당면한 근본 모순 두 가지를 지적했고, 다시 주요 모순과 주요하지 않은 모순으로 나누어 설명했다.

먼저 근본 모순을 보자. 중국은 아편전쟁 시기부터 두 가지의 근본 모순이 있었다. 하나는 민족 모순이고 다른 하나는 계급 모순이었다. 민족 모순은 제국주의 침략으로부터 민족의 자존을 지키는 민족해방 문제였고, 계급 모순은 봉건 지배 계층으로부터 피지배 계층의 자유와 평등을 쟁취하는 계급해방 문제였다. 그래서 중국 지식인들이나 중국 공산당이 내건 것은 반봉건, 반제국주의였으며 이를 위한 구호는 계몽과 구망(救亡)이었다. 계몽이란 대다수 인민 대중을 객체에서 역사의 주체로 끌어내는 것이었고, 구망은 제국주의 침략으로 망해가는 나라와 민족을 구하는 것이었다. 이 두 가지 근본 모순은 함께 가기도 하고 어떤 경우는 계급 모순이, 또 어떤 경우는 민족 모순이 더 중요 모순이 되기도 한다. 그에 따라 국민당과 손잡고 제국주의에 맞서기도 했고, 계급 해방을 위해 국민당과 싸우기도 했다.

그렇다면 주요 모순과 부차적인 모순이란 무엇인가? 예를 들어 쇠사슬이 땅에 묻혀 있고 그 쇠사슬의 연결 고리가 여기 저기 땅 표면에 모습을 보이는데, 어떤 고리를 잡아 뽑으면 다른 고리들이 줄줄이 쉽게 올라온다고 한다면 관건이 되는 그 고리가 바로 주요 모순이다. 예를 들어 당시 중국 현실을 볼 때 계급 문제는 가정, 직장, 학교, 지역에서 각기 다른 모습으로 존재하고 있었다. 그때 이 모든 모순이 다 딸려 나오는 고리에 해당하는 것은 전통문화 안에 있는 낡은 봉건적 요소였고, 이러한 인식에서 봉건 도덕 비판이 나왔다.

그리고 모택동은 모순은 서로 상반된 두 측면으로 나타나는

데 그 두 측면은 서로 싸우기도 하고 서로 의존하기도 하면서, 양적 변화에서 질적 변화로 나아간다고 했다. 또한 모순의 양상에는 적대적 모순과 비적대적 모순이 있다고 하고, 그 예로 자본주의 사회에서의 부르주아와 프롤레타리아의 모순은 투쟁을 통해 극복해야 하는 적대적 모순이지만, 사회주의 단계에서의 프롤레타리아와 농민 계급의 모순은 서로 연대할 수 있는 비적대적 모순이라고 했다. 모순에 대한 이 같은 모택동의 분석은 매우 논리적이면서도 중국 사회의 문제를 인식하기 위한 좋은 틀이었다.

다음은《실천론》을 보자.《실천론》은 마르크스 – 레닌주의의 보편적 진리를 중국 혁명의 구체적 실천과 결합시키기 위해 주관주의와 교조주의가 갖기 쉬운 잘못을 비판하는 입장에서 씌어졌다. 모택동은 마르크스 이전 유물론자들의 문제점은 인간의 사회성과 역사성을 떠나서 인식 문제를 논한 것이라고 비판한다. 그리고 그런 잘못의 원인은 사회적 실천과 인식의 관계를 이해하지 못했기 때문이라고 한다. 따라서 모택동이《실천론》을 쓴 까닭은 중국 현실에 기초해서 사회적 실천과 인식의 관계를 밝히기 위한 것이었다.

모택동은 마르크스주의자라면 인류의 생산 활동이 가장 근본적인 실천 활동이며 생산 활동이 다른 모든 활동을 결정짓는다는 것을 인정해야 한다고 했다. 그래서 인간은 생산 활동을 통해 자연을 이해하며 나아가 인간과 인간의 관계도 이해할 수 있게 된다는 것이다. 그리고 생산 활동이 낮은 단계에서 높은 단계로 발전하는 것처럼 인식도 낮은 단계에서 높은 단계로 나아간다고 보았다. 그 인식의 첫 단계는 감성이다. 사람의 인식은 감각이 바깥 사물과 만나면서 시작된다. 하지만 이 단계의 인식이 비록 구체적이기는 하지만 사물과 만나면서 저절로 발생하는 것이기 때문에 외면적이며 현상적이고 한 부분만 보는 느낌의 단계에 지나지 않는다. 그러나 이러한 감성 인식이 반복되면서 개념이 생기고 마침내 이성 인식 단계에 이르게 된다. 이 단계는 감성 인식의 반복을 거치면서 얻어진 부분적인 인식을 판단과 추리를 통해 논리적 결론으로 끌어간 단계이며, 사물 전체와 그 사물 속에 담긴 본질, 그리고 사물의 내부의 모순과 법칙성을 깨닫는 단계이다. 따라서 감성 단계와 비교해본다면 능동적 단계이며 비약적 단계이고, 일반적, 내면적, 보편적, 전면적 인식이 가능한 단계다. 모택동은 감각으로는 현실 문제를 해결할 수 있을 뿐이고, 이성 인식을 통해 얻어진 이론만이 본질 문제를 해결할 수 있다고 했다.

하지만 감성 인식과 이성 인식의 구분은 인식 과정의 단계에 대한 구분에 불과하며 이 과정들은 모두 실천에서 통일된다. 감성 인식이 질적으로 발전한 것이 이성 인식이지만 이성 인식 단계에 머문다면 이는 관념적 인식일 뿐이다. 마르크스주의의 유물변증법적 인식의 특징은 내가 얻은 인식이 옳은지 그른지가 사회 실천 과정에서 증명된다는 점에 있다. 따라서 마르크스주의에서는 실천 또한 인식 과정에 해당한다. 모든 진리는 구체적인 실천의 경험에서 오며 실천을 떠난 인식이란 없다. 그런 점에서 실천에서 인식이 만들어지고 그 인식을 바탕으로 다시 실천하고 그 실천을 통해 다시 인식이 만들어지는 실천 - 인식 - 재실천 - 재인

　　　　　　　　　　　　　　　　　　　동양철학 에세이 2

식의 순환 반복 속에서 변증법적 인식이 만들어지는 것이고, 여기서의 변증법이란 이론과 실천의 통일을 의미한다.

그런데 현실은 그 안에 들어 있는 모순 때문에 늘 변한다. 따라서 현실에서 얻어지는 인식 또한 모든 현실에 맞는 절대적 진리가 아니라 특수 상황에만 맞는 상대적 진리가 된다. 그런 점에서 인식도 현실 변화에 따라 계속 변하는 것이 옳으며 그에 따른 실천 방법도 계속 바뀌는 것이라고 한다. 그리고 항상 현실 인식의 목표는 사회적 실천이다. 모택동은 마르크스 철학의 특징이 객관 세계의 법칙성을 파악해서 세계를 해석하는 데 있는 것이 아니라 객관적 법칙성을 통해 세계를 개혁하려는 데 있다고 했다. 이것이 바로 모택동이 강조한 사회적 실천이다.

《실천론》은 중국 철학의 전통적 주제인 '지(知)'와 '행(行)'의 문제에 유물변증법을 적용한 것이었다. 모택동은 구체적인 사회 실천의 기초 위에서만 인식 발전이 이루어진다고 함으로써 전통적인 실사구시(實事求是) 관념을 마르크스주의 인식론에 결합시켰다. 또한 이론과 실천의 결합을 강조함으로써 주관 또는 객관의 오류에 빠져 분열만 일으키는 교조주의와 경험주의를 비판했다.

모택동은 자신의 경험을 바탕으로 수많은 저작을 남겼다. 그의 글은 모두 일반에서 특수로 나아가는 것 같지만 사유의 실제 과정은 오히려 특수에서 일반으로, 즉 감성에서 이성으로, 개별에서 일반으로 나아가는 방식이다. 그리고 이러한 모택동 사상은 마르크스주의 유물론과 변증법이 중국의 농민 혁명전쟁이라는 실제와 전통적인 병가의 변증법과 결합하여 중국화한 것이라는 평가도 있다. 하지만 이런 여러 저작들이 사상의 높이까지 발전한 최고의 결과물이 《모순론》과 《실천론》이다. 《모순론》과 《실천론》은 마르크스주의를 중국 현실에 맞는 철학이론으로 끌어내기 위한 노력이었다. 국민당과의 대립 속에서 민족과 계급 두 가지를 지켜내는 무기였고, 중국 혁명을 이룬 뒤에는 사회주의 현대화 건설을 위한 주요 도구였으며, 등소평이 택한 개혁 개방 정책 이후 오늘날까지도 중국식 사회주의를 유지하는 중요한 지도이념으로 쓰이고 있다.

모택동 사상의 빛과 그늘

1949년 달성된 중국 공산당의 승리는 마르크스 – 레닌주의를 중국 현실에 결합시킨 모택동 사상의 승리였다. 하지만 이것으로 사회주의 혁명이 끝난 것이 아니었으며, 극복해야 할 여러 가지 난관들이 새로운 중국의 앞을 가로막고 있었다. 무엇보다도 모택동은 최대한 빨리 중국 사회 전체를 사회주의 체제로 바꾸려고 했다. 그래서 모든 토지를 몰수하여 농민들에게 무상으로 나누어주었고 공장이나 기업 또한 국유화 했다. 하지만 농민들이 국가로부터 나누어 받은 땅을 단독으로 경작해가면서 오히려 생산성이 떨어지기 시작했다. 그래서 이 문제를 해결하기 위해 집단적으로 생산하고 협동조합 방식으로 분배하는 인민공사를 만들었다. 그리고 농업과 공업 방면 모두를 비약적으로 발전시키자는

동양철학 에세이 2

취지의 '대약진운동'을 벌였다. 이러한 노력은 초기에 엄청난 효과를 거두는 것처럼 보였다. 하지만 더 이상의 경쟁이 필요하지 않게 된 사회에서 농업 기술이나 품종 등의 개선이 이루어지지 않은 데다 자연 재해마저 한몫을 거들면서 농업이 파탄 났고, 공업 또한 러시아와의 국제 관계가 악화되면서 많은 어려움에 부딪게 되었다. 근본적으로 생산력의 변화가 생산 관계의 변화를 가져온다는 마르크스의 이론에 비추어보면 생산력이 따라오지 못하는 상황에서 생산 관계만 앞서 나간 결과였다.

이런 문제들 때문에 모택동은 정치 일선에서 물러났고 실용주의 노선을 주장한 유소기가 새로운 주석이 되었다. 유소기는 인민공사를 새롭게 정비하고 생산력을 높이기 위한 노력을 기울여 상당한 성과를 얻었다. 그 과정에서 효율성이 강조되다보니 공장이나 협동농장 등에서는 이미 쫓겨났던 지식인이나 자본가들이 그들이 지닌 과거의 풍부한 경험과 학식 때문에 다시 관리직에 앉아 군림하는 경우가 많아졌다. 이미 무너뜨린 자본주의가 다시 부활하는 모습을 보이기 시작했고, 이러한 상황에서 문화대혁명이 일어난다.

본래 모택동의 주요 관심사는 생산 관계에서의 끊임없는 혁명에 있있다. 그는 계속 혁명을 끌어가는 힘은 사상투쟁과 정치투쟁이라고 생각해 지속적인 계급투쟁을 강조했다. 이러한 생각이 철학에서는 철학사 전체를 관념론과 유물론의 대립사로 이해하는 방식으로 나타났고, 이 같은 대립 구도를 중국에서는 아군과 적군의 싸움이라는 뜻에서 '양군대전'이라고 불렀다. 그래서 모택동은 생산 관계를 변화시킨 뒤에 생산력을 발전시키는 방식, 즉 정치를 앞세워 경제를 이끌어가는 방식을 택했다. 또한 모택동은 정치가 모든 것을 결정하고 대중이 모든 것을 결정한다고 강조했다. 바로 이러한 사상적 기초와 현실적 기초 위에서 문화대혁명이 발생했다.

문화대혁명을 주도한 사람들은 모택동의 부인이었던 강청을 비롯한 네 사람이었고, 그들은 4인방이라 불렸다. 수많은 지식인들과 당 간부들이 공장이나 농촌으로 쫓겨갔고, 유소기는 집회에서 받은 비판의 충격을 이기지 못하고 얼마 안 가 사망했으며, 등소평은 시골로 쫓겨 내려가서 트랙터 공장에서 노동을 하며 치욕의 세월을 견뎌야 했다. 대중이 모든 것을 결정한다는 명분 아래 중학생 또래의 어린 아이들이 주축이 된 홍위병이 전국을 휩쓸면서 모택동의 반대 세력을 몰아냈고, 아울러 5·4 신문화운동때 전통을 제대로 때려 부수지 못해 사회주의가 건설된 지금도 이런 어려움에 처해있는 것이라는 생각에서 철저한 전통 말살이 이어졌다. 이 시기에 모택동은 인간의 주관 능동성을 강조하면서 의지적인 노력을 치켜세움으로써 끊임없는 계급투쟁을 확대하고 절대화시켰다. 결국 이는 사회 전체를 극단적인 주관주의로 흐르게 함으로써 자신이 늘 앞세웠던 실제로부터 출발한다는 실사구시의 원칙에서 벗어났다.

문화대혁명에 대해서는 여러 관점에서 서로 다른 평가가 있다. 대약진운동이 실질 경제에서 이상적인 평등 사회를 꿈꾼 것이라면, 문화대혁명은 생활 문화에서의 탈권위운동이라고 보기도 한다. 또한 모든 것을 국유화했지만 쫓겨났던 지배 계층이 다시 협동농장이나 공장의 관리자 등으로 올라서는 것을 보고 혁명의 완수를 위해 일으킨 것이라는 평가도 있다. 그러나 모택동을 중심으로 한 교조주의 노선이 경제 계획에서 실패하자 또 다른 혁신 운동을 통해 권력 강화를 노린 것이라는 해석도 있다.

　문화대혁명은 4인방의 몰락과 함께 끝이 났다. 그리고 모택동이 죽은 뒤이지만 1981년 중국 공산당은 중앙위원회 전체회의에서 〈건국 이래 당의 역사문제에 관한 몇 가지 결의〉를 통과시켰다. 이 결의문은 모택동의 혁명 활동과 사상에 대한 객관적이면서 전면적인 평가를 담았다. 그 평가는 모택동 사상의 과학적 가치를 충분히 긍정하고 그 안에 포괄된 모택동 사상의 독특한 공헌을 높이면서도 만년에 문화대혁명에서 보여주었던 심각한 잘못에 대해 비판을 가했다. 이는 모택동 사상과 모택동 개인의 삶을 구분하려는 노력이기도 했다.

혼돈, 그리고 새로운 모색

세계적으로 잘 알려진 중국 음식 가운데 만두가 있다. 만두는 만두피 속에 채소, 고기, 두부 등 여러 가지를 갈아서 뒤죽박죽으로 뒤섞은 만두소를 담았기 때문에 혼돈스럽다는 말을 가져다가 '훈둔'이라고도 부른다. 현 시기 중국의 모습이 그러하다. 정치체계는 여전히 사회주의를 유지하면서도 경제체제는 이미 자본주의 방식을 받아들였다. 그 안에서 많은 혼란이 일어나고 있지만 새로운 모색 과정이라는 평가와 유보의 견해들이 지배적이다. 더구나 중국이 이런 모습을 보이기 시작한 것은 어제오늘 일이 아니다.

1979년 중국 공산당은 개혁 개방을 당의 기본 방침으로 정하고 서구 자본주의를 받아들이기 시작했다. 그리고 1984년에는 경제생활뿐만 아니라 생활방식과 정신 상태에 중대한 변화가 발생했음을 인정하면서 '사회주의 상품경제'를 내걸었고, 1992년에는 '사회주의 시장경제'를 선언했다. '죽의 장막'이 무너진 뒤 그에 따른 사상 해방의 바람도 매우 거센 것이 중국의 현실이며, 그러한 변화의 한 축을 이끌어 낸 것이 '문화열 논쟁'이었다.

중국인들은 어려움에 처할 때 마다 문화에서 원인과 해답을 구하려 했다. 5·4 신문화운동, 문화대혁명, 그리고 개혁 개방의 문제에서 시작된 문화열, 이 모두가 문화를 중심축으로 하고 있다. 그 가운데 5·4 신문화운동이 무력을 앞세운 서구 자본주의 문화와 중국 봉건 문화의 충돌이었다면 문화열은 경제력을 앞세운 서구 자본주의 문화와 중국 사회주의 문화의 충돌이다. 특히 1984년 이후 본격적으로 논의되기 시작한 문화열은 뒤떨어진 중국 현실 속에서 새로운 중국 건설을 위해 전통과 사회주의 그리고 개혁 개방의 문제를 어떻게 결합시킬 것인가에 대한 논의다.

개혁 개방은 걷잡을 수 없는 변화를 가져왔다. 억눌렸던 것들이 제소리를 내면서 개성 존중의 풍조가 나타났고, 니체의 생철학, 사르트르의 실존철학, 시스템 이론, 포스트모더니즘과 같은 사조들이 대학가를 중심으로 젊은이들에게 널리 유행했다. 그리고 이러한 흐름이 문예창작에도 그대로 이어지면서 계급성을 중시하던 풍조 대신 인간의 개성을 중시하는 작품들이 앞 다투어 나왔다. 그리고 이처럼 다양한 흐름들이 모두 문화열 논쟁의 용광로 속으로 들어갔다. 문화열 논쟁의 흐름은 크게 '철저 재건론', '서체 중용론' '비판 계승론', '유학 부흥론'으로 나타났다.

철저 재건론은 그 시작이 5·4운동 시기의 '전반서화론'이었다. '전반서화론'자들은 중국 전통문화를 완전히 바꿔서 새롭게 다시 세워야 한다고 했다. 그리고 철저 재건론자 또한 완전한 자본주의의 수용만이 중국의 살길이라고 보았다. 과학철학자 김관도(金觀濤, 진관타오)와 해석학자 감양(甘陽, 간양)이 대표로 나선 철저재건론이 주목 받기 시작한 것은 1988년 텔레비전 다큐멘터리 〈하상(河觴)〉이 방영되면서부터이다. '하상'은 황하의 죽음이란 뜻으로 황하로 대표되는 중국문명은 변화를 거부하는 죽은 문명이므로 이것을 남색으로 상징되는 서구문명으로 바꾸어야 한다는 것이었다. 특히 문화는 하나의 거대한 시스템이기 때문에 한 부분만 바꿀 수는 없으며 따라서 전체를 통째로 바꾸어야 한다고 보았다. 이들은 중국 공산당으로부터 '부르주아 자유화의 주범'으로 지적되어 철저한 탄압을 받았고, 민족문화를 부정한다는 점에서 '민족 허무주의'라는 비판을 받았다. 그리고 대표자였던 김관도와 감양은 중국을 벗어나 홍콩 등지로 갔다.

다음으로 서체 중용론은 서구 자본주의 경제체제를 본체로 삼고 중국 문화를 도구로 보자는 주장이다. 그 주장의 선봉에는 뛰어난 사상가로 주목받던 이택후가 서 있었다. 이택후는 중국 전통사상 속에 들어 있는 문화심리 구조가 오랜 세월 중국 역사의 동력이었으며, 그 원형은 공자의 인(仁)이라고 한다. 이택후는 중국 역사에서 외래 사상이 들어왔을 때마다 중국적인 모습으로 쉽게 바꿀 수 있었던 것은 문화심리 구조가 지닌 역동성 때문이었다고 분석한다. 하지만 사회구조나 의식이 쉽게 바뀌지 않는 정체상황이 반복된 까닭도 역동성이 지니는 평형 유지 기능이 현실의 안정을 바라는 방향으로 작용했기 때문이라고 판단한다.

이택후는 중국 근현대도 같은 시각에서 본다. 그는 5·4운동 이후의 흐름을 과학과 민주를 내세운 계몽과 반제와 애국을 내세운 구국으로 나누고, 문화심리 구조의 보수성과 시대적 요구 때문에 구국이 계몽을 압도했다고 평가한다. 그 결과 모택동 사상은 마르크스주의의 장점이나 자본주의의 우수성 등을 제대로 계승하지 못했고, 마침내 문화대혁명이라는 비이성적 광란을 초래했다는 것이다. 또한 계급투쟁을 강조함으로써 경제보다 정치를 중시했고, 그 결과 도구 혁신이나 생산력 발전을 경시하게 되었다. 그것이 이택후가 파악한 오늘날 중국이 뒤떨어진 이유였다. 이처럼 그는 문화심리 구조 비판으로부터 모택동 사상 비판까지 나아갔다. 그의 관점에서 보면 유학 부흥론이나 비판 계승론, 그리고 중국 공산당도 여전히 중체서용의 범주를 벗어나지 못했으며, 중국화한 사회주의는 기독교로 가장한 태평천국처럼 사회주의로 가장한 또 다른 봉건의식 형태에 지나지 않는다는 것이었다.

이 같은 관점에서 이택후는 현대 중국을 토대나 상부구조 모두 현대로 들어가지 못한 근대 이전 사회라고 진단한다. 따라서 토대와 상부구조를 모두 바꾸어야 하며, 근본적으로는 중국의 문화심리 구조를 바꾸자고 했다. 이택후의 이런 주장은 '학생을 선동하는 부르주아 자유화론'이라고 비판받았고, 이택후 자신은 천안문 사태 이후 여러 해 해외를 떠돌다가 어렵게 다시 중국으로 돌아갈 수 있었다.

다음으로 비판 계승론은 전통과 현대, 서구와 중국의 문화 속에서 우수한 요소만을 비판적 시각으로 가려내어 계승하자는 입장이다. '비판 계승'이란 표현은 모택동이 《신민주주의론》에서 전통문화 가운데 알맹이와 찌꺼기를 구분해서 비판적으로 계승하자고 했던 것에서 왔다. 하지만 비판 계승론자들이 모택동의 논리를 그대로 답습한 것이 아니었다. 논의의 기본 틀은 풍우란(馮友蘭, 펑유란)과 관봉(關峰, 관펑)의 철학 논쟁에서 왔다. 풍우란은 일찍이 전통 사상에 들어 있는 추상 의미와 구체 의미 가운데 계승이 가능한 것은 추상 의미뿐이라는 '추상 계승법'을 주장했다. 그러나 관봉은 관념론과 유물론의 상호 투쟁을 강조하면서, 유물론은 유물론으로만 그리고 관념론은 관념론으로만 계승 발전한다는 '각자 계승설'을 주장했다. 비판 계승론자들은 풍우란의 견해는 논리 분석과 추상 의미만 추구하는 우편향이고, 관봉의 견해는 계급 분석에만 매달리는 좌편향이라고 비판하면서, 추상과 구체가 계급 분석과 이론 분석에서 통일되어야 한다고 주장했다. 그리고 서구 문화에서는 부패한 부분을 버리고 현실에 유용한 과학과 민주만을 들여와야 하며, 중국 전통문화에서는 찌꺼기와 알맹이를 구별하여 비판적으로 계승하자고 한다. 비판 계승론의 주장에서는 기회주의적인 모습이 보이기도 한다. 하지만 전체적으로는 사회주의와 민족을 놓지 않으면서 자본주의적 시장경제를 발전시키려는 고민이 담겨 있으며, 그런 점에서 중국 공산당의 입장과 가장 가깝다.

마지막으로 가장 보수적 입장을 보이는 것은 유학 부흥론이다. 유학 부흥론은 5·4운동 시기 '동방문화본위파(東方文化本位派)'의 연장선에 있으며, 말 그대로 전통유학의 부흥만이 오늘날의 중국 문제를 해결할 수 있다는 입장이다. 중국 안에 스스로 유학 부흥론자로 자처하는 사람은 없지만 비판 계승론자들의 다양한 주장 가운데 포함되어 있는 것으로 보인다.

유학 부흥론은 현대 신유가와 유교 자본주의론을 후원 세력으로 가지고 있다. 현대 신유가는 공자, 맹자, 그리고 송대 성리학으로 이어지는 전통 학문의 맥을 지켜온 사유 체계다. 그들은 5·4운동 이후 가장 혹독한 비판대상이었지만 1980년대 후반에 공자와 유교가 완전히 복권되면서 목소리를 되찾았다.

또 하나의 배경인 유교 자본주의론은 동아시아 국가들의 비약적인 발전을 설명하는 이론이다. 유교 자본주의론자들은 한국, 대만, 싱가포르, 홍콩, 일본처럼 비약적인 경제발전을 이룬 나라들의 공통점이 유교 문화권 국가라는 점에 주목했다. 그래서 발전의 동력인 가족주의, 성실성과 근면성, 규율 준수와 절약 정신, 높은 교육열과 저축률 등이 모두 유교문화에서 온 것이라고 본다. 그러나 자본주의 이전 단계에서 번성했던 유학이 자본주의가

고도로 발달한 오늘날에도 다시 주목받는다는 사실은 모순처럼 보인다.

유학 부흥론자들은 유학이 어떠한 사회 구성체에서 생겨났고 어떠한 사회 경제적 토대에서 발전해왔는지, 그리고 그 당시 사회 속에서 어떠한 기능을 했는지를 꼼꼼히 따지려 하지 않는다. 또한 전통유학을 현대사회에 되살려낼 때 무엇을 어떻게 계승해야 하는가도 고민하지 않는다. 그들의 관심은 유학을 중심으로 한 전통의 부활일 뿐이며, 전통의 부활만이 서구 자본주의의 병폐나 현실 사회주의의 폐단 같은 문제를 해결할 수 있는 방안이라고 주장한다. 이 같은 유학 부흥론에 대해 근대 시기 '중체서용론'의 재판이며 또 다른 모습의 국수주의라는 비판도 있고, 문화 보수주의, 복고주의라는 평가도 있다.

그렇다면 현실은 어떠한가? 중국 공산당은 다양한 주장들을 필요에 따라 제한하기도 하고 강화하기도 하는 현실적 주체이다. 당을 중심으로 오른쪽 끝에는 봉건주의가 그리고 왼쪽 끝에는 자본주의가 있는 것처럼 보인다. 당의 입장은 사회주의와 민족을 축으로 중국적 전통과 현대화를 변증법적으로 통일시키려 한다. 이런 점에서는 비판 계승론과 가장 가깝지만 비판 계승론이 학술적 입장과 논리 체계를 통해 주장을 전개하는 것과 달리 당은 정치사회적 요구라는 현실 인식을 기준틀로 삼는다.

당은 무엇보다도 생산력을 높이는 것을 우선으로 개혁 개방을 진행하고 있다. 다만 부작용을 최소화하기 위해 다양한 주장들을 이용하여 개혁 개방의 속도를 조절한다. 개혁 개방의 부작용이 커지면 철저 재건론이나 서체중용론 같은 전반서화론자들의 책임으로 돌리면서 유학 부흥론이나 비판 계승론의 주장에 힘을 실어준다. 그 반대의 경우는 지렛대를 반대로 작동시키는 것이다. 당의 입장에서 볼 때 철저 재건론이나 서체 중용론은 중국 혁명 이후의 성과와 중국 공산당의 노력을 부정하는 것처럼 보일 수 있다. 그러나 역사의 동력이 생산력에 있음을 강조하는 서체 중용론이나 향서방학습을 강조하는 철저 재건론의 입장이 어떤 점에서는 당내 개혁론자들의 주장과 맞아 떨어지기도 한다. 하지만 전반서화론만 따라가면 마침내 사회체제의 붕괴가 올 수도 있다는 우려가 있다. 그런 관점에서는 유학 부흥론의 배경인 유교 자본주의론이나 문화보수주의에 대해서도 일정하게 거리를 둘 수밖에 없다.

1990년대 소련과 동유럽의 현실 사회주의가 무너졌다. 그리고 많은 사람들이 다음 순서는 중국이 아닐까 하는 기대와 함께 중국의 미래에 많은 관심을 가졌다. 하지만 중국은 별다른 흔들림이 없었을 뿐 아니라 이제는 전 세계가 주목하는 경제 대국이 되어가고 있다. 이러한 힘은 어디에서 오는 것인가? 중국은 여러 면에서 소련과 달랐다. 무엇보다도 소련이 상당히 짧은 기간에 혁명을 이룬 것과 달리 중국은 공산당 창당부터 중화인민공화국 성립까지 30년이 걸렸고, 그 과정 또한 대장정 같은 온갖 험난한 경험을 거쳤다. 따라서 얼마 전까지도 혁명 1세대들이 정치 일선에 남아 있었다. 하지만 더 중요한 것은 마르크스주의를 현실에 그대로 적용한 소련이나 동유럽과 달리 중국은 중국 현실에 맞는

동양철학 에세이 2

사회주의로 바꾸어 받아들였다는 점이다. 그리고 그 중심에 모택동 사상이 서 있다. 그리고 여기에 하나 더 붙인다면 5·4 신문화운동, 문화대혁명, 문화열 논쟁처럼 어려울 때마다 문화에서 해답을 얻으려는 전통이다. 더구나 중국 공산당은 문화에 대한 다양한 주장을 조절하는 현실의 주체로 자리매김하고 있다.

1990년 중국에서 발행한 《철학연감》에서는 문화열이 끝났다고 했다. 하지만 중국문화와 서양문화, 전통문화와 현대문화의 적절한 만남에 대한 고민은 여전히 진행 중이며, 그 목적은 또한 사회주의와 민족을 지켜내는 데 있음이 분명하다.

더 읽으면 좋은 책

중국사회사상사

송영배 지음 | 사회평론 | 2012년

이 책은 사상이 시대의 사회경제적 조건 아래 만들어진다는 생각을 바탕으로 수천 년 동안의 중국사상사를 풀어내고 있다. 특히 중국사회의 핵심을 유교 사회로 규정하고, 고대부터 현대까지 사회경제적 변화와 사상의 출현, 그리고 사상들 사이의 역사적 대립을 실증적 자료에 토대를 두고 논쟁적 관점으로 서술한다. 1부에서는 공자를 중심으로 유교의 본질을 서술하고 있고, 2부에서는 유교 사회의 토지 사유제 생산 관계를 다루고 있으며, 3부에서는 마르크스주의의 중국화 과정을 설명했다. 사회사상의 관점에서 유교를 통시적으로 고찰하고 있는 점이 돋보인다.

허접한 꽃들의 축제

한형조 지음 | 문학동네 | 2011년

《금강경》은 제목 그대로 다이아몬드처럼 단단하면서도 아름다운 부처님의 말씀을 모아놓은 책이다. 한곳에 머무르지 않는 마음, 즉 집착 없는 마음을 핵심 가르침으로 담았으며, 6조대사 혜능을 불교로 인도한 책이기도 하다. 해설서로는 혜능을 비롯한 다섯 고승들의 풀이를 묶은 《금강경오가해》가 유명하다. 저자는 《금강경》 원전과 《금강경오가해》 가운데 혜능의 해설을 중심으로 불교의 핵심 논리가 무엇인지를 서술한다. 특히 저자의 해박한 입담과 자유로운 언어를 통해 어려운 불교의 진리를 현대적으로 풀어낸 것이 돋보인다.

인간 주자

미우라 쿠니오 지음 | 김영식·이승연 옮김 | 창비 | 1996년

우리는 대부분 주희를 완고하고 답답하며 권위만 내세우는 학자라고 생각한다. 그것은 주자학이 조선을 망하게 한 근본 원인이라고 생각하기 때문이다. 그러나 이 책은 주희의 출생부터 성장 과정, 그리고 학문적 성과와 죽음까지를 철저한 고증을 통해 서술하면서, 인간적 관점에서 그가 어떠한 갈등과 고민을 가지고 살았는지 잘 보여준다. 주희의 삶도 보통사람과 다를 것이 없었다. 다혈질이었고 고집스러웠으며 남에게 베푸는 것도 부족했다. 그래서 스스로도 자신의 잘못을 뉘우치기도 했다. 이 책은 그러한 주희의 인간적인 모습과 함께 높은 도덕적 이상을 정하고 거기에 도달하기 위해 얼마나 치열하게 살아갔는지를 잘 서술하고 있다.

주자학과 양명학

시마다 겐지 지음 | 김석근 옮김 | 까치 | 1993년

이 책은 양명학이 주자학과의 대립 관계에서 나온 것이 아니라 주자학의 또 다른 전개가 양명학이라는 입장에서, 주자학에서 양명학으로의 변화 발전 과정을 서술한다. 저자는 주자학에서 양명학으로 일관되게 이어지는 것을 '내면주의'로 보고 있으며, 그런 관점에서 양명학이 육상산의 학문을 단순하게 계승한 것이 아니라고 말한다. 그는 특히 주자학에서 불교와 도교의 영향이 어떻게 받아들여졌으며, 한유를 비롯한 북송 성리학자들의 사상이 어떠한 모습으로 담겨졌는가를 들려준다. 특이하게 양명좌파로 분류되는 이탁오의 사상을 따로 떼어내어 서술한다. 매우 간결하면서도 심도 있는 저작이다.

중국의 붉은 별 에드거 스노 지음 | 홍수원·안양노·신홍범 옮김 | 두레 | 2014년

이 책의 저자 에드거 스노는 신문기자다. 그는 1936년 중국 산서성(山西省, 산시성) 북쪽의 해방 구역에 상당 기간 머물면서 모택동을 비롯한 중국 혁명의 주요 인물들을 인터뷰하는 등 중국 공산 혁명의 현장을 서방 언론에 사실적으로 보도했다. 이 책은 신문에 연재했던 르포르타주를 보충해서 펴냈다. 이 책은 특히 존 리드의 《세계를 뒤흔든 열흘》, 조지 오웰의 《카탈로니아 찬가》와 더불어 세계 3대 르포 문학의 하나로 손꼽힌다.

대장정 웨이웨이 원작 | 왕쑤 지음 | 선야오이 그림 | 송춘남 옮김 | 보리 | 2006년

이 책은 중국 혁명 과정을 잘 보여주는 그림책이다. 대장정 초기 홍군 4만 명의 목숨을 앗아간 상강(湘江, 상강) 전투, 권력에서 밀려났던 모택동이 극적으로 다시 실권을 잡은 준의(遵義, 준이) 회의, 대담한 작전으로 국민당군을 제압한 노정교(瀘定橋, 루딩교) 전투, 굶어 죽고 얼어 죽고 늪에 빠져 죽어갔던 죽음의 땅 송번(松番, 쏭판) 대초지의 모습 등이 영화처럼 펼쳐진다. 앞서 소개한 《중국의 붉은 별》과 아울러 중국 공산당이 어떠한 어려움을 딛고 오늘에 이르렀는지를 잘 보여준다.